栄光の特急機　上り急行「ニセコ1号」を引くC62 32が長万部から函館に向かって加速する。その雄姿はかつて京都・梅小路機関区にあって、山陽本線で特急「かもめ」などを引いた「栄光の時代」を彷彿させた＝函館本線長万部－中ノ沢間、1970年7月

駒ケ岳に見送られ　大沼公園を出た上り特急「北斗」は駒ケ岳に見送られるように大沼湖畔に差し掛かる。駒ケ岳の頂上が欠けたのは残念だが、クリームと赤のボディカラーが夏の風景によく似合った＝函館本線大沼－仁山信号場間、1969年8月14日

オレンジに染まる空 室蘭本線沼ノ端で千歳線に入る貨物列車を待っていたら、ウトナイ湖方面に真っ赤な夕日が沈み始めた。オレンジのフィルターを掛けてみると、D51の貨物が不思議な光景の中に浮かび上がった＝千歳線沼ノ端−植苗間、1971年6月

仁山の早春 キハ46を先頭にした函館行き4両編成の普通列車が仁山信号場を出発する。道南の春は早く、線路脇に緑が増え始めた＝函館本線仁山信号場間、1971年3月

仙美里の白い雲　秋の青空に溶け込むキハ12形編成。池田－北見間の池北線（後の第三セクター北海道ちほく高原鉄道、140キロ）には旧型気動車が似合った＝池北線足寄－仙美里間、1971年10月

湖畔を行くマンモス機 仁山の急勾配を乗り越え、大沼湖畔に出たD52 202牽引の貨物列車。湖水を囲む緑が鮮やかに映える＝函館本線仁山信号場－大沼間、1969年7月

残雪の羊蹄遠望 初夏の快晴の日、遠くから姿を
見せた羊蹄山にはまだ雪の筋が残っていた。新鋭
DD51が引く下り貨物と上り特急「北斗」が豪快に
すれ違う。左手には波穏やかな噴火湾が広がって
いた＝室蘭本線稀府－黄金間、1971年6月

赤い鉄橋を渡る 胆振線の伊達紋別側は温泉が多く、そこを縫うように長流川が流れていた。その川にかかる大きな赤い鉄橋は、戦前から列車の運行を支えていた＝胆振線北湯沢－蟠渓間、1971年10月

十勝晴れ、老兵が行く 帯広市を中心として広々とした大地が続く十勝地方。根室本線と結ばれる広尾線、士幌線のほか、池田から北見に連絡する池北線（140キロ）があった。貨物列車を牽引するのは9600形で、安全のため黄色の警戒色を身に付けていた。紅葉の中、白煙を上げて走り去る＝池北線仙美里－足寄間、1971年10月

〝山線〟のロングランナー　根室発函館行きの急行「ニセコ3号」が
夕暮れのオタモイ峠を走る。北海道の東端と南端を結ぶ816.6キロ
を14時間かけて走り抜くロングラン列車だった=函館本線小樽−塩谷間、
1971年7月

寂りょうの道　雨上がりの晩秋の原
野。踏切に上る細い道路が印象深
い。稚内発322レがC55に引かれて
南下する=宗谷本線南稚内−抜海間、1972年
10月

湿原のオータムカラー　紅色深まる釧路湿原を6両編成の急行「しれとこ」が通過する。キハ22形2両とキハ56系4両は秋の華やかさを一層引き立てた＝釧網本線細岡─塘路間、1971年10月9日

軽やかに重連走る　緑に燃える山肌、小さな赤い鉄橋。然別から銀山に至るルートは急勾配もなく、C62重連「ニセコ1号」は軽やかにテンポを刻んでいく。通過後、耳に入るのは小川のせせらぎだけだった＝1969年8月11日、函館本線然別－銀山間

稚内へ、緑野掛ける　函館発稚内行急行「宗谷」が蕨岱を過ぎ、黒松内に向かって行く。この列車は北海道の南端と北端、682.5キロを結んでいた＝函館本線蕨岱－黒松内間、1970年7月

ユリ咲く原野 秋深まるオホーツク沿岸。ハマナスとエゾスカシユリがかれんな花を咲かせ、SL列車の旅情をかき立てた＝釧網本線原生花園、1970年7月

ローカル線のひと時 国鉄色に塗られたキハ22が到着。列車にお似合いの赤い和服の女性が乗り込んで行った＝池北線足寄、1971年10月

せせらぎの里　伊達紋別と倶知安を内陸で結ぶ胆振線は、秋がひときわ美しかった。冷たさを増した長流川の水が鉄橋の下を営々と流れて行く=胆振線北湯沢−蟠渓間、1971年10月

赤い屋根の旅情　宗谷本線は音威子府を過ぎると、車窓からの旅情が一段と深くなる。酪農家の生活を伝える石積みのサイロと赤い屋根の納屋。C55が引く普通列車は、そうした宗谷路の風景に溶け込んでいた=宗谷本線歌内付近、1972年11月

国鉄蒸気機関車の記録

原田伸一
HARADA Shinichi

北海道新聞社

北海道 国鉄蒸気機関車の記録【目次】

ウトナイの遠望 室蘭本線と千歳線が交わる沼ノ端は、ウトナイ湖そばの広大な原野にある。C57が引く岩見沢行き普通列車が直線を高速で走っていく＝室蘭本線沼ノ端－早来間、1972年5月

はじめに

　20世紀のちょうど半ばである1950年、函館に生まれた私にとって、蒸気機関車（SL）の引く列車は最も興味ある乗り物だった。父が国鉄職員で、線路そばの「国鉄官舎」で朝から晩まで見ていたからだろう。太平洋戦争が終結してまだ数年。国鉄は敗戦の傷痕を引きずりながらも、国土復興に向けて輸送体制を再建させている時期だった。

　小学生のころから、鉄道ファンでもある父に連れられて、近郊の国定公園「大沼」付近で写真を撮るようになった。駒ヶ岳と湖水に囲まれた絶景の中、D51、D52、C62など当時の日本を代表する蒸気機関車が行き交うさまは、子供心をいっぺんに虜（とりこ）にした。その熱は中学・高校・大学時代を通じて高まる一方で、SL終焉までカメラを手に雄姿を追いかけた。撮影地は函館・室蘭両本線が圧倒的に多いが、道内主要路線だけでなく、1970年には九州一円のほか、呉線、伯備線、小海線など本州各地にも足を向けた。とにかく現役で走っている蒸気機関車に数多く会いたかった。

　40年以上の新聞社勤務を終えた後、鉄道や青函連絡船に関する本の執筆を始めたが、「昭和の鉄道」を撮りためた写真を1冊にまとめたいとの思いを持ち続けていた。2021年は、函館本線の＜C62重連急行「ニセコ」＞が1971年9月にディーゼル機関車DD51にバトンタッチしてから半世紀に当たる節目の年だった。そのタイミングをとらえて、1万枚以上の写真からの選定と執筆を本格化させた。

　1960〜1970年代は蒸気機関車黄金期から、近代車両に移行する変革期であり、SLだけでなく、当時続々デビューしたディーゼル機関車（DL）や気動車も加えることにした。SLを追い出す新鋭車両は余り歓迎したくはなかったが、一方で新時代を迎える高揚感も確かにあった。しかし、その代表格であるDD51やキハ80系なども、今はすべて過去のものとなった。

　合わせて、国鉄北海道の動力車の歴史を形式別に「小史」としてまとめた。これまでも優れた記事や記録が多くあり、詳細な研究も発表されているが、幌内鉄道の開業からSL消滅までの間、在籍した動力車全形式について、自分なりにその特色や逸話を系統的に調べてみたかった。SLの在籍一覧表や配置表も独自の視点で構成した。

　写真は原則、筆者撮影のものを使ったが、古いものは父原田一夫、祖父原田秀一の作品も使用。一部、道外で撮影したもの、廃止後保存中のものも掲載している。また歴史的写真については鉄道博物館、函館市中央図書館などのご協力をいただいた。厚くお礼を申し上げる。

2022年8月　原田伸一

西暦・和暦対照表

西暦	和暦	西暦	和暦	西暦	和暦	西暦	和暦
1868 年	明治 元 年	1909 年	明治 42 年	1948 年	昭和 23 年	1989 年	昭和 64 年／平成 元 年
1869 年	明治 2 年	1910 年	明治 43 年	1949 年	昭和 24 年	1990 年	平成 2 年
1870 年	明治 3 年	1911 年	明治 44 年	1950 年	昭和 25 年	1991 年	平成 3 年
1871 年	明治 4 年	1912 年	明治 45 年／大正 元 年	1951 年	昭和 26 年	1992 年	平成 4 年
1872 年	明治 5 年			1952 年	昭和 27 年	1993 年	平成 5 年
1873 年	明治 6 年	1913 年	大正 2 年	1953 年	昭和 28 年	1994 年	平成 6 年
1874 年	明治 7 年	1914 年	大正 3 年	1954 年	昭和 29 年	1995 年	平成 7 年
1875 年	明治 8 年	1915 年	大正 4 年	1955 年	昭和 30 年	1996 年	平成 8 年
1876 年	明治 9 年	1916 年	大正 5 年	1956 年	昭和 31 年	1997 年	平成 9 年
1877 年	明治 10 年	1917 年	大正 6 年	1957 年	昭和 32 年	1998 年	平成 10 年
1878 年	明治 11 年	1918 年	大正 7 年	1958 年	昭和 33 年	1999 年	平成 11 年
1879 年	明治 12 年	1919 年	大正 8 年	1959 年	昭和 34 年	2000 年	平成 12 年
1880 年	明治 13 年	1920 年	大正 9 年	1960 年	昭和 35 年	2001 年	平成 13 年
1881 年	明治 14 年	1921 年	大正 10 年	1961 年	昭和 36 年	2002 年	平成 14 年
1882 年	明治 15 年	1922 年	大正 11 年	1962 年	昭和 37 年	2003 年	平成 15 年
1883 年	明治 16 年	1923 年	大正 12 年	1963 年	昭和 38 年	2004 年	平成 16 年
1884 年	明治 17 年	1924 年	大正 13 年	1964 年	昭和 39 年	2005 年	平成 17 年
1885 年	明治 18 年	1925 年	大正 14 年	1965 年	昭和 40 年	2006 年	平成 18 年
1886 年	明治 19 年	1926 年	大正 15 年／昭和 元 年	1966 年	昭和 41 年	2007 年	平成 19 年
1887 年	明治 20 年			1967 年	昭和 42 年	2008 年	平成 20 年
1888 年	明治 21 年	1927 年	昭和 2 年	1968 年	昭和 43 年	2009 年	平成 21 年
1889 年	明治 22 年	1928 年	昭和 3 年	1969 年	昭和 44 年	2010 年	平成 22 年
1890 年	明治 23 年	1929 年	昭和 4 年	1970 年	昭和 45 年	2011 年	平成 23 年
1891 年	明治 24 年	1930 年	昭和 5 年	1971 年	昭和 46 年	2012 年	平成 24 年
1892 年	明治 25 年	1931 年	昭和 6 年	1972 年	昭和 47 年	2013 年	平成 25 年
1893 年	明治 26 年	1932 年	昭和 7 年	1973 年	昭和 48 年	2014 年	平成 26 年
1894 年	明治 27 年	1933 年	昭和 8 年	1974 年	昭和 49 年	2015 年	平成 27 年
1895 年	明治 28 年	1934 年	昭和 9 年	1975 年	昭和 50 年	2016 年	平成 28 年
1896 年	明治 29 年	1935 年	昭和 10 年	1976 年	昭和 51 年	2017 年	平成 29 年
1897 年	明治 30 年	1936 年	昭和 11 年	1977 年	昭和 52 年	2018 年	平成 30 年
1898 年	明治 31 年	1937 年	昭和 12 年	1978 年	昭和 53 年	2019 年	平成 31 年／令和 元 年
1899 年	明治 32 年	1938 年	昭和 13 年	1979 年	昭和 54 年		
1900 年	明治 33 年	1939 年	昭和 14 年	1980 年	昭和 55 年	2020 年	令和 2 年
1901 年	明治 34 年	1940 年	昭和 15 年	1981 年	昭和 56 年	2021 年	令和 3 年
1902 年	明治 35 年	1941 年	昭和 16 年	1982 年	昭和 57 年	2022 年	令和 4 年
1903 年	明治 36 年	1942 年	昭和 17 年	1983 年	昭和 58 年		
1904 年	明治 37 年	1943 年	昭和 18 年	1984 年	昭和 59 年		
1905 年	明治 38 年	1944 年	昭和 19 年	1985 年	昭和 60 年		
1906 年	明治 39 年	1945 年	昭和 20 年	1986 年	昭和 61 年		
1907 年	明治 40 年	1946 年	昭和 21 年	1987 年	昭和 62 年		
1908 年	明治 41 年	1947 年	昭和 22 年	1988 年	昭和 63 年		

急行「まりも」「ていね」「ニセコ」

急行「まりも」。私にとって忘れえぬ名前だ。大きな蒸気機関車が長い客車を引いて、高速で走り去る光景が、幼い時の記憶に残っている。やがてその列車は、函館と釧路という街を結んでいる急行「まりも」であることを知った。

1955年、父が鉄道ピクトリアルの定期購読を始めた。そこには時折、東海道本線の花形C62形がヘッドマークを付け、豪華な展望車を従えた特急「つばめ」「はと」の写真が掲載されていた。煙を吐き、京都・山科の大カーブを走る姿に「カッコいい」と夢中になった。

翌1956年、そのC62が7両、小樽築港機関区に転属して来て、「まりも」や「大雪」など急行列車を引くことになった。その中には雑誌で目にした「つばめマーク」の2をはじめ、3や27など見慣れたナンバー機が含まれていたのは幸運だった。緑帯を飾った（旧）2等車、大きな窓の食堂車、それに夜行区間の寝台車——。自分もいつか乗ってみたいと夢見るようになった。

「まりも」の愛称は1951年4月1日、函館－釧路間の急行3列車・4列車に付けられた。この列車は函館－札幌間は昼行、札幌－釧路間は寝台中心の夜行で、1昼夜かけて約680キロを走破。「まりも」は釧路に近い神秘の湖・阿寒湖に生息する球状の藻、マリモから取られたのは言うまでもない。同時に函館－網走間の急行1列車・2列車は沿線の大雪山にちなんで「大雪」と名付けられている。戦前、戦後を通じて、それまで北海道の優等列車に愛称はなく、このとき初めて道民から募集して付けられた。

「まりも」は1965年10月1日、札幌－函館間に区間短縮したうえで「ていね」に名称変更。さらに1968年10月1日から下りが「ニセコ3号」、上りは「ニセコ1号」に変わった。いずれの時代も函館－長万部はC62が1両で運転、長万部－小樽間の山線は重連運転することに変更はなく、とりわけ最強機の重連走行は鉄道ファンの絶大な人気を集めた。1971年9月15日をもって「ニセコ」はDD51形重連に置き換えられたが、C62重連は今も「伝説」として記憶されている。重連運転の写真は101〜136頁で紹介する。

函館駅4番ホームで出発を待つ釧路行き17レ急行「まりも」。戦後北海道を代表する列車として君臨した。1957年に『旅』誌に連載され、ブームを呼んだ松本清張の推理小説『点と線』では、重要人物の札幌でのアリバイを追う刑事が乗り込む列車に設定され、重苦しい旅情が描写された＝1964年8月（原田一夫）

D51+C62で函館駅を出発する急行「まりも」。D51は途中の仁山越えをするための補機で、函館を勇ましく発進した＝1961年夏（原田一夫）

左が発車を待つ急行「まりも」。牽引機はC62 44。右が連絡船の航送入れ換えに当たる19619、中央はデビューしたばかりのDD13 209。函館駅構内は多くの線路が広がり、機関車が忙しく走り回っていた＝1964年冬（原田一夫）

下り「まりも」が五稜郭を通過し、桔梗に走り去る。このころはD51の補機が函館から後部に付き、渡島大野にいったん停車後、仁山越えの急勾配を後押しした。本務機は見えないが、C62 3、後補機がD51 566＝五稜郭－桔梗間、1965年

蒸気を吐きながら加速する「まりも」牽引機C62 42。同機はこの撮影から2ヵ月後に仙台に移り、写真としてはあまり残っていない＝五稜郭付近、1963年2月

上下の急行「まりも」は1964年当時、渡島大野で交換していた。ところがこの日、下りが45分、上りが5分ほど遅れ、五稜郭駅の桔梗側で偶然すれ違った。上りにカメラを構えていたら、下りがすごい勢いで走ってきて驚いた記憶がある。左奥が上りのC62 32、右手前は下りのC62 2＝五稜郭、1964年3月

年末年始の繁忙期、上り急行「まりも」は長万部から函館までD51が前補機に付いて増結編成に対応した。雪の中、五稜郭機関区を右に見て五稜郭駅に向かうD51 368＋C62＝桔梗−五稜郭間、1963年12月

下り「まりも」は五稜郭駅を過ぎると右手に五稜郭機関区を見ながら10パーミルの上りに差し掛かる。ちょうど有川岸壁（青函連絡船貨物岸壁）から貨車を引いてきた9600と交差した＝五稜郭−桔梗間、1963年12月11日

函館駅を発車し、終着札幌に向かうC62 3牽引の105レ急行「ていね」。前身の「まりも」は1965年9月30日を最後に函館−札幌と札幌−釧路に分断され、函館方面は「ていね」として運転されることになった。グリーン車が1両減になるなど編成は短くなったが、食堂車マシ35は「まりも」から引き継がれた＝函館−五稜郭間、1968年2月

函館駅の103レ急行「ニセコ3号」。1968年10月、「ていね」は下りが「ニセコ3号」、上りは「ニセコ1号」に愛称が変わった。長年親しまれた食堂車マシ35が外され、格落ちの感じがしたものだ。それでも数少ないSL牽引の急行として、ファンの人気は高まる一方だった＝1969年3月

五稜郭駅4番線を加速通過する急行「ていね」。編成が軽くなり、スピード感に溢れている。牽引機C62 27は北海道のC62のうち最も早く、撮影1年後の1968年2月に苗穂工場で解体された=1967年2月

急行「ていね」が札幌から6時間5分の旅を終え、函館駅にゆっくり進入してきた。16時10分定時着。函館桟橋では17時発の青函連絡船4便が待っている=1967年10月

函館駅出発後加速し、五稜郭駅に差し掛かる103レ「ニセコ3号」。C62 16は山陽本線糸崎機関区に所属し、「本州最後のC62グループ」として呉線の急行「安芸」などを引いていたが、1970年10月4日小樽築港機関区に転属。1年近く「ニセコ」牽引に活躍した=1971年8月

C62 2牽引の上り104レ「ニセコ1号」が五稜郭駅を通過し、右にカーブしてラストコースに入る。あと5分ほどで函館駅。わずかな煙は横に流れ、あとはブレーキを操作するだけだ=1971年8月

C62 3が引く「ニセコ3号」が五稜郭駅を通過する。手前の気動車は江差線上磯発函館行き758D。奥には入換のDE10が見える=1971年7月13日

SL名列車の記憶

戦後経済の復興に伴い、本州と北海道を往来する乗客が増え始め、1958年10月1日から函館－札幌間に夏休みと年末年始の期間、室蘭・千歳線経由の不定期急行「石狩」が走り始めた。夏と冬の繁忙期だけとはいえ、函館では普段見られない苗穂や小樽築港機関区のなどのC55やC57が受け持ち、D51やD52とは違う軽快・優美なパシフィック型の魅力を見せてくれた。

1964年ごろ、下りは函館発5時20分、上りの函館着は23時で、函館周辺で撮影できるのは夏の下りに限られた。このため、仁山で撮影するときなどは3時ごろ起床し、自転車で仁山まで20キロ近くペダルをこいだ。混雑がピークになると重連運転となり、その迫力に眠気も吹っ飛んだものだ。

もう一つ、夏の楽しみがあった。札幌から早朝到着する準急「たるまえ」、後の急行「すずらん6号」である。これは急行「まりも」の運用の合間を利用してC62が函館－長万部間を往復する。函館では上りしか撮れないが、多客時には増結するため、長万部からC62＋D51の重連となった。手元の記録では1964年8月11日の同列車は現車15両という長大編成だった。

山線経由の準急「ポプラ」は函館、札幌をそれぞれ「まりも」を追うように出発。勾配に強いD51が牽引し、多客時には重連運転も見られた。

函館駅で出発を待つC55 38＋C55の急行「石狩」。すでに特急「おおぞら」は出発し、その後を追うように発車する＝1964年7月

五稜郭駅を通過するC57 40の下り「石狩」。早起きしてC55やC57を撮影するのは夏の楽しいひと時となった＝五稜郭－桔梗間、1964年7月

五稜郭操車場を通過するC57 40の下り「石狩」。この付近から上り勾配が始まるため、走りは力強くなる。磨き上げられたボイラーが朝日にぎらついた＝五稜郭－桔梗間、1965年夏

「石狩」はこの日、C57 40が補機、重油併燃装置を付けたC57 141が本務機の重連となった。最初の関門である「仁山越え」に備え、呼吸を合わせて走って行く=五稜郭−桔梗間、1964年8月

五稜郭操車場の横を通り抜け、桔梗への10パーミルの勾配を軽快に走る「石狩」。この日はC57の戦後型194（小樽築港機関区）が牽引していた=五稜郭−桔梗間、1964年8月

D51 240+D51 394に引かれて五稜郭駅を通過する札幌行き臨時準急「ポプラ」。編成が長くなると、函館からD51重連でスタートした=1964年8月

師走の雪が降る中、年末年始の臨時準急「ポプラ」3017レがD51 394に引かれて五稜郭を通過する。夏と冬の繁忙期に函館−札幌間に運転されていた=五稜郭−桔梗間、1963年12月29日

1956年11月登場した函館−札幌間（室蘭・千歳線経由）の急行「すずらん」。北海道にふさわしい愛らしい名前と、C57が昼間、函館まで乗り入れることで注目された。この日の牽引機はC57 134。しかし1960年6月、北海道初の急行形気動車に置き換えられ、短期間で役割を終えた=桔梗−五稜郭間、1960年6月（原田一夫）

函館駅に到着した上り「石狩」。青森に行く客は眠い目をこすりながら青函連絡船夜行便に乗り込んだ。1968年9月30日をもって廃止されたため、この写真は最後の夏の一コマ。牽引機はC57のラストナンバー201だった＝1968年7月

函館発釧路行きの421レが深夜、出発を待っている。当時の時刻表によると、同列車は函館発23時52分で、翌日午前、滝川から根室本線に入り、律儀に各駅停車を繰り返して釧路に19時12分着。全区間681.2キロを19時間20分かけて走り抜く「昭和の長距離普通列車」の代表格だった。今夜は長万部機関区の〝ナメクジ〟D51 64が牽引だ＝1969年7月

旅客列車以外に、函館と五稜郭操車場を往来する貨物列車も頻繁にあった。運用の都合なのか、D51 147＋D51＋D52 56の三重連が貨物を引いて出発していった＝1964年

札幌発上り準急「たるまえ」が一夜を走り通し、午前6時ごろ、終着函館に接近してきた。お盆時期は長編成に対応するため、長万部からC62＋D51の重連運転が見られた＝五稜郭付近、1964年8月

DC特急のパイオニア

　子供心に強烈な体験だった。衝撃と言っても良い。1961年10月ダイヤ改正で函館と札幌・旭川を往復する特急「おおぞら」がデビューすることになり、試運転のため先頭車キハ82をはじめ、80系気動車（DC）が続々函館機関区に回送到着。私は小学5年生だったが、クリームと赤を主体にした明るい車体は、それまでの北海道の鉄道車両のイメージを一変させた。キハだけではない。1等車（後のグリーン車）キロ80、食堂車キシ80など見るからにハイクラスだ。デビューを前にそれらが出そろい、私の自宅周辺で試運転が始まった。

　それまでにも北海道には気動車が多く走っていたが、やはり特急用キハ80系はデザインと風格が違う。先頭車前面の丸みを帯びた大きな窓、下部を絞り込んだ側面、それに大きな密閉窓——。それらは北海道の車両の新時代の到来を告げ、マスコミにも大きく取り上げられた。

　下り「おおぞら」は函館発4時55分、札幌着9時25分（所要時間4時間30分）で、首都圏から札幌への乗り継ぎ客の利便性を重視。終点旭川着は11時25分だった。函館6時発の小樽経由の急行「大雪」は函館－札幌間5時間25分で、それに比べれば室蘭・千歳線経由の「おおぞら」は距離が長いのに、55分も早く着く。以後、特急「オホーツク」「北斗」「北海」が誕生するが、「オホーツク」「北斗」は室蘭・千歳線経由とされ、小樽経由は「北海」だけにとどまった。これを節目に函館－札幌のメーンルートは室蘭・千歳線経由に転換した。

　また、「おおぞら」と同時に北海道向きの急行用気動車としてキハ56系（キハ56、キハ27、キロ26を含む。キハ56はエンジン2基搭載）による急行「オホーツク」も登場。これは函館－網走間の「オホーツク」、函館－釧路間の「摩周」、函館－稚内間の「宗谷」を併結した〝3階建て列車〟で、途中の滝川と旭川で分離・併結し、函館と道東北3都市を札幌経由で一挙に結ぶ役割を担った。

五稜郭駅を通過し、札幌に向かう下り「北斗」（後方から）。北海道にふさわしい愛称は道民に親しまれ、その後、「スーパー北斗」も加わり、函館－札幌間の特急全体の愛称となった。＝1971年8月13日

北海道初の特急「おおぞら」の出発式が函館駅で盛大に開かれた。青函連絡船1便を引き継ぎ、明けやらぬ4時55分に出発した＝1961年10月1日（原田一夫）

五稜郭操車場（左）横の函館本線上り線を函館に向かう5両編成の「おおぞら」試運転列車＝1961年9月ごろ（原田一夫）

北海道の気動車特急第2弾となる特急「おおとり」出発式。函館－網走間は急行「オホーツク」を、函館－釧路間は急行「摩周」をそれぞれ格上げし、滝川で分離・併結した。これにより、函館からオホーツク沿岸まで特急1本で往来できるようになった＝函館、1964年10月1日

急行「オホーツク」がキハ56系12両編成で函館駅を出発する。函館－釧路間の「摩周」と函館－稚内間の「宗谷」を併結する珍しい列車で、1961年の「おおぞら」と同時に函館－網走間に新設された＝1964年9月17日

気動車特急第4弾は函館−札幌−旭川の「北海」で、特急としては初めて小樽経由となった。函館発4時15分という夜明け前に設定され、青森からの接続の利便性を優先した＝1967年3月1日

特急「北海」の出発式。ホームの横断幕は「北海」が小樽回りであることを強調している＝1967年3月1日

北海道の気動車急行第1号となった急行「すずらん」の函館駅での下り発車式。車両不足のため、本州などから借り入れたキハ55系が起用された＝1960年7月1日（原田一夫）

特急の増発が続き、第3弾として1965年11月1日、函館−旭川間に特急「北斗」を新設。さらに1968年10月1日の白紙改正で急行「すずらん」1往復を特急に格上げし、函館−札幌間に「北斗2号」として運転を始めた。函館発16時25分で、ビジネス客の利用を見込んだ。函館駅での「北斗2号」出発式＝1968年10月1日

ふるさとの駅・五稜郭

1911年9月に開業した五稜郭駅の名前の由来は、函館市にある国の史跡「五稜郭」にちなんでいる。幕末の戊辰戦争の舞台となり、旧幕府脱走軍の榎本武揚、土方歳三らが陣取った西洋式城郭だ。函館の近代化が進み、住民が五稜郭方面に増えるにつれ、函館駅の補完的役割を担うようになった。

1922年には、車両の修繕を担う函館工場が五稜郭駅横に移転し、五稜郭工場として業務開始。客車・貨車の保守・修繕を受け持ち、車内設備のグレードアップ、設備交換などの工事も受け持っていた。更新期を迎えた車両が工場に入り、数日後、ペン

秋の夕刻、五稜郭を出発するD51 397の長万部行き127レ。駅舎は左奥になる。当時はまだ跨線橋はなく、近くの住民は線路を横切る小さな通路を歩いていた＝1964年10月

キも鮮やかに新車同様の装いで出場してくる。普通車はもちろん、遠く札幌方面の寝台車、食堂車なども対象となった。

五稜郭駅は自宅の目の前だったので、私の「ふるさとの駅」とも言える。函館本線、江差線の定期列車のほか、入れ換え作業が休むことなく続く。床に就いてから聞こえる夜行列車の走行音や汽笛は子守唄代わりだった。

函館本線の旅客はD51、貨物はD52が主力で、江差線のC58も行き交った。入れ換えは9600が一手に引き受ける。また、有川岸壁への貨物専用線も9600で、本州と北海道を結ぶ貨物の担い手だった。

五稜郭駅の前後には2階建ての「てこ（梃＝レバー）取扱所」（私たちは「信号所」と呼んでいた）があった。構内を見渡せるように2階の線路側に大きな窓が並び、中にびっしり分岐器を操作するてこが並んでいた。担当者は「1番、定よし」「3番、反よし」などと声で確認しながら、てこを押したり引いたりしてポイントを切り替える。何度かお邪魔したが、絶対にミスは許されない緊張感が漂っていた。写真はいずれも五稜郭駅構内で撮影。

五稜郭駅周辺の線路はなかなか込み入っていた。左のD51＋逆D51は函館から五稜郭操車場への貨物、右上の高架線上の9600は有川貨物線、右下の9600は同操車場の入れ換え機関車＝1964年

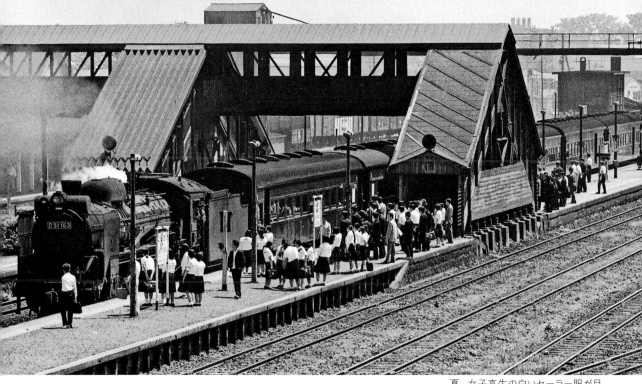

夏、女子高生の白いセーラー服が目立つ五稜郭駅4番ホーム。同駅は"汽車通学"の高校生が行き交い、いつも活気ある雰囲気だった。D51 163が引く札幌行き125レが到着する。同機は廃車後、保存が検討され、長万部機関区に保管されていたが、その可能性が消えたため、1978年10月、同区で解体された。当時、全国の国鉄SL最後の解体と報道された＝1971年8月

五稜郭駅から発車するD51 147の普通列車。跨線橋を渡る女性は煙を避けようと足早になった＝1971年8月

五稜郭駅は特急が通過する時、華やいだ雰囲気に包まれる。函館から網走に向かう特急「おおとり」が五稜郭を通過する＝1967年7月

五稜郭操車場を出て五稜郭駅を通過。函館に向かうD52 204の貨物列車＝1963年秋

1965年10月1日に新設された
特急「北斗」が五稜郭を通過。
ちょうど発車した129レD51 419
が猛煙を上げた。新旧交代の
一コマ＝1965年10月3日

函館から貨物を引き、五稜郭
を通過するD52 204。右では
江差線用のC58が入れ換えに
当たっている＝1971年8月

五稜郭駅の函館側で肩を並べる49671（左）とC58 407（右）。右
側の線路は函館本線＝1968年9月

五稜郭機関区の49698。五稜郭操車場での入れ換えの際、カー
ブの見通しをよくするため、運転台が正規の左から右に移され
た。前照灯も右に移され、異色の「右利き機関車」として珍しが
られた＝1964年4月

軽量型1等寝台車として急行に使われ、人気があった寝台車オロネ10 501。角度が深い丸屋根が特徴だ。窓下手前の愛称名表示板には「まりも」の名前が入っており、札幌と釧路の間の夜行区間に使われていた=1963年10月

急行用軽量型2等寝台車オハネ17 502。塗装も新たになり、新車同様の輝きを見せて札幌に回送される=1964年12月

五稜郭駅を発車する19670。下に見えるコンクリート板に囲まれた鉄棒群は、右端の「梃子(てこ)扱い所」と線路のポイントを結ぶ「てこ式方向転換装置」の一部。ポイントの方向を変えるため、てこを動かすと、連動してこの棒がガチャンと動き、ポイントが切り替わった=1961年

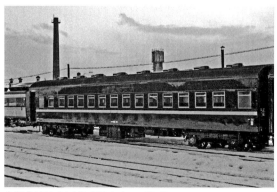

急行「まりも」などに使われたスロ52 10=1964年12月

五稜郭には国鉄業務用のオル31 45も配置されていた。旧オハ31を改造したもので、貨物列車に連結し、現場で必要な物資を運ぶのに使われた。「ル」は「配る」から付けられた=五稜郭、1963年12月

海峡の貨物基地

　戦時輸送強化のため1943年1月9日、五稜郭駅と桔梗駅の間に開設された五稜郭操車場は、五稜郭機関区や青函連絡船が着岸する有川岸壁と一体となり、戦後も北海道南端の貨物基地として重要な役割を占めた。

　五稜郭駅から札幌方面へ進むと、函館本線の上下線は大きく間隔を広げ、その間に機関区と広大な操車場が置かれた。下り線に隣接する着発線は6本、仕訳線が17本あり、各線は長万部以遠、東室蘭以遠、岩見沢以遠などに分かれていた。

　また、上り線隣接の着発線は4本、仕訳線は10本で、線路ごとに大阪、名古屋市場、吹田（大阪）以遠、本州以遠、東京市場、などと行き先が決められていたほか、家畜・危険品・丸太貨車専用の留置線もあった。本州から青函連絡船で運ばれ、有川岸壁で陸揚げされた貨車の到着線は中央部に2本。これらを中心に仕訳線は合わせて40本以上あった。

　操車場では昼夜を分かたず、本州と道内を往来する貨車の入れ換え作業が行われていた。受け持つのは9600で、1965年当時は9687、19665、19670、49601、49671、49674、49698、79666などで、せわしく行ったり来たりして長大な編成を組み上げる。なかでも、時間短縮のため、勢いを付けて貨車を押し、操車掛の合図で連結を外し、行き先別に編成を組み立てる「突放（とっぽう）」作業は見ていて飽きない光景だった。

　戦後、貨物列車の大半はD51が受け持っていたが、1960年になると本州で余剰となったD52が送り込まれ、急行貨物などは余力があるD52の牽引となった。線路が幾重にも並ぶ操車場から、巨大なD52が発進する様は迫力があり、自転車でよく通ったものだ。

D52 235＋D52重連の153レが桔梗までの10パーミル勾配を上る。巨大なD52が猛煙を吹く様は迫力満点だった＝五稜郭操車場−桔梗間、1966年9月

D52とD51重連が五稜郭操車場を重々しく発車する。前部補機のD52は136で、1960年10月に姫路第一機関区から五稜郭機関区に転属してきた。姫路時代に取り付けられた大型の集煙装置をそのまま付け、目立つ存在だった＝五稜郭操車場−桔梗間、1960年（原田一夫）

横殴りの風が吹く中、D52
202+D51 368の193レが発
進する。東室蘭までの長い道
のりだ=五稜郭操車場、1964年5月

師走の雪が降る五稜郭操車場。
D52 136が先頭に立つ=1965年12月

五稜郭操車場を発車したD52 204は標高334メートルの函館山
を背に加速する。付近には田畑が広がっていた=1967年秋

下り貨物を牽引するD52 138が準備万端、五稜郭機関区を出て
貨物列車の先頭に向かう。まるで野球のマウンドに登るエースの
風格が漂う=1965年8月

D52やD51は時々、運用の妙で珍しい組み合わせを見せてくれ
た。いつもなら重連の上り貨物列車が、この日はD52 202+D51
802+D52 400の三重連で五稜郭操車場に帰ってきた。幸運の
ハプニング=1965年3月29日

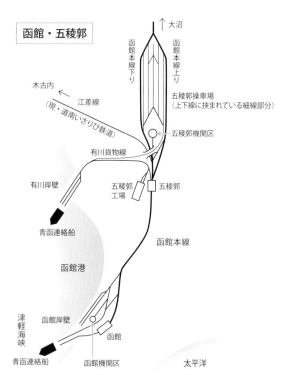

函館・五稜郭

↑ 大沼

函館本線下り
函館本線上り

木古内 ←

江差線
（現・道南いさりび鉄道）

五稜郭操車場
（上下線に挟まれている細線部分）

五稜郭機関区

有川貨物線

有川岸壁

五稜郭
工場

五稜郭

青函連絡船

函館本線

函館港

津軽海峡

函館岸壁

函館

青函連絡船

函館機関区

太平洋

降りしきる雪の中、五稜郭操車場の下り仕訳線で、札幌方面へ
の貨物列車を組み立てる49671=1968年2月

入れ換え作業は前に進んだり後ろに戻ったり、せわしなく動き回
る。機関士は操車掛の手旗の合図に目を凝らしている=1967年9月

下り専用の入れ換え機関車19670。右カーブの対策のため、運転席は右側に改造されていた＝1963年12月

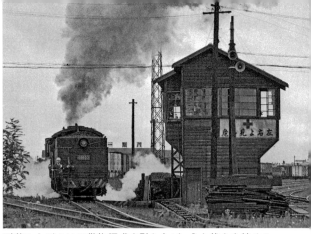

到着したばかりの貨物編成を引き上げ、入れ換えを始める49603。中央の建物は「てこ扱所」で、2階でポイントの切り替え作業を行っていた。見通しをよくするため、窓が外に突き出る特異な建物だった＝1968年9月

道内各地から到着した貨車を組成し直し、有川岸壁で待つ青函連絡船に引き継ぐため五稜郭操車場を発車する49601。手前は函館本線の上り線＝1967年9月

本州から着いた貨車を道内各地の列車に振り分ける19670。まさに縁の下の力持ちだった＝1965年

貨車航送の最前線

青函連絡船の貨物船専用となる有川岸壁は太平洋戦争中、五稜郭駅の西方の砂浜に作られ、1943年1月に完成、供用開始された。これは、函館駅と直結する第1、第2岸壁だけでは増大する戦時輸送を賄いきれず、貨物専用岸壁を新造する必要に迫られたためだ。ほぼ同時期に完成した五稜郭操車場と直結する貨物専用線も建設。また、岸壁と五稜郭駅を結ぶ路線も新設し、どちらからもアクセスしやすいように設計された。

岸壁建設には埋め立て用に膨大な岩石、土砂が必要で、人手も足りないため、勤労奉仕隊員のほか、徴用された中国人労働者も加わり、突貫工事で進められた。土砂運搬は1日40往復以上、使用され

五稜郭操車場から本州行きの貨物を引いて有川岸壁に進入する9600。積み込む貨物船はまだ着岸していない＝1968年6月

た石材は貨車10万両以上、延べ人員は1年間に50万人に及ぶ戦時国策工事だった。計画では第3から第5岸壁を建設する予定だったが、終戦により、第5岸壁は未完成に終わった。

戦後も岸壁はそのまま、本州と北海道を結ぶ貨車の通路として活用された。着岸した連絡船から引き出された本州からの貨車は、高い土手の勾配を上り、五稜郭操車場に向かう。勾配がピークに達すると、江差線と函館本線下り線を高架でまたぎ、左手に五稜郭機関区を見ながら操車場に入って行く。

また操車場から有川岸壁には、北海道各地から届いた農産物、魚介類などを満載した貨車が本州に向かって行った。黒い屋根付き貨車に交じって、車体が白の冷蔵貨車や馬を載せた家畜貨車も連結。あたりは戦後しばらく、国鉄の職員住宅と畑が広がるのどかな光景が広がっていた。

青函連絡船や操車場が廃止後、この専用線は土手ごと撤去され、周辺は現在、住宅が立ち並び、市立函館病院も旧市街から移転して来るなど風景は一変した。わずかにJR貨物五稜郭機関区付近に本線をまたぐ高架橋の土台が残っており、当時の面影を偲ばせている。写真はいずれも有川岸壁と周辺。

着岸した青函連絡船の車両甲板の貨車を出し入れする29601。前部に連結されている貨車は控車（形式はヒ）。線路と船の間にある可動橋に機関車が乗らないよう、安全のため連結されていた。船は津軽丸型＝1968年8月

石炭を燃料とする旧型貨物船(前方)は有川岸壁の主役だった。全国を走り回る薄汚れた貨車も昭和の面影を伝えている=1963年12月

有川岸壁で貨物列車を組成し、五稜郭操車場に向かう19619+9600の重連。有川での航送作業を考慮し、機関車は常に海を向いていた=1965年6月

青函連絡船の入れ換えに当たる49671。中央の可動橋は波の動きで上下し、船と線路の橋渡しをした=1965年6月

有川岸壁は北海道内に配置される新造車両の通過地点でもあった。写真は留置線に並ぶ急行用気動車キハ56やキハ27などで、五稜郭操車場から札幌や旭川など主要基地に回送された=1968年9月

有川貨物線は高い土手の上に線路が敷かれていた。青函連絡船・五稜郭操車場廃止後、この土手は跡かたなく崩され、住宅地に生まれ変わった＝1960年ごろ

有川での航送入れ換えはDD13に引き継がれることになり、長年貢献した9600も見納めとなった。全面交代数日前、有川に向かう79666は夕日をバックにシルエットを作ってくれた。この後、同機は旭川機関区に転属していった＝1968年9月

五稜郭操車場から本州に向かう貨物を引き、本線との交差に差し掛かる9600。左手は五稜郭機関区＝1965年夏

9600の独壇場だった航送入れ換えにもディーゼル機関車が進出してきた。DD13 209の試運転の一コマで、可動橋を渡るところを担当職員が安全確認している＝1965年8月

59658に引かれて有川岸壁に進入する貨車の列。間もなく青函連絡船に積み込まれ、津軽海峡を渡る=1968年6月

下り勾配をブレーキを利かせながら有川岸壁に近づく49603。機関士にとっては眼前に海が見えて来るあたりだ。手前は五稜郭駅に至る線路。現在でもJR貨物線として活用されている=1968年6月

有川岸壁では悲しい事故もあった。1963年12月16日、五稜郭操車場から有川に向かっていた19675牽引の貨物列車が、岸壁の停止位置で止まらず、そのまま石炭貨車を引いたまま海中に突っ込んだ。速度が落ちない異常に気付いた機関助士が急制動をかけたが止まらず、暴走したという。機関士は殉職。大破した機関車19675は引き揚げられ、無残な姿を岸壁にさらしていた=1963年12月17日

JR貨物五稜郭機関区入口付近に残っている旧有川貨物線高架橋の跡。かつての青函航路での貨物輸送の遺物となっている。函館本線の列車から見ることができる=2019年3月

大型機のメッカ

太平洋戦争に突入し、石炭などの輸送力を増強するため、五稜郭操車場、有川岸壁の建設とともに、函館駅の隣、五稜郭駅近くに五稜郭機関区駐泊所が設置された。操車場などの完成を待って1944年10月、五稜郭機関区に昇格。終戦直後の1945年9月にはD51が9両、C11が1両配置されており、函館のD51（31両配置）とともに、函館本線の貨物輸送に当たった。

1960年代になると、函館機関区は新型特急・急行用をはじめ、気動車やディーゼル機関車が多数配置されるようになり、函館に代わって五稜郭がSL基地となった。戦後しばらくは、D51と9600が主だったが、1965年10月、山陽本線電化で余剰となったD52が相次いで18両（短期で廃車になった機関車も含む）配属となり、一躍、"マンモス機の牙城"に。加えて江差線用のC58が函館から転属。さらに急行「ニセコ1・3号」を牽引する小樽築港機関区のC62が運用の合間に石炭補給をするなど、役割が拡大し、大型機が顔をそろえる基地になった。

機関区を訪ねると、常にD52が数両、巨体を並べ、扇形庫周辺にはD51、C58、9600が休んでいた。C62は小樽から「ニセコ1号」を函館まで引いた後、逆単機で五稜郭機関区に入ってくる。夜、急行「すずらん」を牽引するため函館に逆単機で行き、函館から長万部まで引いた後、翌朝、長万部からとんぼ返り。再び五稜郭機関区で休憩した後、やはり逆単機で函館に向かい、「ニセコ3号」の牽引機に。長万部からは僚機と重連となって小樽築港機関区に戻るのであった。それらの大型機をじっくり眺められるのは、SLファンにとって無上の喜びだった。

しかし、1969年6月、火事により扇形庫が焼失。同年10月にはDD51が新製配置され、1973年3月には無煙化が完了した。国鉄民営化後はJR貨物の管轄となり、現在は五稜郭機関区として道内のDF200形と青函トンネル専用のEH800形の基地となっている。

マンモス貨物機D52が肩を並べる五稜郭機関区。御殿場線のD52が1969年、電化で用途済みになってからは、同区は全国で唯一、D52の働き場所となった。左から468、138、400、235＝1968年6月

前面を見上げると、迫力が一段と増す。D51に比べて一回り大きい姿は頼もしい=1968年6月

磨き上げられた太いボイラーが印象的。D52 56は五稜郭転属後、運転席に寒地用のドアが付けられた=1968年6月

転車台の前で休むD52 138。テンダーの石炭は山盛りだ=1971年7月

上り貨物を引いて五稜郭操車場に到着したD52 468が逆向きで機関区に戻ってきた。同機はD52の最終番号で、この写真の後の1967年3月4日夜、函館本線の土砂崩れ事故に遭遇し、大破したが、修理の結果、奇跡的にカムバックを果たした。現在は京都鉄道博物館に保存されている=1965年12月

上り貨物を引いた後、五稜郭機関区に入ろうとするD52 140。女性が日傘を差して線路そばを歩いて行った。後方は有川貨物線=1971年7月13日

入れ換えの合間に点検を受ける49603。真っ黒になって働く職員、給水塔、山積みの石炭、巨大クレーンなど、当時の機関区の雑然とした情景だ＝1968年10月

五稜郭機関区で下り方向に転換し、出発まで休む「つばめマーク」のC62 2。「ハドソン型」と呼ばれる先輪2＋動輪3＋従輪2の大型機は、ひときわ存在感があった＝1968年6月

古参の29601が新鋭のDE10 505と並んでいる。29601は間もなく名寄に移って行った＝1968年6月

五稜郭機関区の転車台に乗るC62 2。デフレクター（除煙板）の「つばめマーク」が夕日に輝く。転車台からはみ出すような大きさで、誘導も神経を使った＝1968年8月

上り急行「ていね」を引いたC62 2が、函館から単機で五稜郭機関区に到着する。五稜郭駅に入る上り普通列車がすれ違って行った＝1968年8月

道内には本州から多数のSLが転属してきたが、走行路線に合わせて、様々な工夫が施されていた。五稜郭に配属されたD51 1017も変わり種のひとつ。煙突に急勾配用の大きな集煙装置を付け、さらにボイラー上部後方に重油タンクも搭載。もともと無骨な戦時型だけに、まるで重厚な鎧をまとった武士を思わせた＝1967年4月

五稜郭機関区に後進で入区するC62 30。深夜の下り急行「たるまえ」まで休憩する＝1967年9月

大規模な機関区には写真後方にある門型の「ガントリークレーン」、通称〝ガントリ〟と呼ばれる大型クレーンが備わっていた。石炭を積んだ貨車が到着すると、クレーン備え付けのショベルで石炭をつかみ取り、中央部の給炭台に積み上げる。機関車がその下に入ると給炭台の底が開き、テンダーに石炭が供給された。SLを走らせるには、ものものしい設備も必要だった＝1968年6月

五稜郭の古株、39655が扇形庫から顔を出している。この機関車は撮影後間もなく旭川へ、さらに稚内に移り、1975年8月廃車になるまで長生きした＝1968年9月

転車台を囲んで居並ぶ五稜郭の主力機。左からC58 33、D51 1017、C58 406、D52 414、D52 468、D51 363、D51 1072＝1968年10月

大沼・駒ケ岳と太平洋 ─────── 五稜郭-長万部

大野平野を行く

　五稜郭と桔梗の間は、途中に五稜郭操車場が存在するため、下り線と上り線は操車場と機関区を囲むように広がっていた。下りは五稜郭機関区を通過する付近から10パーミルの勾配になり、特に五稜郭操車場を発車する貨物列車にとっては、踏ん張りどころとなった。

　桔梗を過ぎると大野平野と呼ばれる平野部に入り、大中山、七飯、渡島大野と農村地帯を列車は快調に走る。七飯まで複線なので、列車のすれ違いも多く見られた。七飯町は明治維新後、北海道の水田や男爵イモの発祥の地。外国人の指導により果樹栽培も盛んになり、今でもリンゴなどの生産地となっている。渡島大野で平坦線は終わり、

そこから20パーミルの〝仁山越え〟となった。

　函館－渡島大野間は1902年、北海道鉄道会社による函館・道南最初の鉄道開業区間で、渡島大野は当時、村の名前を取って本郷駅と称した。1942年、合併により大野村になったことから駅名も「大野」に改名しようとしたが、常磐線に大野駅があったため、函館方面の半島名を表す「渡島」を付けた経緯がある。2016年3月26日、北海道新幹線開業と同時に「新函館北斗」に改名し、一躍全国区の駅名に浮上。現在は駅北方に新幹線のトンネルが掘られており、2030年度末には札幌まで延伸される予定だ。

五稜郭操車場を通過し、加速する急行「まりも」。牽引機はC62 44。夏の繁忙期とあって、1両目に旧型二重屋根の客車が連結され、11両編成となっている。後部補機はD51＝五稜郭－桔梗間、1963年夏（原田一夫）

下り「まりも」の3両目は食堂車マシ35、次いでリクライニングシート席のスロ52と見られる優等車が2両連結され、北海道の代表列車の風格を見せていた＝五稜郭－桔梗間、1965年8月

12両編成で札幌を目指す「ていね」。のどかな夏の日、C62のドラフト音だけが大きく響く
=五稜郭-桔梗間、1967年9月

五稜郭操車場の桔梗側を通過するC62 44の下り「ていね」。後方に広大な操車場が見える=五稜郭-桔梗間、1966年冬

函館山をバックにスピードに乗る下り「ていね」。牽引機はC62 2=1967年7月

函館本線の長距離普通列車は、気動車が進出したとはいえ、
1970年代初めまでD51が受け持っていた。D51 367が9両連結の
長編成を引っ張って行く=五稜郭－桔梗間、1971年3月

C62 32が牽引する上り「まりも」が桔梗を過ぎて五稜郭操車場
に差し掛かる。先頭の郵便車に続く荷物車は旧型の二重屋根
車両だった=桔梗－五稜郭間、1964年12月

山陽本線糸崎機関区から転属してき
たC62 16牽引の上り「ニセコ1号」。
ランボードは白線入りで、山陽路の
面影を残していた=桔梗－五稜郭間、1971年
3月16日

小樽から急行を引いて函館に来た
C62は、夜間を利用して函館－長万
部間で夜行準急「たるまえ」も牽引し
た。上りは5両目に寝台車オロハネ10
が連結されていた=桔梗－五稜郭間、1965
年夏

霧かかる夜が明けるころ、C62の上り
急行「たるまえ」（右）が、D51の下り
普通列車とすれ違った＝桔梗−五稜郭間、
1966年7月

SLからバトンを受けたキハ55系気動
車急行「すずらん」。函館−札幌間の
所要時間をSLに比べて1時間短縮す
る5時間で結び、気動車による特急・
急行時代の幕を開いた＝桔梗−五稜郭
間、1960年夏（原田一夫）

大沼からの峠を下り終え、七飯に進入する特急「北斗」。今に至
る「北斗」グループの元祖だ＝渡島大野−七飯間、1968年2月

特急「おおぞら」が五稜郭操車場を通過する。撮影地点は操車
場仕訳線の桔梗口付近。中央に入れ換えの9600の煙が上がっ
ている＝五稜郭−桔梗間、1964年7月

刈り取りが終わった田んぼの土手を走る「おおとり」。雄大なイメージの愛称は東海道本線東京－名古屋間の特急から引き継いだ。秋の空は高い＝五稜郭－桔梗間、1964年10月

北海道ブームに着目して、1962年から一時的に函館－札幌間を走った急行「エルム」。当時としては珍しく、急行にヘッドマークを飾っていた＝桔梗、1965年9月

五稜郭機関区横を走り抜ける下り「おおとり」。左の線路は江差線。有川貨物線の土手から撮影した＝1968年9月

キハ56系の上り急行が五稜郭駅に近づいて来る。右の土手は国鉄戸井線跡。同線は太平洋戦争中に建設が始まったが、未成に終わった＝1963年12月

豪雪に走る影 降りしきる新雪が線路を埋め始めた。定刻を1時間近く過ぎても下り急行「ていね」は来ない。軽装を悔やみ、諦めかけたそのとき、先行の特急「北斗」が通過。そして信号が青になった途端、今度は激しい走行音とともにC62の黒い影が雪の奥に幻のように現れ、瞬時に走り去った＝函館本線七飯－大沼間、1967年12月

五稜郭駅を通過する稚内発函館行き急行「宗谷」。急行「オホーツク」が特急「おおとり」に昇格した際、「宗谷」として分離し、小樽経由となった＝1967年7月

七飯を通過し、左カーブを切って渡島大野に向かう急行「オホーツク」「宗谷」「摩周」。3本の急行を併結した12両編成は迫力があった＝七飯−渡島大野間、1963年12月

DD51 656が五稜郭操車場からコンテナ貨物を引いて出発する。DLとコンテナ貨物の編成は貨物列車の新時代を象徴していた＝1971年3月16日

渡島大野−七飯間を走る上り急行「ニセコ1号」。機関車は糸崎機関区から転属してきたC62 15。画面から外れるが、左側は現在、北海道新幹線の函館新幹線総合車両基地となっている＝1971年3月

動力近代化が加速する中、1969年から五稜郭機関区に新鋭ディーゼル機関車DD51が進出してきた。DD51 612が次位にC58 148（無火回送）を付けて五稜郭操車場から出発していく＝1971年3月16日

渡島大野での急行「まりも」同士の交換。右はD51 575＋C62 2の上り「まりも」、左はC62 44の下り「まりも」。上りは夏の増結に対応するため、通常C62単独牽引のところ、D51が前補機として連結。下りはここから後部補機を付け、仁山越えに挑む。C62やD52、D51が行き交う豪華な時間だった＝1964年8月23日

渡島大野に停車後、発車する上り準急「たるまえ」。繁忙期のため、長万部からC62＋D51の重連運転となった。左は貨物列車の補機に付いたD51 741＝1965年8月

仁山への苦闘の道

　函館−小樽間の鉄道建設を手掛けたのは民営の北海道鉄道会社。計画では本郷（後の渡島大野）から大沼までの急坂を越えるため、本郷村の市街地に駅を作ってう回させ、勾配を緩和することにした。ところが住民が「汽車が通ると農作物に影響が出る」などと反対。やむを得ず、駅を中心部から外れた峠に近い位置に変更し、1903年5月、完成に至った。

　距離が短くなった分、勾配は急になり、最大20パーミルの難所となった。本郷駅を出るとすぐ上りになり、右にほぼ90度のカーブを描く。高い土手に出て直進し、緩く左右に曲がったのち、仁山信号場（現仁山駅）に至る。開業初期から難所となり、輸送需要が増えて列車が長く、重くなるとともに補助機関車が必要とされ、戦後は9600やD51が受け持った。

　1960年に五稜郭機関区にD52が配置されると、彼らも補機の陣に加わった。同区を出るときは貨物列車の前部に連結され、そのまま大沼まで補機の務めをする。逆向きで渡島大野に戻り、何度か後部補機として後押しし、仕業を終えると大沼駅の転車台で向きを変え、上り貨物の先頭になって帰ってきた。

　急行「まりも」の場合、1964年ごろまで補機は函館からD51が付いていたが、以降、渡島大野で停車する際、待機していたD52を後部に付けるようになった。渡島大野を出るとき、D52はC62の勢いに引きずられるものの、すぐさま本領を発揮し、ぐいぐい列車を突き上げる。太い汽笛、地を揺らすドラフト音。日本最大の旅客機と貨物機の最強コンビは急勾配をものともせず、秀峰駒ヶ岳を仰ぐ大沼を一気に目指した。

　仁山信号場はカーブが付いた相対式ホームで、函館側に加速線が設けられていた。行き合い交換が多く、大半の貨物列車と仁山に停車する旅客列車はいったんバックして加速線に入り、上り列車通過後、全力で発進し、本線に入った。

　列車無線が無い時代、乗務員の前進、後進などの合図は汽笛で行っていた。加減弁を開け、発車する時は「ボーッ」、加減弁を閉める時は「ボーッ、ボッ、ボッ」、後進は「ボッ、ボッ、ボーッ」など、本務機と補機の間で律儀に繰り返しながら呼吸を合わせていた。

　仁山通過後、滝の沢トンネル（147メートル）、峠下トンネル（735メートル）を抜けるのだが、短い滝の沢トンネルはまだいいとしても、長い峠下トンネルに入るころ速度は40キロぐらいに落ちた。高温の運転席には煙が流れ込み、石炭粉が容赦なく顔に降りかかる。やっと大沼に出ると、乗務員は運転席の窓を開けて新鮮な空気を胸一杯吸った。

　しかし、輸送力向上のため、七飯−大沼間に勾配を緩和した藤城線が函館本線の支線として1966年10月1日開業。以後、下り列車は一部の仁山経由を除いて藤城線のみとなり、仁山越えの補機は姿を消した。

渡島大野でのC62同士での行き合い交換。左手前は停車中のC62 2の下り「まりも」、右はC62 27の上り「まりも」。下りは後部にD52の補機を連結し、上りの通過を待っていた＝渡島大野、1965年9月

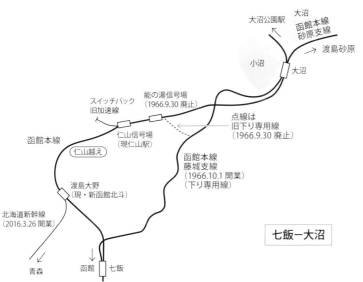

大沼公園駅　大沼
函館本線
砂原支線
小沼　　渡島砂原
大沼

スイッチバック　能の湯信号場
旧加速線　（1966.9.30 廃止）

函館本線　仁山信号場　点線は
（現仁山駅）　旧下り専用線
（仁山越え）　（1966.9.30 廃止）

渡島大野　函館本線
（現・新函館北斗）　藤城支線
（1966.10.1 開業）
北海道新幹線　（下り専用線）
（2016.3.26 開業）

青森　函館　七飯

七飯－大沼

強い横風の中、黒煙を吹き上げ、急行「まりも」を引いて渡島大野を出発するC62 2。札幌－釧路間の「まりも」は、1965年10月1日ダイヤ改正で函館－札幌間に短縮されるため、撮影時はあと数日の運命だった＝渡島大野、1965年9月

渡島大野で「まりも」後部に連結され、渡島大野から猛加速するD52 140。本務機C62はすでに勾配が始まる右カーブに入っている＝渡島大野－仁山、1964年8月23日

急行「ていね」の後部にD52を従えて渡島大野を発車、急勾配に挑むC62 30。あと1カ月足らずで藤城線が開業する時期で、補機の活躍も残り少なくなっていた＝渡島大野−仁山間、1966年9月

仁山越えの醍醐味は何と言ってもD52重連の貨物列車だった。白に染まった峠道を豪快に上り始める＝渡島大野−仁山間、1965年1月

右にカーブを切るC62 3牽引の急行「まりも」。築堤は高さを増し、左手に大野平野、後ろには函館山と津軽海峡が見える＝渡島大野−仁山間、1965年夏

急行「ていね」を高速で押し上げる補機D52。「まりも」は「ていね」に変わり、編成も短くなったものの、補機の役割は変わらなかった＝渡島大野−仁山間、1965年10月

渡島大野を出て右カーブから直進に入ると、大きな高い土手に
なる。背後には函館山。速度が落ちるため、D51重連の2本の煙
はまっすぐ伸び、中空で一つになった=渡島大野−仁山間、1966年9月

C55重連、朝に輝く　1958年から1968年まで、札幌−函館間に
不定期急行「石狩」1011レ、1012レが走っていた。夏と冬の繁
忙期、室蘭本線経由で定期列車を補完する。この日はC55が重
連（25＋36、いずれも元流線型）となり、朝日差す仁山の急こう
配を上って行った＝函館本線仁山信号場−大沼間、1965年8月8日

C62 44が牽引し、後部補機を従えて築堤を行く急行「まりも」。大沼手前のサミットはまだ遠い=渡島大野−仁山間、1965年9月

仁山からの下り勾配を走り切り、渡島大野に到着するD52 468の貨物列車。右側は今、北海道新幹線の新函館北斗駅が建っている=渡島大野、1970年10月

キハ22、キハ21、キハ12の気動車が6両連なって渡島大野からの坂を上っていく。新型の特急・急行用気動車が続々投入される中で、これら普通用気動車の組み合わせは味があった=渡島大野−仁山間、1965年年1月

当時としては北海道では珍しいヘッドマークを付けた「北海道観光号エルム」。キハ56系の「エルム」は夏の旅行シーズン中、北海道ブームを盛り上げた=仁山−大沼間、1964年8月

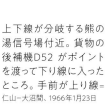

上下線が分岐する熊の湯信号場付近。貨物の後補機D52がポイントを渡って下り線に入ったところ。手前が上り線=仁山−大沼間、1966年1月23日

D52 140+D51 397の重連が苦しそうに勾配を上る。大沼まで、まだ難所が続く=仁山−大沼間、1964年8月

真夏の朝日が輝くころ、C55 25+C55 36に引かれた不定期急行「石狩」が視界に入ってきた。黒煙と白い蒸気が峠の道にコントラストを描いた=仁山−大沼間、1965年8月

仁山信号場に到着するキハ21の2両編成。奥のスイッチバック加速線ではD51が煙を上げて交換を待っている=仁山、1965年夏

仁山信号場は仁山スキー場の真下にある。冬になるとスキー臨時列車が走り、多くのスキー客でにぎわった=仁山、1972年2月5日

D52 414+D52 217重連が国道5号をまたぐ鉄橋を越える。この先、左にカーブすれば峠下トンネルが待ち構えている=仁山−大沼間、1964年7月

大沼−森−長万部

小樽

長万部機関区
室蘭本線

瀬棚

国縫
長万部

瀬棚線

八雲
太平洋

函館本線

森
渡島砂原

姫川

駒ヶ岳

大沼公園

大沼

函館

12両編成の急行「ていね」を引くC62 44は、力を振り絞って峠を越えようとする。補機D52も懸命の後押しだ=仁山−大沼間、1966年8月

大沼湖畔に続く峠下トンネルに入ろうとするC57 40+C55 25重連の「石狩」。通常、C57やC55が函館に運用されることはなく、不定期急行ならではの特別シーンだった=仁山-大沼間、1965年8月14日

渡島大野から上ってきたD52 468+D52の貨物列車は仁山停車ギリギリまで煙を吹き上げ力行する。遠くに函館山が見える=渡島大野-仁山、1965年10月

藤城線開業により、仁山越えの補機は廃止された。1966年9月30日、最後の補機付き列車は急行「ていね」で、補機はD52 56が受け持った。渡島大野の待機線で、ひとり「ていね」を待つD52 56=渡島大野

最終補機D52 56のテンダー後部には、乗務する機関士手作りの日章旗が飾られ、長年の補機の活躍を讃えた=渡島大野

「ていね」の後部に連結され、渡島大野を発車するD52 56。特別に添乗することを許され、運転台から撮影する機会を得た。定時発車を確認する駅員の人差し指の先に、名残を惜しむ万感の思いがこもる=渡島大野

バックして加速線に入ったD52重連は気合を込め直して再び坂に挑む。晩秋の高原に2両のブラストが響き渡った＝1965年10月

貨物を押して仁山に入る後補機D52。これからバックして加速線に入る＝1965年1月

加速線に入って待機するD51貨物（左）の横を、D52の上り貨物が通過する＝1965年1月

藤城線開業後も仁山経由のD51普通列車は残っていた。上り列車を待つD51 1153。スイッチバックを使っても10両編成は重かったに違いない。すり鉢型の加速線で、後方の客車はぴんと跳ね上がって見える＝1970年10月

渡島大野から大沼まで補機を務めた機関車が、逆向き重連となって仁山を通過し、渡島大野に戻って行く。D51 575＋D52 400＝1964年11月

峠を越える煙

　函館から大沼に至る峠を「仁山越え」と紹介してきたが、仁山は七飯町にある標高約450メートルの山で、放牧地やスキー場として利用されている。渡島大野から名前を変えた北海道新幹線の新函館北斗駅からもよく見える。

　SLの最後が近づいた1970年から1972年にかけて、仁山越えの全容を見ようと仁山に上った。冬はスキー場のリフトにまたがり、頂上まで行った。右手に津軽海峡と函館山が眺望でき、眼下には大野平野。左手を見ると、駒ヶ岳の山容と大沼湖畔が広がっていた。

　すでに藤城線が開通し、下りの主要列車は仁山を通らなくなっていたが、1日4本ほど、D51が引く渡島大野・仁山経由の普通列車が仁山越えに挑んでいた。渡島大野を出発する煙が見えると、ゆっくりとカーブを切り、仁山に近づいて来る。停車後、後進して加速線に入り、再び勢いを付けて前進し、大沼に向かって行った。

　頂上から藤城線が見えたのもラッキーだった。冬は線路際の山肌が白と黒のパッチワーク模様を作り、山深いイメージになる。時には重連も見られ、仁山越え同様の迫力を見せてくれた。

仁山を発車したD51の普通列車は煙をたなびかせながら勾配を上る＝仁山−大沼間、1970年10月

スキー客でにぎわう仁山高原スキー場。D51の岩見沢行き229レが仁山の加速線から発車して行く＝仁山、1972年2月

藤城線の雄大な景色の中をD51+D52の重
連で行く貨物列車=七飯−大沼間、1972年1月

白く染まった藤城線をD51が白煙を引
きながら大沼を目指す=七飯−大沼間、
1972年2月

険しい迂回路

「仁山越え」の難所を抱える函館本線七飯－渡島大野－仁山－大沼（13.2キロ）は、仁山－大沼間の一部が複線化されているものの、1960年代に入っても大部分は単線で、高度経済成長の輸送需要に追い付けなくなった。

このため、七飯と大沼を直接結ぶ下り列車専用の「藤城線（函館本線の支線）」（8.9キロ）が建設され、1966年10月1日から営業を開始した。これにより、仁山と大沼の間にあり、上下線が分岐していた熊の湯信号場は廃止、その先の国道5号を渡る鉄橋も撤去された。渡島大野－大沼間の補機も廃止に至った。「藤城」は付近の地名から取った。

藤城線の列車は七飯構内でいったん左に分岐し、築堤を上がって右に弧を描くコンクリート橋で函館本線をまたいでトンネルを抜け、大沼に至る。藤城線の途中に駅はない。一部仁山経由の下り普通列車は残ったものの、特急・急行はもちろん、SL牽引の貨物列車もすべて藤城線経由に移行した。七飯－大沼間は実質的に複線区間となり、列車ダイヤには余裕が生まれた。

しかし、勾配が緩和されたとはいえ、上りの10パーミルが連続し、SLは苦しい運転を強いられた。中でも貨物列車は時に補機を必要とし、D51あるいはD52が前部に付いた。

私は仁山越えがなくなったことで寂しく感じたものの、すぐさま藤城線の変化に富んだ風景に引き付けられ、足しげく通うようになった。七飯を出てすぐ差し掛かる高架橋はコンクリートの柱で支えられ、916メートルに渡って右にカーブし、その上を走る列車は格好の被写体となる。開業当初は線路際の遮蔽物も少なく、全体を見渡せるポジションがいくつもあった。C62の引く急行「ていね」は補機が付かなくなった分、本来の高速牽引力を発揮。D52、D51も健在で、ひっきり無しに大型機が通過していった。

時が移り、2016年3月26日（この年は奇しくも藤城線開業50年に当たった）、北海道新幹線が開業すると、渡島大野は新函館北斗と名前を変え、函館本線との乗り継ぎ駅となった。このため、特急「スーパー北斗」は全て藤城線経由から仁山経由に先祖返りし、藤城線は下り貨物列車と1日2本のローカル気動車が通過するだけの「閑散路線」に転落。かつて大型機が続々と煙を吹き上げて通過して行った記憶も薄れてしまった。写真はいずれも七飯－大沼間。

C62 30が堂々たる12両編成の「ていね」を引いて風を切る。その走りっぷりは、かつて東海道本線で特急「つばめ」や「はと」を牽引した雄姿を彷彿させた＝1967年3月

12両編成の特急「おおとり」が高架を行く。下には果樹園、奥には函館山が見えた=1967年1月

高速でトンネルを抜けた「ていね」。C62はドラフトを山裾に響かせて大沼への道を急いだ=1968年1月

「ていね」は1968年10月1日、愛称名が「ニセコ」に変わり、そのまま藤城線を走った。C62 2が引く下り「ニセコ3号」が七飯から続く高架橋を軽やかに通過する。除煙板のつばめマークがきらりと光った=1970年10月

降りしきる雪をついて、「ていね」を引くC62はひた走る。眼下に雪を被った大野平野が広がる=1968年2月

朝日を浴びながら七飯から藤城線に入るD51貨物列車。手前の線路は函館本線渡島大野方面=1968年6月

藤城線を上り始めたD52 404の貨物と、渡島大野から来た上り普通気動車がすれ違った。気動車最後尾はキハ21 1=1968年3月

高架橋を行くD51 941。この機関車は1944年3月、長万部機関区に新製配置以来、一貫して長万部で働き、1973年3月、廃車となった。函館本線で走る姿をよく見かけた=1967年2月

D51 397が貨物列車を引いて奮闘する。機関車の次位は苗穂工場に送られるDD13=1967年1月

新雪で白く染まったS字カーブをD52が行く。吹き上げた白煙が
雪空に溶け込んで行く＝1968年2月

しんと静まり返った里の午後。
9両編成の「北斗」は雪原に強
力エンジンを響かせる＝1968年2
月

D52の黒煙が空を焦がす。力
闘する鼓動が伝わってくるよう
だ＝1970年2月

幾何学模様が美しい高架橋。
「ていね」や特急も美しいが、
D52貨物列車の重量感も見ご
たえがあった＝1968年3月

秋の日差しのもと、高架橋を
行く特急「北斗」10両の長編
成は壮観だった。5両目に食堂
車キシ80が見える＝1970年10月

大沼―魔法の絶景

　函館から30キロ足らずの国定公園大沼は、1903年の鉄道開業直後から旅行客の人気を集めた。暗闇のトンネルを抜けると、まるで魔法のように場面が一転し、大沼・小沼の湖水と駒ケ岳の全容が広がる。沼と沼の間の狭い場所に盛り土をし、景観を壊すことなく線路を敷設した。まるで湖水の上を走っているような情景は、今でも乗客をとりこにする。子供のころから親しみ、ここで写真を撮り続けた私は、大沼を「魔法の絶景」と呼ばせてもらっている。

　1966年10月に藤城線が開業し、「仁山越え」が終了するまで、下り列車には前か後ろに補助機関車が付いていた。2両の機関車は大沼湖畔に出てやっと力行運転から解放され、一息つきながら左にカーブして大沼駅に向かう。

　その大沼にはSLの向きを変える転車台が置かれていた。補機が1日の役目を終えるとこの転車台で向きを変え、列車の先頭に付いて五稜郭機関区に戻ってゆく。駅構内はSLと駒ケ岳とのツーショットが可能で、特にD52の巨体は駒ケ岳とよくマッチした。

大沼を出て函館に向かう上り「まりも」。牽引機はC62 32。このころは線路際も自然のままで、余裕を持って撮影できた＝1964年8月

渡島大野から後部補機として仁山の勾配を越え、大沼に出た後補機D52 202＝1965年1月

峠下トンネルを抜け、緑広がる大沼湖畔に飛び出した急行「ニセコ」=1969年8月

仁山越えの貨物列車は補機を付けるためD52重連も珍しくなかった。峠を越え、余裕を見せて大沼湖畔をゆっくり走るD52 404+D52=1966年1月

「北海道観光号」のマークを付けて函館に向かう臨時「エルム」。夏に運転され、北海道観光の団体客を運び、シーズンには欠かせない列車だった=1963年秋

大沼を7時前に出発する函館行き通勤通学列車。C62は急行運用の合間に9両編成の客車を引き、全力で大沼を後にした。牽引機はC62 3=1969年10月

払暁の大沼・駒ケ岳 札幌を22時45分に発車し、室蘭本線経由で夜通し走ってきた急行上り「たるまえ」は一夜明け、風もない初夏の大沼を発車する。C62は長万部でD51から引き継ぎ、アンカーを務めた。この日の牽引機はC62 2＝函館本線大沼−仁山間、1968年6月18日

大沼を走るD51 287が引く臨時観光列車。車体に帯の入った1等車（後のグリーン車）6両と、後尾に普通座席・荷物合造車が付いている＝1963年秋（原田一夫）

凍てついた大沼。C62 32が引く急行「ていね」は後尾にD52の補機を従えて冬の仁山を越えてきた＝1966年1月

キハ22など5両編成のローカル列車。当時は乗客が多く、5両編成も珍しくなかった＝1964年7月大沼

早朝、小樽経由の特急「北海」が旭川目指して快走する＝1968年6月

下り普通列車を引いて大沼に着いたC62 3は転車台で方向転換し、駒ケ岳を背にして出番を待つ＝1969年10月

勾配を上り切って大沼湖畔に出てもまだ気が抜けない。D52 56は煙を吹き出して奮闘する＝1970年4月

五稜郭機関区にそろったD52の仲間である89。1964年8月に山陽本線糸崎機関区から転属し、函館本線で一時、運用に入ったが、早々と翌1965年2月、廃車の運命をたどった＝1964年12月

補機仕業の合間に大沼で一服するD52 140。右奥は大沼駅構内、左は機関車に水を供給する給水塔＝1963年秋

うねる回廊

函館本線大沼から森までの22.5キロのうち、駒ケ岳－森間は勾配に加えて急曲線が続く難所となっている。しかし、ほぼ中央にそびえる活火山、駒ケ岳（標高1,131メートル）の刻々変化する美しさを楽しめる路線だ。

駒ケ岳は大沼から見ると、名前の通り、草原を駆ける名馬を思わせる優美かつ雄々しい姿だが、森駅に向かって坂を下って行くと、ラクダのような二つこぶの山に変化する。林を縫う急曲線の角度では、車窓の左に見えたり、右に見えたり、あるいは前や後ろに移ることもある。どんな位置から撮っても、列車を引き立てる魅力的な被写体だ。近年では1998年10月に小規模爆発、2000年9月には小噴火があり、2022年現在も山頂部は登山禁止措置が取られている。

遡ると、この区間のう回路線となる砂原線が戦時中の1945年6月に開業するまでは、下りだけでなく、すべての上り列車も通る「一本道」だった。上り列車にとって、ここは「仁山越え」と対になる難所で、函館に向かって20パーミルの勾配が連続する。戦時中は物資輸送のため、機関車1両では上り切れず、重連または前後3両で引く列車も見られ、東山にはスイッチバックの加速線があった。下り列車は森の手前で砂原線が右側から近寄ってきて、太平洋に面する森に到着する。ここは、いかめしで有名な駅だ。

軍川（現大沼）を発車、赤い鉄橋に差し掛かるC62牽引の下り急行「まりも」。当時、「まりも」は軍川で補機を開放し、大沼（現大沼公園）を通過していた＝大沼－赤井川間、1963年秋

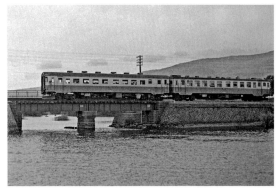

軍川発駒ケ岳経由森行き普通気動車キハ22＋キハ12。この列車は函館から軍川まで来た後、軍川で駒ケ岳経由と砂原線経由に分かれ、それぞれ森に向かった＝大沼－赤井川間、1963年秋

急行「オホーツク」「宗谷」「摩周」の最終列車。1964年10月1日に「オホーツク」と「摩周」は滝川で分離・併結の特急「おおとり」に格上げ、「宗谷」は急行のまま独立して函館本線小樽経由となった＝大沼公園－赤井川間、1964年9月30日

大沼公園を発車し、駒ケ岳を右に見ながら森に向かう特急「北斗」。ピンと尖った山頂は凜々しく、印象的だ＝大沼公園－赤井川間、1968年10月

夏の駒ケ岳駅で上り特急「北斗」の通過を待つD51 221の下り貨物列車。夏の高い空に薄い雲が浮かび、山麓の駅のたたずまいを見せた＝1971年8月

駒ケ岳の裾野を行くC62 2の下り急行「ニセコ3号」。C62牽引はこの写真から1カ月後にDD51に代わったので、この光景もあっという間に過去のものになった＝駒ケ岳－姫川間、1971年8月9日

特急「北斗」のスマートな車体も駒ケ岳によく似合った＝駒ケ岳－姫
川間、1971年8月9日

山裾の曲がりくねった線路をD52の貨物が姫川に向かって行く＝
駒ケ岳－姫川間、1972年8月

キハ21×2両＋キハ22の森行き普通列車＝駒ケ岳－姫川間、1968年11月

駒ケ岳の麓はD52の下り貨物列車も頻繁に通った。速度を制す
るブレーキ音があたりに響き渡る＝駒ケ岳－姫川間、1969年11月

姫川信号場にD52 138が引く臨時貨物列車が入ってきた。線路
に敷く砂利を運ぶホッパ車が5～6両繋がっていた＝1971年8月

急なS字カーブを窮屈そうに走る急行「宗谷」。終着稚内に着くのは深夜になる=駒ケ岳－姫川間、1968年11月

今は廃止された姫川駅（撮影当時は信号場）近くの鉄橋を渡る特急「おおとり」。国道5号からほどよく見下ろす角度で撮影できた=姫川、1968年11月

D51が引くコンテナ列車。国鉄はこのころ貨物輸送の合理化を進め、効率的なコンテナ輸送方式への切り替えが加速した=姫川、1968年11月

姫川を新鋭DD51の貨物列車
が通過して行く。次第にDD51
が目立ち始め、SLの陰が薄く
なってきたころだ＝姫川、1971年8月

姫川を過ぎれば太平洋が近づいて来る。駒ケ岳からの下り勾配
を慎重に走ってきたC62 3の「まりも」が森に到着する＝1964年5月
17日

「上り」のメーンルート

砂原線は太平洋戦争末期の1945年6月、軍川（後の大沼）－森間（22.5キロ）を太平洋側の渡島砂原経由で結ぶ函館本線の支線として開業した。といっても、国鉄が全線を建設したわけではない。もともと砂原と森の間には1927年に開業した渡島海岸鉄道という私鉄があり、これを国鉄が買収したうえで、砂原（国鉄駅名は渡島砂原）と大沼の間に新たにレールを敷き、一体化して砂原線（35.3キロ）としたものだ。

当時、渡島海岸鉄道に近接して、鹿部と大沼の間には1929年開業の大沼電鉄が営業しており、これも一緒に買収する案が出たが、国鉄路線としては現状のまま使うことが難しく、新たなルートが設定された経緯がある。

国鉄が渡島海岸鉄道を買収・新線建設に踏み切ったのは、駒ケ岳経由の大沼－森間は単線で勾配もきつく、戦時輸送を賄いきれないと判断したため

だ。砂原線を主に上り列車に使うことで、駒ケ岳経由と砂原線を合わせて事実上の複線として機能させる。同時に砂原経由は距離が長くなる分、勾配は最大6パーミルに抑えることができた。

ところが、1961年10月に特急「おおぞら」が設定されると、強力なエンジンで上り列車も駒ケ岳経由が通過可能になった。その後、新設された気動車特急は上下ともすべて駒ケ岳経由に統一されたが、これは観光地として乗降客が多い大沼公園駅に停車させる目的もあった。

林や畑を通る駒ケ岳経由に比べると、砂原線は途中、海が見える魅力がある。また、中央にそびえる駒ケ岳の姿は、大沼などから見る姿と全く別物で、車窓観光も楽しめる路線だ。近年では廃止された寝台特急「トワイライトエクスプレス」や急行「はまなす」がダイヤ上の都合で砂原線を経由していた。

かつてのSL牽引の急行列車はすべて砂原線経由だった。池田園を通過するC62 27牽引の急行「ていね」=1967年5月

東室蘭操車場から上り貨物を引き、砂原線に入ったD52 140。五稜郭操車場まであと一息だ=鹿部付近、1967年5月

砂原線はD51やD52が引く上り貨物列車が頻繁に通った。勾配は緩和されたとはいえ、いかにD52でも1両では苦しそうだ。背景は雲を被った駒ケ岳=1972年2月

上り貨物を引くD52 235が余裕ありげに走ってき
た＝鹿部付近、1967年5月

長編成を引き、S字カーブを行
くD51 597＝鹿部付近、1967年5月

森から砂原線経由で大沼の手
前、池田園に到着。凍てつく2
月の夕暮れ、ホームは冷え冷え
としていた。機関車はD51 150
＝1972年2月

太平洋に沿って

太平洋に沿って走る森－長万部間（62.8キロ）が開業したのは1903年11月。途中、約50キロにわたり海岸線を通るため、作業員多数を集めて石垣を築き、橋梁も32カ所に及んだ。落部付近は現在でも保線上の要注意個所となっている。しかし、駒ケ岳を眺めながら海岸線を走る列車の旅は快適だ。

両駅のほぼ中間にある八雲はこの付近の中心地で、特急・急行も一部を除き停車した。漁業の街であると同時に酪農も盛んで、沿線には牧場とサイロが点在し、魅力的な撮影地だった。

また、直線区間が多いことから、特急「おおぞら」などはトップスピードで走る。長万部に近い国縫は瀬棚線の分岐点で、日本海まで貨物を引いて往復する長万部機関区のC11が函館本線にも姿を見せていた。

急行「ニセコ」を牽引していたC62は1971年9月15日をもってDD51にその座を譲ったが、私は前日、最後のC62単独運転を撮影するため、落部に行った。重連の迫力はないが、広々としたルートをC62は高速で走る。それはかつて東海道本線で特急を引いた栄光の時代を再現してくれたようだった。

太平洋の潮風が香る中、駒ケ岳を背に森駅を発車するC623牽引の急行「ニセコ3号」＝1969年7月17日

ホームに桜が咲く野田生を通過するC62 44が引く上り「まりも」。下り線には配給車オル31 45が止まっている。野田生には1903年の開業間もない頃、機関庫が置かれ、2120形が配置されていた＝1964年5月

長万部を発車、函館に向けて加速する上り「ニセコ1号」のC6216＝1971年5月

C62牽引「ニセコ」最終前日、下り「ニセコ3号」を引いて長万部に向かうC62 3＝落部付近、1971年9月14日

C62牽引「ニセコ」最終前日、上り「ニセコ1号」を引いて函館に向かうC62 16。同機は翌日の「ニセコ」最終運転で函館から小樽まで本務機を務めた＝落部付近、1971年9月14日

遠くに太平洋と駒ケ岳、手前にはサイロ。南北海道の優しい風景の中をD51の貨物が走って行く＝中ノ沢付近、1972年8月

厳冬期、線路わきの樹木が自然のオブジェを形作る。旅人をさりげなく慰めてくれる一瞬だ=中ノ沢付近、1972年2月4日

落部付近の複線のカーブを行くD51 737。五稜郭操車場から長万部に行く各駅停車の貨物列車だろう=1971年9月

SLに代わり、函館方面の主役になったDD51が重連でコンテナ貨物を牽引する。貨物列車の新時代を象徴するような場面だった=落部付近、1971年9月14日

駒ケ岳を左に見ながら五稜郭操車場に向かうD51の貨物列車。2両目の石炭専用車だけでなく、他の貨車にも石炭が積み込まれている＝落部付近、1971年9月14日

雪が降りしきる中、D52 56のコンテナ貨物が五稜郭操車場への道を急いだ＝1972年2月

五稜郭機関区のD52は貨物専用だったが、DD51の進出とD51の淘汰により、旅客列車も受け持つようになった。いささか力を持て余し気味に見えた＝中ノ沢、1970年

八雲駅ホームでは列車が止まると物売りのリヤカーも見られた。まだ、のんびりした時代だった＝1972年2月

早朝、特急「おおぞら」が森駅を通過する。後ろではSLが煙を上げている＝1970年4月

森駅では下り「おおぞら」の10数分後に特急「北海」が通過する。相次いで特急が走って行くのは豪華な時間だった＝1970年4月

長万部に進入する下り特急「北斗」。当時、長万部には停車せず、函館から室蘭本線の洞爺まで一気に走った＝1970年8月25日

山と海のジャンクション————————長万部駅・機関区

　函館本線と室蘭本線の分岐点、長万部は 1903 年 11 月、北海道鉄道の駅として開業したが、当時、室蘭本線は開通しておらず、函館と小樽を結ぶ〝一本路線〟の中心から少し函館寄りに位置していた。長万部と小樽の間の「山線」を効率よく越えるため、機関庫（機関区の旧名称）はやや小樽寄りの黒松内に置かれ、長万部は途中駅の一つに過ぎなかった。

　しかし、室蘭本線が輪西（現・東室蘭）から長万部に延長され、長万部が両線の分岐点になることが決まったため、駅や諸設備の充実が図られた。1928 年 9 月には黒松内機関庫長万部分庫がつくられ、4 年後の 1932 年 6 月には黒松内庫を廃止、吸収して長万部機関庫に昇格。当時、9900（後のD50）や 9600 など勾配用機関車約 15 両を擁していた黒松内の地元は、機関庫の長万部移設に対し

て激しく抵抗したという。

　太平洋戦争末期の 1944 年末、D51 を一段強力にした「決戦機関車」D52 が一気に 30 両配置され、貨物輸送に充当される。D52 は長万部を基地に追分、倶知安方面に石炭列車などを休みなく牽引して戦時輸送を支えた。しかし、戦時設計の D52 はボイラーをはじめ粗悪品を用いたため、乗務員の評判は芳しくなく、戦後の 1950 年に全機、本州に転属。以後、本線は D51 が、入れ換えは 9600 や C11 が主役となった。C11 は瀬棚線も受け持っていた。

　SL 全盛の時代、長万部機関区の乗務員は長万部を中心に函館、小樽、室蘭、瀬棚など主要駅間の運転を受け持った。特に急行「ニセコ」など C62 重連の仕業はすべて同区の担当で、ひときわ高い運転技術とチームワークを誇っていた。それは今も語り草となっている。

当時としては少なくなった 9600 の初期の 4 ケタ番号を付けた 9658。1970 年には名寄に移り、廃車となった＝1968年6月

長万部に夕日差すころ、C11 188 が転車台で方向転換する。タンク機とはいえ、人間と比べるとその大きさが分かる＝1971年6月

五稜郭から長万部に転属し、入れ換えを受け持った 49698。同機は五稜郭操車場のカーブの関係で右運転台に改造されていたが、長万部に来てもそれは変わらなかった＝1970年6月

広い長万部構内で軽快にポイントを
渡るC11 171。1975年にいったん廃車
されたものの息を吹き返し、今も「SL
冬の湿原号」として毎冬、釧路−標
茶間を元気に走り、観光に一役買っ
ている=1970年8月

長万部は雪が多く、太平洋からの寒
風も強く吹く。入れ換えとはいえ、吹
雪の中、C11にとって厳しい作業が続
く=1970年12月

入れ換え中も貨車に積まれた木材は
雪を被り、タンク車からは大きなツラ
ラが垂れ下がる=1970年12月

1960年代中頃まで、長万部でも室蘭機関区のC57やC55の姿が見られた。これらは函館にはめったに来ないので、私には貴重なシーンだった。室蘭への出発前に一服するC57 29＝1965年8月

これも室蘭区のC55 30。原型は流線型で、1936年完成後、小樽築港機関区に配置された。戦後、標準型に戻ったが、廃車まで一貫して北海道で活躍した＝1964年7月

室蘭機関区のC55 1も長万部に顔を出していた。同機は1968年9月、旭川機関区に移り、宗谷本線で「最北の旅客列車」を受け持った。現在は京都鉄道博物館に展示されている＝1964年5月

長万部に立ち寄って水を補給するD52 136。この後、五稜郭操車場まで貨物を引いて帰る＝1972年6月

長万部で一休みする五稜郭機関区のD52 56。D52は戦時中、長万部に30両配置されていた＝1970年8月25日

長万部に到着し、補機を切り離して函館に向かう準備をする「ニセコ1号」牽引機C62 3。手前では9600の後継機DE10が入れ換えに当たっている=1970年10月12日

転車台から扇形庫に入るD51 394。五稜郭機関区と長万部機関区所属が長く、函館本線でよく見かけた機関車だった=1971年6月

五稜郭操車場に向けて勇躍出発するD52 404。入れ換えの主役となったDE10 501が見送っている=1971年5月

出発準備完了。五稜郭操車場に向けての発車合図を待つD52 414＝1971年5月

雪の中、D52 235が上り出発線に向かう。足回りはすでに雪を被っていた＝1970年12月

長万部駅ホームを線路際まで下りてきた親子連れ。買い物帰りの国鉄職員の家族だろうか。出発を待つD51 1120の横を通り抜けていった＝1971年9月

長万部は夜も眠らない。函館から札幌に向かう夜行急行「すずらん6号」が到着するホームでは、夜食用にと午前2時近くでも立ち食いそば店が営業していた。右の客車はB寝台車スハネ16 513で、オハネ17に冷房設備を付ける改造がなされた＝1972年2月

早朝に飛び立づ〝つばめ〟

急行「ニセコ」牽引を DD51 に譲った後も、廃車を免れた C62 2 が小樽－長万部の間で普通 132 レ－137 レを引き、1泊で長万部に顔を見せていた。ローカル列車を引く格落ち感はあったが、それでも特急・急行牽引機としての存在感は相変わらずだ。

1972 年 5 月、まだ薄暗い 5 時過ぎに長万部機関区に行くと、C62 2 が機関士の点検を受けていた。除煙板に付けられた「つばめマーク」が、「ニセコ」時代と同様、朝日に輝いている。

出区時間になると空はようやく白み始め、駅構内も活気づいていた。C62 2 は客車4両をつかんで二股寄りに引き上げ、後進してホームに入る。そこで気動車2両を後ろに付けた。この気動車は熱郛で開放し、熱郛発 6 時 55 分の 140D となって長万部に帰ってくる。撮影はいずれも長万部機関区と長万部駅構内、1972 年 5 月。

明け行く大空に輝きを見せる「つばめマーク」

機関士がシリンダー付近を点検。
万全の備えで出発だ

出区するC62 2。威厳を漂わせる太いボイラー、1,750ミリの動輪。引退間近でも特急機関車のプライドを残していた

薄墨を流したような朝の空。小樽まで4時間半の旅が始まろうとしている

客車4両と後部に気動車2両を従えて長万部を発車するC62 2。かつては重連で加速した思い出のカーブだ

夕暮れのニセコ越え………長万部-小樽C62重連下り

C62補機、出発準備

　夕刻、長万部機関区に緊張感が漂って来る。下り急行「ニセコ3号」の到着を待ち、C62が補機に付くからだ。上り「ニセコ1号」の補機で来て、石炭と水を補給したC62。その動輪を、ロッドを、シリンダーを機関士がハンマーでたたき、異常がないかひとつひとつ確認する。機関助士は燃え盛る火床を整えている。小樽までの「山線」140.2キロを走り切るには、ひときわ入念な点検が欠かせない。

　函館から「ニセコ3号」を運転して来るのは長万部機関区の乗務員。小樽まで2両のC62に乗るのも長万部の機関士と機関助士だ。小樽まで行くふた組の乗務員は、翌日、補機と本務機の担当を交代し、上り「ニセコ1号」で帰着する。2日に渡り、黒煙と粉塵と激しい振動に悩まされながらも、C62重連の急行列車を受け持つのは長万部機関区すべての職員の誇りだった。

　長万部-小樽間のいわゆる山線経由のSL牽引急行は「まりも」だけになり、その「まりも」も1965年に「ていね」に、そして1968年には「ニセコ」に愛称は変わった。しかし、乗務員とC62が一心同体で勾配に挑む厳しさは、何も変わることはなかった。「ニセコ」は空前のSLブームを巻き起こしたが、重連の到着地、休憩地、そして出発地である「長万部機関区」の名は、今も輝きを残している。

下り急行「ニセコ3号」の到着を待つC62 2。機関士がファンの求めに応じて前部で写真に収まっている＝1970年2月9日

小樽からの道のりで足回りに付着した雪は解け切ることなく、そのまま小樽に帰ることになる。出発が近づくに連れ、刻一刻、緊張が高まっていく＝1970年2月9日

雪に飛び立とうとする「つばめ」。四季折り折り、「つばめ」はいつも輝いていた＝1970年2月9日

「ニセコ3号」の到着が近づき、補機C62 3が出区する。左側には前照灯を付けたDD51が待機している＝1970年10月9日

細かな雪が降りしきる。C62 3の行く手に厳しさが増す＝1970年12月3日

望遠レンズで捉えたC62 2の前面。力強さと同時に、丸みを帯びたボイラーが優しさも感じさせる＝1971年9月6日

待機するC62 15。隣に新鋭のDD51 675が並んだ。SLからDLに移る時代がやって来た＝1971年5月16日

C62 3は全身から蒸気を出し、出発準備に余念がない。まるで準備運動で体を暖めているようだ＝1970年12月3日

長万部－小樽

手宮線
手宮
塩谷
余市
蘭島
小樽
小樽築港機関区
仁木
然別
小樽築港
銀山
岩内←
岩内線
小沢
倶知安
比羅夫
蘭越
ニセコ（旧狩太）
昆布
目名
函館本線
上目名
黒松内
熱郛
蕨岱
二股
室蘭本線
長万部
洞爺
函館↓

「ニセコ」を引くため、糸崎機関区から転属してきたC62 15。山積みされた石炭が、機関区独特の雰囲気を表している=1971年5月16日

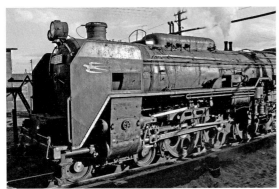

夕日に輝きを見せるC62 2。急行牽引機にふさわしい貫禄だ=1971年9月6日

重連、連結完了

　1970年6月17日。夏至に近いこの日は、長万部も強い日差しが降り注ぐ暑い日だった。その太陽が西に傾き、ようやく涼みだしたころ、長万部機関区で待機していたC62 2が準備万端、出区して待機線に姿を見せた。夕日にボイラーが逞しく照らし出される。

　函館を14時25分に発車し、大沼公園・森・八雲に停車してきた「ニセコ3号」が長万部駅4番ホームに進入してきた。今日の本務機はC62 44。給水のため、テンダーの給水口を給水塔にぴたりと合わさなければならない。最徐行して定刻16時38分に停車。すると、前方のC62 2がゆっくりと後進を始め、手旗合図に従ってC62 44に連結された。

　停車時間はわずか7分。44はこの間に水を補給し、石炭を前にかき寄せなければならない。慌ただしく緊迫した時間が過ぎてゆく。太い煙が2本、力強く夕空に舞い上がり、発車のベルを待つ。16時45分、あたりを揺るがす汽笛2声を発して「ニセコ3号」は発車。2台のC62は全力ダッシュで峠に向かって行った。（撮影はいずれも1970年6月17日）

長万部駅に停車するC62 44。左手に給水塔があり、そこにテンダーを合わせて止まる

函館から乗務してきた機関士と機関助士（左の2人）が同僚に引き継いで機関区に帰る。テンダーでは石炭のかき寄せが始まった

補機C62 2がバックしてきた。機関士は身を乗り出して後方を注視する

手旗合図に従って2が44に
接近する。衝撃が起きないよ
う、確実に連結する

2両ががっちり手を組んだ。発車準備
完了だ

豪快に出発するC62重連の「ニセコ3
号」。小樽到着は日がとっぷり暮れる
19時42分。2時間57分に渡る難所と
の戦いが始まった

全力の出発進行

　C62重連が引く急行が「まりも」だけになって以来、長万部発は16時半過ぎにほぼ固定されたので、夏は十分撮影可能だが、冬は出発時から真っ暗だった。しかし、明るくても暗くても、巨大機が重連となって重々しく発車し、すぐさま左カーブに入るシーンは、いつ見ても迫力があり、何度も通ったものだ。

下り「ていね」がC62 2+3のコンビで発車。夏の西日が列車を照らす。2本の煙は一つになり、曲線を描いて流れて行った＝1966年7月

下り「ていね」が長万部を出発する。保線区員も手を休めて見送った＝1968年7月1日

106

C62 27を先頭にC62重連の下り「まりも」が長万部を発車して行く。構内は、通称「ハエタタキ」と言われる電信柱、ポイントを手で切り替える転轍機など、昭和の鉄道の味わいがあった=1962年夏（原田一夫）

C62 3が引く「ニセコ3号」が大雪の中を到着。機関車も客車も白く染まっていた=1970年2月9日

C62 3の前にC62 2が連結された。人気コンビが雪の行路に向けて煙を吹き上げる=1970年2月9日

「ニセコ3号」がC62 15＋C62 16の 重連で発車。両機とも呉線電化により1970年10月、糸崎機関区から転属してきた僚友だ=1971年5月16日

日暮れが早まる10月半ば、C62 2＋C62 44牽引の「ニセコ3号」が発車。構内の出口でDD51が見守っている=1970年10月12日

左カーブが終わると直線区間に入り、ぐんぐん加速する「ニセコ3号」。今日のコンビはC62 3+C62 2だった＝1969年7月11日

下り急行「ニセコ3号」が長万部発車。C62 2+3が息を合わせて加速する＝1971年6月13日

目名峠を目指して

C62 重連は長万部出発後、二股、蕨岱（2017年廃止）、黒松内と少しずつ高度を上げ、熱郛を過ぎると山線の第1関門である目名峠に差し掛かる。勾配は20パーミルで、線路は右、左、右、左とリズムを打つように急角度で連続して曲がる。速度は徐々に落ち、煙は一段と濃く太くなり、ブラスト音が辺りに響き渡る。右側が開け、半径241メートルの急な右カーブに入ると、第1白井川トンネルが小さな口を開けている。その先には第2白井川トンネル。ここを抜けると頂上の上目名駅（1984年廃止）だ。

駅といっても、島式ホームがあるだけで、実際は行き合い交換をするだけの信号場とあまり変わらない。駅周辺は職員住宅が見える程度だ。坂を上り切り、走りながらタブレットを交換すると、2両のC62は安堵したかのように絶気合図を交わして下り勾配に入る。

話は飛ぶが、2018年12月、長万部から倶知安行き普通列車に乗り、運転席後ろから線路の状況をつぶさに見た。長万部から次第に勾配がきつくなり、急曲線が連続するようになる。見ていると、50年前のC62の苦闘ぶりが走馬灯のようによみがえってきた。こんな細くて曲がりくねったルートをC62重連が力の限り走っていたのかと、あらためて驚いた。

歴史を遡れば、北海道鉄道会社により、1902年に建設工事が始まった時は道路もなく、資材を運ぶため、まず道路開削から始められた。多くの飯場が建てられ、全国から集められた作業員が突貫工事で路盤を作る。当時、ロシアとの戦争止む無しの情勢で、軍事目的もあって、ロシアのシベリア鉄道全通に先駆けて建設が急がれた。1904年10月には函館－小樽間が開業するが、勾配がきつかろうが、急曲線が多かろうが、無理を承知で作ったルートだった。

長万部発車後、「ニセコ3号」を引いて二股に向けて加速するC62 2＋C62 3。傾いた夕日のスポットライトを浴びる2両のハドソンが美しい＝長万部－二股間、1971年5月23日

二股を過ぎると二股川を渡る鉄橋に出る。夕暮れの雪解け路をC62 44＋C62が峠に近づいて行く＝二股－蕨岱間、1967年4月2日

C62 3＋C62 2が第1白井川トンネルに突入する。C62にこのトンネルは窮屈そうだ＝熱郛－上目名間、1969年6月29日

C62 2＋C62 3が蕨岱から黒松内に向かう。上り勾配が始まり、2
本の煙が勢いを増してくる＝蕨岱−黒松内間、1971年5月23日

C62 2を先頭に熱郛から上っ
てきた「ニセコ3号」が、急
カーブを切りながらサミット
上目名に近づいてゆく。日が
暮れた峠路に白樺の枝が広
がり、白煙がいつまでも尾を
引いた＝熱郛−上目名間、1971年4月
25日

上目名へのハイライト、右カーブで全身をよじるように回り切る下り「ていね」のC62 3＋C62 2。雨の山間に雷のごとく、ドラフトが響き渡った＝熱郛－上目名間、1969年6月29日

補機予定のC62が故障したのか、この日はD51が代役につき、急行「ニセコ3号」を引いて奮闘する晴れ姿を見せてくれた。149は倶知安機関区所属で、急きょ先頭に立ったようだ＝熱郛－上目名間、1969年8月11日

倶知安が近づくと、雪解けの尻別川が近づいて来た。そして右手にはまだ真っ白な羊蹄山。下り「まりも」の客車の窓から身を乗り出すと、大自然の中を走るC62重連が見えた＝昆布－狩太（現ニセコ）間、1965年5月1日

C62 2+C62 32の「ていね」が快走する。ボイラーも、ロッドも、そして客車も今日1日の最後の輝きを見せる=目名−蘭越間、1967年7月30日

C62 30+C62 27の「まりも」。8月初めとはいえ、18時になると辺りは薄暗くなる。一息つける倶知安まであと10分ほどだ=狩太−比羅夫間、1965年8月2日

倶知安を目指すC62 2+C62 16の「ニセコ3号」が羊蹄の麓を快走する。羊蹄山はまだ雪が残っている=比羅夫−倶知安間、1971年7月5日

SL牽引最終日の下り「ニセコ3号」はC62 2+C62 3+C62 16の三重連となり、全国からファンを寄せ集めるイベントになった。私は人気のない場所で別れを告げた=黒松内−熱郛間、1971年9月15日

夜の帳、降りるころ

　長万部を出た後、倶知安に停車し、短時間で火床を整えたC62重連は、小沢との間にある倶知安峠に向けて出発する。ニセコや羊蹄山などを背景に雄大なスケールで走る姿は、全線の見どころの一つだ。

　小沢からは一段と急な稲穂峠が待ち構えている。秋から春にかけてはすっかり夜なので、5月から8月までだけが撮影可能な時期だ。晴れた日に1枚でも撮り残しておきたいと、「ていね」の時代から何度か羊蹄山をバックに入れたり、線路を遠望できる位置を探し歩いた。刻一刻と山陰に沈みゆく夕日が恨めしい。露出計を気にしながら、太陽に向かって「ちょっと止まってくれ」と叫びたくなったこともあった。

　三脚を構えて待機すると、小沢発車の汽笛2声が聞こえてくる。1秒ごとにドラフト音がクレッシェンドし、機影が目の前に迫るとき、それはク

ライマックスに達する。動輪の回転音、ロッドの往復運動、煙突から噴き出る煙が一体となって、C62重連の迫力を見せつけた。次の停車駅は余市。小樽には20時近くに到着する。小樽でED76に引き継ぎ、終着札幌まで託した後、2台のC62は我が家である小樽築港機関区に帰ることになる。

C62 15+C62 3が下り「ニセコ3号」を引いて小沢に向かう。頂上を雲に隠した羊蹄山が見送っている＝倶知安－小沢間、1971年8月22日

「ニセコ3号」を引き、長万部から小樽まで140キロを走破したC62 2とC62 15は、小樽築港機関区に帰着して疲れた体を休める。明日もまた明後日も重連となって長万部を往復しなければならない。束の間の「夜の憩い」である＝1971年7月4日

5月末、日没覚悟で線路を見下ろす丘に立った。C62+C62 2に引かれた「ニセコ3号」は、まだ雪が残るニセコ連峰を背に暗い峠路を急ぐ＝小沢－銀山、1971年5月29日

黄昏に煙、弧を描く 長万部からの峠を越えてきた「ニセコ3号」は塩谷を過ぎて最後の勾配を越えようとする。ふたつの白煙がひとつになり、暮色深める空に弧を描いた＝函館本線塩谷－小樽間、1971年7月4日

小沢の街が速くなり、視界に
入るのは山の稜線ばかり。盛
大なドラフトが夕暮れの静けさ
を破る=小沢−銀山間、1967年7月31日

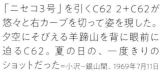

「ニセコ3号」を引くC62 2+C62が
悠々と右カーブを切って姿を
現した。夕空にそびえる羊蹄山を背に眼前に
迫るC62。夏の日の、一度きりの
ショットだった=小沢−銀山間、1969年7月11日

「ニセコ3号」は塩谷を過ぎると、小
樽への坂道でラストスパートをかけ
る。ED76にバトンタッチするまで、あ
と10分足らずの道のりだ=塩谷−小樽間、
1970年6月29日

試練の峠路 ━━━━━━━━ 小樽-長万部C62重連上り

32+44、出庫

　C62重連のドラマは毎朝、小樽築港機関区での連結から始まる。1970年8月12日。この日の本務機は44、補機は32の組み合わせ。まず44が扇形庫から出て転車台へ。ぐるりと回って、所定の待機線へ。続いて32が出て来て、同様に待機線に入る。慎重にバックして、待っていた44の前部とがっちり連結。今日はこのコンビで小樽からのオタモイ峠をはじめとする真夏の急坂に挑むのだ。

本務機C62 44が転車台に乗り、後進する

続いて補機C62 32も扇形庫から出てきた

手旗合図に従って32がゆっくり近づいて来る。44は煙を吹き上げている

先回りして小樽市街で「ニセコ1号」を待つ。小樽発車の汽笛2声が聞こえ、やがて32と44が快調に坂を上ってきた

電機からバトン受け

「ニセコ1号」を引く2両のC62は小樽築港機関区で連結を終えて回送となり、小樽駅の函館寄りで待機する。秋が深まった1969年10月9日、同駅で撮ったのはC62 3＋C62 2の組み合わせだった。札幌発函館行き104レ「ニセコ1号」がED76 516に引かれて到着。さっと連結器を外して前方に進み、いったん停車後、バックして側線に入る。すると、3＋2が操車掛に導かれてホームに入ってきた。

編成先頭の郵便車に連結され、発車を待つ間、2両は盛んに煙を上げ、出発合図を待つ。短いブザーが鳴り、ホームが一瞬静けさに包まれると、太い

汽笛がふたつ。その号砲とともに2両は息を合わせて、待ち構える峠に向かってダッシュした。

C62 3＋C62 2のコンビが後進してホームに入る。左は札幌からの牽引機ED76 516

テンダーの手すりにつかまった操車掛の誘導でC62重連がホームに入ってくる

列車に近づくに連れ、本務機の機関士が身を乗り出して後方を注視する

自ら放つ蒸気に包まれて発車するC62重連。「つばめマーク」が秋の日差しに一瞬輝いた

連続する難所に挑む

　小樽を発車したC62重連の急行は、いきなりオタモイ峠の20パーミル勾配に差し掛かる。そのため、乗務員は万全の構えでスタートダッシュを切り、一気に駆け上る。日本海に出て次の停車駅は余市。しばらくは平たんが続くが、仁木から緩い上りが始まり、然別からは20.8パーミルの急勾配になる。銀山からさらに勢いをつけ、稲穂峠にチャレンジ。あたりは音もなき樹林が続き、やがて稲穂トンネルに突入する。トンネルは途中が頂上になっており、上り切った闇の中で絶気合図だ。

　一転して急勾配を下り、小沢に向かう。真ん前に羊蹄山、右眼下に岩内線が見え始め、それが構内手前で近づいて合流すると小沢駅。盆地のようなこの駅は、行き合い交換の駅でもあった。

　小沢から今度は倶知安峠を越えなければならない。ここでもC62重連は全力で加速する。国道を

またぐ陸橋を過ぎると、右カーブ、そして左カーブと続く。このあたりはやや開けて撮影には絶好の場所だ。国道から離れると、またしても深い樹林が続き、約1キロの倶知安トンネルに突き進む。トンネル内は上り列車に対して20パーミルの厳しい勾配。トンネルに反響する轟音から、客車に乗っていても、2両の機関車の苦闘、乗務員の緊張感が伝わってきた。

　トンネルを脱出すると羊蹄山やニセコの麓、倶知安に到着だ。ここでは機関士が足回りを点検するほか、少なくなった水を補給、テンダー上では石炭のかき寄せが行われる。停車時間5分ほどの中で、これらの作業を終えなければならない。再び2本の煙が垂直に上がり、発車。長万部まで81キロの間には、もう一つ、目名峠の難所が待っている。

急行「ニセコ1号」が小樽を発車。2両のC62の煙が天を覆い、小樽の街に轟音がとどろいた。構内を出ると架線は切れ、ここから先はSLの天下である。C62 2+C62 16＝1971年2月7日

小樽駅から余市方面に道路を歩くと、左上に線路が見えてく
る。C62 2+C62 16の「ニセコ1号」は街並をかすめるように加
速。雪解けのグラウンドでサッカーに興じる子供たちの歓声も、
走行音にかき消された＝小樽−塩谷間、1971年4月2日

C62 2+C62の「ニセコ1号」はS
カーブを曲がり、小樽の街を後
にする＝小樽−塩谷間、1969年5月4日

「ニセコ」運行が最後の年になる1971年の元旦、小樽地方は穏やかな天気に恵まれた。C62 2を先頭に、9両編成の「ニセコ1号」は軽やかに余市に向かう＝塩谷−蘭島間、1971年1月1日

然別付近から上り勾配が始まる。C62 3＋C62は雪が降り積もる原野の中、黒いボイラーを揺るがせながら先を急ぐ＝然別−銀山間、1969年12月30日

後ろからも狙ってみた。墨絵のような樹林の横を雪を蹴散らしながら疾走する＝然別−銀山間、1969年12月30日

上り急行「ていね」を峠の狭い
線路端で待つこと4時間。C62
2を先頭に立てたC62重連は、
渾身の力を込めて銀山に向か
う＝然別－銀山間、1966年10月9日

4月になると、さす
がの峠道も雪解け
が進む。半年の煤
を被った雪は黒ず
んでいるが、本格
的な春への一歩
だ。C62 44＋C62
＝然別－銀山間、1967年
4月2日

小沢発車。大地を蹴り、峠に向けて勢いを付けるC62 3＋C62
44の急行「ニセコ1号」＝小沢－倶知安間、1968年12月15日

中央に雪を被った羊蹄山。左カーブを切ると、「ニセコ1号」は小沢駅に到着する＝銀山−小沢間、1970年12月31日

小沢から倶知安峠に向けて発車しようとするC62重連「ニセコ1号」。右の給水塔が印象に残る駅だった＝小沢駅、1971年5月5日

稲穂峠を越えたC62重連は慎重に小沢まで勾配を下る。朝、小沢から銀山方向に歩き、線路を望む高台を見つけて「ニセコ1号」を待った。先頭はC62 2。遠くからでも「つばめマーク」がはっきり見えた＝銀山−小沢間、1970年12月31日

「ニセコ1号」は小沢を出て勾配にかかる。振り絞るように煙を上げるC62 2+C62＝小沢－倶知安間、1971年5月5日

雨上がりの倶知安峠を上るC62 2+C62。苦しげに吐き出す蒸気が全身を包み込む＝小沢－倶知安間、1971年5月

倶知安峠を越えた「ていね」は、スキーと温泉の里、倶知安に到着。次の難所に備えて、わずかな時間に火床整理や給水が行われる＝倶知安、1966年冬

山揺らす咆哮

　倶知安でいったん休憩し、長万部への準備を整えた C62 重連は、目名から上目名にかけての目名峠の難所に挑む。倶知安から左手に羊蹄山を眺めながら緩い勾配を下り、比羅夫手前で比羅夫トンネルを通過。右手は開け、ニセコ山系が奥行き深く広がっている。次いで、温泉リゾート地、ニセコに停車。同駅は 1968 年 4 月に狩太駅から改称したもので、急行「まりも」と、「ていね」時代の大半は狩太と称していた。

　右に尻別川を望み、昆布、蘭越を過ぎると、目名峠が近づいて来る。20 パーミルの上りが断続的に現れ、C62 重連は蒸気圧を一杯に上げ、すさまじい形相で煙を上げ始める。目名を約 60 キロで通過し、高い土手を走り切ると、右カーブでいよいよクライマックスへ。人一人見えない山里の中、右、左にカーブを切り、吠えるような走行音をあたり

に轟かせた。

　目名から苦闘すること約 10 分、スノーシェッドに突入し、ぱっと明るくなると上目名だ。島式ホームのため機関車の右、機関助士席側でタブレットを交換し、C62 重連はやっと急勾配から解放される。第 2 白井川トンネルと第 1 白井川トンネルとの間には半径 207 メートルの本線らしからぬ急曲線があり、さらに同 241 メートルが続く。機関士にとっては、今度はブレーキ操作が難しくなる区間だ。

　熱郛、黒松内と坂を下り、黒松内から蕨岱は再び上りとなるが、ここまで来れば C62 にとってはもはや苦労はない。二股から長万部まで快調にリズムを刻んでゆく。日本海に面した小樽を出た C62 重連は、約 3 時間かけて峠を乗り越え、太平洋岸の長万部に到着するのだった。

倶知安を出た「ニセコ1号」C62 重連は息抜きするように煙も少なく下ってくる。SL牽引も残り約2カ月となる最後の夏、比羅夫トンネルを抜け、比羅夫に進入するC62 2+C62 16＝倶知安−比羅夫間、1971年7月5日

急行「ていね」の後部客車から窓を開け、急カーブで望遠レンズを向けると、C62 重連が間近に見えた＝昆布付近、1968年7月1日

羊蹄山の裾を横切るC62 2の「つばめマーク」。まるで、〝つばめ〟が夏空を飛翔しているかのようだった。本務機はC62 3＝倶知安−比羅夫間、1969年7月15日

新雪の左カーブ C62重連の上り急行「ていね」は、目名－上目名に差し掛かり、猛然と急坂に挑む。巨体は地を揺らし、噴煙は空を焦がす。通過後、吐き出された煤煙が新雪に突き刺さり、黒いシミを作っていた＝函館本線目名－上目名間、C62 32＋C62 30、1967年12月27日

試練の峠路　小樽 - 長万部 C62 重連上り　129

蘭越から目名に向けて20パーミルの勾配が始まる。C62重連の煙が渦を巻き、苦しげになる。C62 2＋C62＝蘭越−目名間、1971年5月30日

目名峠は秋の真っ盛り。C62 3＋C62 32が引く「ニセコ1号」は柔らかな日差しを受けて快調に進む＝目名−上目名間、1969年6月21日

緑燃え盛る山々。大きな高いポプラ。C62 2＋16は田園の真っただ中、白煙をたなびかせて峠に向かう＝目名−上目名間、1971年5月30日

C62 2+C62 16を真横から狙う。2-C-2の軸配置を持つ2両のハドソンは、大型機としても別格の風格だ＝目名−上目名間、1971年5月30日

前年、長万部や黒松内でC62重連「まりも」を撮影したが、高校1年生になり、友人と3人で上目名撮影を敢行することになった。上目名で下車して線路伝いに目名方向に歩く。土手に上り待っていると、はるか遠くから「シュル、シュル、シュル」という、せせらぎのような音が聞こえてきた。それは次第にボリュームを上げ、煙が見えて、やっとC62重連のドラフト音だと気付く。眼前を過ぎ行くときの天地をひっくり返すような地響き。その迫力にカメラを持つ手が震え、夢中でシャッターを押す中、C62 30+C62の「ていね」が過ぎ去って行った。案の定、写真は手振れでひどい出来だった＝目名−上目名間、1965年10月31日

長い冬が終わり、目名峠も春が近くなった。雪解け水がC62 2+C62 16の「ニセコ1号」の旅情を慰める＝目名−上目名間、1971年4月25日

C62 2+C62の直径1,750ミリの大動輪は、土手の上で狂ったように回転する。もうじきクライマックスだ＝目名−上目名間、1971年7月6日

目名から上り詰め、左側の集落が途切れるころ、C62重連の「ていね」は右にカーブを切って峠のサミットに分け入って行く。師走に入って間もない頃は、まだ雪の壁はできていない＝目名−上目名間、1969年12月7日

線路際の雪が高くなった1月末、「ていね」は吹雪の中を上目名を目指してひた走る。C62 2＋C62 27＝目名−上目名間、1967年1月22日

初の上目名行きから2カ月。今度は師走が押し迫り、雪に埋もれた上目名を再訪した。土手をよじ登り、足場を作り、寒さに耐えて待つ。C62 27＋C62 2の重連は静寂を打ち破り、まっしぐらに上目名に突き進んでいった＝目名−上目名間、1965年12月29日

C62 30+C62が素晴らしい勢いで峠を上ってきた。30が真正面
を向いた瞬間、ナンバープレートが秋の日差しを受けてギラリと
輝いた＝目名−上目名間、1968年10月10日

真夏の昼下がり。C62 32+
C62の「ニセコ1号」が上目名
に接近する。2両とも白煙を吹
き上げ、小気味よいリズムを
刻みながら走り抜けた＝目名−上
目名間、1970年7月10日

太平洋に針路

　C62重連は上目名を過ぎると第2白井川、第1白井川トンネルを抜け熱郛に下って行く。ブレーキをかけるので、全車輪がギシギシときしむ。両側に白樺の林。白い枝は夏の緑の中では清涼剤となるが、冬は葉を落とし、雪の中でいっそうの寂寥感を誘う。

　熱郛から勾配は緩くなり、黒松内、蕨岱を通過して二股へ。「ニセコ1号」時代は函館発稚内行きディーゼル急行「宗谷」と交換するため、二股で6分間停車した。「宗谷」をやり過ごした後、再び黒煙を上げて発車。約10分で長万部に到着する。ここで補機を解放し、本務機がひとり、函館に向かうことになる。

いつもは下り列車を撮るため訪れる第1白井川トンネル付近だが、坂を下るシーンも撮りたいと、上目名から雪を漕いで熱郛側に向かった。悪天候は覚悟したものの、雪は白く厚いカーテンをつくり、線路すら視界の奥に消えた。じっと待っていると、微かに走行音が聞こえてくる。「ニセコ1号」は確かに通過したが、写ったのは黒い影だけだった。C62 2+C62＝上目名－熱郛間、1970年2月9日

上と同じ場所で再挑戦。峠の雪を全身にまとい、苦闘の跡を残しながら2両のC62は3を先頭にカーブを切る。その姿には安ど感も漂っている＝上目名－熱郛間、1970年12月3日

初夏の昼下がり、煙も少なく、余裕を持って長万部に向かうC62 3+C62 32牽引の「ニセコ1号」＝熱郛－黒松内間、1969年6月29日

初めて撮ったC62重連。どこに行っていいか分からず、うろうろしているうちに18レ上り「まりも」が来てしまった。C62 30+C62 2＝黒松内－熱郛間、1964年8月17日

二股で行き合い交換後、重連
の最終コースに向けて出発す
るC62 2+C62 16。あと10分で
長万部だ=二股−長万部間、1971年5
月5日

長万部に近づくと、水田農家
も見られた。この日は編成が
短いせいか、急行「ニセコ1
号」を引くC62 3+C62 32は軽
やかに走って行った=二股−長万
部間、1969年6月21日

冬の柔らかな日差しが降り注
ぐ中、C62 2+C62 3の「ニセコ
1号」がゆっくりと長万部構内
に進入する=1971年2月9日

太平洋の風を感じながらC62 2+C62 3の「ニセコ1号」が長万部
に到着。小樽から3時間余、3とともに峠を走り切った2は解放さ
れ、休憩後、下り「ニセコ3号」の補機として小樽に帰る=1970年
10月12日

ススキが風に吹かれるころ、C62牽引「ニセコ1号・3号」に別れを
告げる日が来た。小樽－長万部間は特別の三重連が実現し、全
国から集まったファンの前でラストラン。上り1号はC62 2+3+15
の組み合わせとなった=黒松内－蕨岱間、1971年9月15日

山線の名優たち

D51、C11、高速気動車も

　長万部－小樽間の140.2キロは、函館と小樽・札幌を直結する幹線として1904年全通した。しかし、工事を急いだ結果、急勾配、急曲線が多いうえ、全線単線で駅間距離も長く、高速運転のネックとなった。このため、1961年10月デビューの特急「おおぞら」はじめ主要な特急・急行は、距離が長くとも時間を短縮できる東室蘭・千歳線経由が主流になり、山線は次第に役割を失いつつあった。

　しかし、C62重連の急行「ニセコ1・3号」のほか、D51が旅客・貨物を牽引。小沢で分岐する岩内線の倶知安－岩内間は倶知安機関区の前照灯2個の9600が気を吐いていた。撮影のハイライトは「ニセコ」だが、小樽－長万部間の他のSL列車をほぼ一手に引き受けていたD51の活躍は目覚ましかった。特急や急行と駅で交換するときは、遅れたら相手を駅に止めてしまうことになるので、必死の形相で坂を上った。一般の旅客の他、荷物車を主体に編成を組み、客車も連結する荷物列車も走っていた。函館方面と札幌を結ぶ41レ・42レ、43レ・44レで、両都市間の荷物を運ぶ大事な役目を果たしていた。

　それから半世紀後の2022年、長万部－小樽間に特急はなく、直通運転する気動車（2020年からH100形を投入）も下りが3本、上りは1本しか見られない。もちろん貨物列車も走っていない。沿線では2030年度開業を目指す北海道新幹線新函館北斗－札幌間の工事が進展しており、並行在来線となる山線は廃止される運命となった。

冬、4両編成の132レを引くC11 171。C11から客車に流される蒸気は、職場や学校に向かう人たちの体を暖めたことだろう＝二股付近、1968年ごろ

熱郛から長万部までの通勤・通学列車となる132レはこの日2両編成。C11が小さいながらも住民の足として働いた＝二股付近、1971年9月

137

急行列車の合間に、C62は小樽と長万部の間を134レ、137レを引いて1往復していた。客車は3両程度で、剛腕が求められる急行と違って、あたりの景色を楽しみながら走っているように思えたものだ。134レC62 44＝黒松内付近、1965年8月2日

長万部発小樽行き137レを引くC62。辺りは水田も広がっていた＝蘭越付近、1967年8月

D51＋D51の41レ（手前）が僚友D51の引く134レを待っている。11月なのに、早くも山線には雪が降っていた＝熱郛、1969年11月

D51 857 が引く各駅停車の貨物2192レが止まっている（左）。そこへD51 150の122レ（右）が到着し、「お先に失礼」と出発して行った＝黒松内、1965年8月

当時はローカル駅といえども貨物取り扱いがあり、線路配置は賑やかだった。二股にD51 147の普通列車が進入してきた＝1971年9月

D51 148の上り普通列車が二股に到着する。中央のらせん式のタブレット受け器は単線区間には付き物。ホームには三脚を持った鉄道ファンや近くの子供たちの姿があった＝1971年9月6日

雪解けの季節。D51 593が普通列車を引いて銀山を出発する。この先には稲穂峠が待ち受けている＝1967年4月

冬晴れの日、D51 150の下り普通列車が余市に入ってきた。荷物の積み下ろしのため、リヤカーが用意されている＝1970年1月

冬景色の然別付近。D51 367が客車を引いて峠に向かう。左側の電信柱、いわゆる「ハエタタキ」も雪を被り、ちょっとしたオブジェとなる=然別-銀山間、1969年12月

新雪が大地を純白に染め上げた。足を踏み入れるのもためらう美しさだ。D51 857が貨物を引いて軽やかに雪を蹴って行く=然別-銀山間、1969年12月

冬晴れの朝、D51 346が塩谷を発車する=1969年12月30日

大晦日の昼、上り急行「ニセコ1号」を待っていると、森発札幌行きの41レが小沢を出てD51に引かれて上ってきた。正面に羊蹄山。8両編成はD51にとっても重荷だったろう=小沢-銀山間、1970年12月31日

D51 64に引かれた下り普通列車が然別に到着。タブレットを受け取った駅員が対向する列車の機関士にタブレットを渡すため、線路を横断する=1969年8月11日

特急「北海」は唯一の小樽経由の特急列車。1967年3月1日から1986年10月30日まで運転された=比羅夫−倶知安間、1967年8月

夏の「宗谷」。長万部からノンストップで走ってきた「宗谷」は間もなく倶知安で一服する=比羅夫付近、1967年8月

山線を往復する特急「北海」は、上りは夜で撮影できなかったが、函館を朝5時前に出発する下りは、倶知安付近を8時前後に通過。撮影で急行「ていね」を待つ間、格好の被写体だった=比羅夫−倶知安間、1967年4月

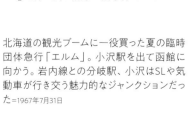

北海道の観光ブームに一役買った夏の臨時団体急行「エルム」。小沢駅を出て函館に向かう。岩内線との分岐駅、小沢はSLや気動車が行き交う魅力的なジャンクションだった=1967年7月31日

黒松内駅を通過する急行「エルム」。本州からの団体客は窓を一杯に開け、北海道の空気を吸い込んでいた=1965年8月

下り急行「宗谷」が黒松内を通過する。古めかしい木造の跨線橋が駅の歴史を物語る。このころ、同駅は寿都鉄道の接続駅となっていた=1965年8月

SL全廃が取りざたされるようになった1970年ごろから山線にもDD51が投入され始めた。高速で勾配にも強いDD51はあっという間に主役の座を占めた=比羅夫、1971年7月5日

雪晴れの塩谷駅を通過するキハ56系急行列車=塩谷、1969年12月30日

小樽を出た上り列車は塩谷を過ぎて日本海を望む高台に出る。優美な曲線を描く湾、寄せては岸辺を洗う波。D51はそんな美景を横目にひた走る=塩谷－蘭島間、1969年12月30日

聖地「上目名」の記憶

　上目名駅は函館本線熱郛と目名駅（駅間距離15.4キロ）との間に1913年9月、開業した。駅の両側とも20パーミルの急勾配で、近くに集落はなく、実質は列車交換のための信号場の役割だった。

　撮影に訪れると、駅員がダイヤの状況や安全状況を教えてくれ、何かとお世話になった。そ

の駅員に断って、上りを撮るためには倶知安方向へ。また下りを撮るには、トンネルを二つ抜けて熱郛から続く右カーブがポイントとなった。その後、山線の合理化で無人駅となり、1984年3月に廃止。今、線路は変わらないものの、駅の面影はなく、かつてのC62やD51の活躍も幻となった。

熱郛と上目名の間、第1白井川トンネルの熱郛寄りにやや開けた高台があった。前年春、九州・肥薩線の矢岳越えを撮影したのだが、それを思い起こさせる雄大な風景に胸が躍る。苦闘する「ニセコ3号」を白樺林で撮影後、それと上目名で交換したD51牽引の42レが坂を下って行った。荷物車4両、客車3両の編成＝上目名−熱郛間、1971年5月

C62 44が引く137レを後ろから撮った。この角度だと、20パーミルのきつさがよく分かる＝熱郛−上目名間、1967年8月

線路が雪に埋まり、吹雪は止みそうにない。それでもD51は渾身の力で旅客列車を引っ張り上げる＝熱郛−上目名間、1970年2月

第1白井川トンネル付近のカーブ。10両以上の編成となった
急行「宗谷」がエンジンを吹かせながら上って行く=熱郛-上目名
間、1967年8月

上目名に停車するD51 942は、除煙板が角形の戦時型。山線
で長く活躍した機関車だった=1969年11月16日

上目名を発車し、目名に向かうD51 163。4月になると雪解け
が進み、峠の駅にも春の足音が聞こえて来る=上目名、1971年4月

上目名で目名からのタブレットをらせん型の受け器に落とす機
関助士。走りながらの気を抜けない作業だった=1969年11月16日

122レ函館行きが上目名に停車中(左)。そこを下り急行「宗谷」がすれ違って行く=1970年7月

上目名駅に特急のエンジン音が近づいて来た。峠の駅を下り
「北海」は淡々と通過して行く＝1969年11月16日

長万部から乗った41レは、この日D51重連だった。熱郛を過
ぎ、2両が力を合わせて上目名を目指す＝1969年12月

目名からD 51 737が息を弾ませるように勾配を上り詰める。
晩秋の冷気が峠を包んでいた＝目名－上目名間、1969年11月16日

上目名から目名に続く下り坂。D 51が軽いリズムで風を切っ
て行く＝目名－上目名間、11971年7月

新雪を吹き飛ばしながら、
上目名から貨物が下ってき
た。淡い太陽のもと、美し
いシルエットを作る＝上目名－
目名間、1967年12月

札幌圏のSL基地 ·········· 小樽築港・苗穂・岩見沢

小樽築港機関区

　小樽築港機関区は、幌内鉄道（1880年開業）の手宮機関庫の流れをくむ道内で最も歴史ある機関区だった。その後、手宮機関庫とは別に、小樽に小樽機関庫が作られ、手宮機関庫を分庫としたが、1927年7月、小樽機関庫を廃止して小樽築港機関庫とし、手宮分庫を新機関庫の分庫とした。函館本線の札幌近くに位置し、所属機関車は主に長万部、室蘭、札幌、旭川方面に足を伸ばして活躍した。

　1935年3月31日現在の配置機関車を見ると、8620が2両、9600が5両、C50が6両、C51が6両、D50が17両、計36両が配置され、道内では旭川と函館を引き離し、最大の陣容を誇った。C51、D50という旅客、貨物用のエース級をそろえ、函館本線輸送の中核をなしていたことが分かる。

　1936年に小樽築港機関区に改称。戦時中は配置両数で長万部などに抜かれたものの、1969年3月末にはD51、C62、9600、C12など計52両を有し、岩見沢第一機関区をしのいで再びトップの座についていた。

　また、1956年に東海道本線の電化進展により、余剰となったC62が順次7両配置されてから、小樽－長万部間（山線）での重連運転が見られるようになり、全国からSLファンが集まるきっかけとなった。

　1987年のJR民営化とともに小樽築港運転区となったが、多角経営の一環で機関区跡地は民間に売却され、大規模ショッピング街に取って代わられた。私たち往年のファンは小樽築港駅を通ると、「煙の王国」の輝かしい歴史に思いをはせ、胸が騒ぐのだが、そんな感傷など時代の流れの中にあって消えゆくだけだ。

小樽築港機関区のアイドルというか、コギャルというか、小さいながらも目立ったB20 1。車体の長さはわずか7メートルだった＝1960年（原田一夫）

長く手宮線で働いていたC12 6は晩年、小樽築港構内の入れ換えに使われていた。扇形庫で顔を出して休憩中。前照灯横のシールドビームがやたら大きく見える＝1971年4月

雪を被った広い小樽築港のヤードを走り回るC12 38＝1965年12月

D51 237が転車台で向きを変えている。同機は戦前、苗穂工場で製造されたSL第1号機。現在、JR北海道苗穂工場の敷地内に保存されている＝1971年8月

SLに思いを寄せる女性もいたようだ。形式入りナンバーのD51 24の横で、機関区の情景をカメラに収める当時の〝鉄子〟＝1971年8月

D51 24が転車台で方向転換中。大機関区の迫力にあふれる光景だ＝1970年8月12日

朝の小樽築港機関区。中央左の15番にC62 44、隣の16番で
C62 32が「ニセコ1号」の重連牽引のため待機中。この日は44が
本務機、補機が32。19番にはC62 3のテンダーが見える=1970年8
月12日

「ニセコ1号」の補機C62 2と本務機C62 16が連結され、小樽か
らの難所に備える。出発前に呼吸を合わせているようだ=1971年4
月2日

「ニセコ1号」の補機につく前、入念な点検を受けるC62 2。所属
表記の「築」の白文字が誇らし気だ=1971年4月2日

朝日に映える「つばめマーク」。C62 2を愛する職員の手で、いつ
も磨き上げられていた=1971年4月2日

苗穂機関区

1936年7月、札幌機関庫を廃止して誕生した苗穂機関区には、SL末期までさまざまな機関車が出入りしていた。私が撮影したころでもC11、C55、C56、C57、C58、D50、D51などのほか、ディーゼル機関車DD11も配置されていた。

C11は入れ換えだけでなく札沼線の貨物も担当。C56のうち、道内最後に残った112と137は札幌駅の入れ換えを受け持っていた。C57やC58は千歳線の貨物補機にも運用された。C57の貨物補機は九州などでは見られたが、北海道では珍しい存在だった。

ただ、SL全廃が近づくと、廃車になった機関車が各機関区から無火回送され、解体待ちの列を作るようになった。ナンバープレートやロッドを外され、雪に埋もれる姿は、過去の活躍を知る者には無残としか言いようのない光景だった。

今はSLのねぐらだった扇形庫も解体され、駅周辺は再開発でショッピングセンターのほか高層マンションが建ち並ぶなど、すっかり様相を変えた。

旅客用として活躍していた頃のC55 17。撮影時は岩見沢機関区唯一のC55で、この日は苗穂折り返しの運用だったのだろう＝1964年10月

C55 7。前部の給水温め器の両端が白線で飾られ、気品ある姿だった＝1964年10月

札幌駅の入れ換えなどに重宝がられたC56 137。後進しても見通しが効くように、テンダーの両側面の上方が切り取られていた。奥の右がC55 17、その左がC55 7＝1964年10月7日

石炭補給が完了し、前進するC57 38＝1972年1月23日

居並ぶSLたち。中央のC57 91が威勢よく煙を吹き上げる＝1972年4月

左C58 415、右C57 177（1968年9月のお召し予備機）。まるで煙の掛け合いをしているようだ＝1971年4月

苗穂のC58は千歳線の貨物や補機に使われていた。414（右）と415（左）の兄弟機が並んで出番を待っていた＝1971年4月7日

C11 228は札沼線の貨物用。入れ換えも身軽にこなしていた＝1963年3月

形式入りナンバープレートのD51 204。1955年に姫路から倶知安に転属、さらに小樽築港に移り、札幌圏で活躍した＝1964年10月

降りしきる雪の中、D51 465などが準備万端で出発を待っている
=1972年1月23日

行儀良く列を作るD51を後ろから見ると、テンダーに石炭が山盛りになっていた。手前の機関車は右から465、896、659=1971年7月

雪が激しくなってきた。機関車がだんだん霞んで行く=1972年1月23日

そのスタイルから「貴婦人」と称されたC57の足回り。均整が取れ、機能美に溢れる姿を惜しげもなく披露してくれた。まさに「美脚のパシフィック」=1972年4月

厳冬の機関区 札幌に隣接する苗穂機関区は、各区のSLが行き交う魅力的な場所だった。冬、テンダーに石炭を満載し、出発を待つD51の群れから、熱い蒸気があふれ出る=苗穂機関区、1972年1月23日

岩見沢第一機関区

　岩見沢は幌内鉄道開業後、空知地方の豊富な石炭資源を港がある小樽、室蘭に運ぶ搬出基地として発展した。1891年に北海道炭礦鉄道の岩見沢機関庫が設置され、戦前、戦中、戦後を通じてSLの大規模機関庫（機関区）となった。太平洋戦争直後の1945年9月にはD50、D51を中心に39両を数え、長万部の50両、追分の45両に次いで配置両数では3番目の規模を誇った。

　1968年10月、小樽−滝川間の電化開業に合わせて分区され、SLは第一機関区に集約（44両）、電気機関車（EL）ED75やED76は同第二機関区に集中配属（計23両）された。同機関区は北海道初のEL基地の栄誉を担い、小樽−旭川間の旅客・貨物両用で活躍する舞台となった。

　また、第一機関区所属のC57 135が1975年12月14日、国鉄最後の客車列車となる室蘭発7時50分、岩見沢行き225レを牽引し、話題となった。ヘッドマークを付け、汽笛を何度も鳴らして沿線の住民とファンに別れを告げて走るシーンは、数々の記録に残されている。

　その両機関区もSLが姿を消し、ELも電車に役目を譲り、「機関車の時代」の幕を閉じた。それでも「鉄道の街・岩見沢」は明治以来、「炭鉄港」の要所として歴史に名前を残している。撮影は1973年9月ごろ。

休憩するC57 38。廃車は1976年3月1日で、日本で最後まで残ったSLの1両だった。左奥、テンダーが見えるのは59609

機関区にはSLのボイラーから掻き出された石炭ガラが、小さなボタ山のように積まれていた。奥はC57 149

C57 149。1961年5月のお召し列車牽引機で、長く函館、室蘭両本線で活躍した。詰め所などの建物が昭和の機関区の味わいを醸し出す

炭水車の上部に木製枠が付いた49617。ちょっとした変わり種で目を引いたが、この撮影後、半年ほどで廃車になった＝この写真のみ1969年4月

古風なレンガ造りの3線機関車庫。ここにはやはりSLがよく似合う。左はD51 872、奥はD51 414

同じ3線の木製の機関車庫もあった。歴代SLの煤が染み付き、独特の風情をなしていた

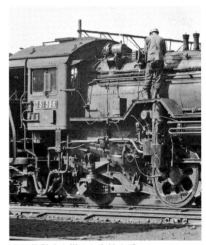

SLは休憩中も様々な点検を受ける。D51 598は東北本線で活躍後、1968年に北海道に渡り、1974年まで生きながらえた

手前C57 44、奥はD51 410。単に向き合っているだけだが、会話しているようにも思えてくる

道央の中核路線 ·············· 函館本線小樽-旭川 ほか

札幌駅周辺スナップ

　函館－小樽－札幌－旭川を結ぶ函館本線は1905年の全面開業以来、旅客のほか、石炭輸送などの大役を務める幹線となった。戦後は輸送需要の一層の高まりから、複線化や駅新設など、発展のテンポを速めた。当時を代表する機関車D51、C57をはじめ、大正生まれのD50、C51など名機関車も活躍。北海道SLの黄金時代を築いた。

　1968年10月の〝ヨン・サン・トウ〟（和歴の昭和43年10月から付けられた略称）のダイヤ改正を前に、同年8月、小樽－滝川間の電化が前倒し開業し、電気機関車（EL）、電車（EC）が一気に進出。また、特急「おおぞら」はじめ、各特急、急行が気動車（DC）に次々置き換えられたほか、桑園でつながる札沼線もキハ22など気動車化が進んだ。この陰で老朽化したSLは淘汰のテンポを速めて行った。

幌内鉄道の建設では崖が多い海岸での工事が難航した。それから約90年。D51が日本海に沿って石炭満載の貨物を引いて小樽に向かう＝張碓付近、1971年8月

札幌駅の西隣、桑園は札沼線の分岐点だけでなく、札幌市内の物流拠点となる広大なヤードでもあった。9654が入れ換えに励んでいる。この地は現在、JR北海道本社をはじめ、ビルや病院が立ち並んでいる＝1964年10月

幌内鉄道発祥の地、手宮で憩うC12 38（手前）とC12 64（奥）。函館本線開通後は南小樽から手宮まで手宮線（2.8キロ）が分岐していた。かつてはC51やC57も入っていたが、1962年5月に旅客営業が廃止。その後、C12などが貨物を引いて走っていた＝手宮、1970年8月

桑園駅構内の札幌方を跨線橋から見る。左側が駅ホーム。ここでは苗穂機関区のC57やC55も入れ換えに入っていた。C57 118＝1969年4月

師走の冷えた日、桑園で蒸気に包まれて入れ換えをするC55 7＝1965年12月

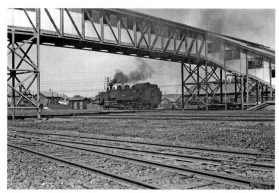

桑園では札沼線の貨物編成も行われていた。苗穂機関区のC11 228が往来している。広い構内を渡るため、長い跨線橋があった＝1964年10月

桑園でD51 97が発車を待っている。真横から見ると、半流線型の"ナメクジ"はスタイルがよかった＝1964年10月

蒸気天国だった北海道にも電化の波が押し寄せてきた。小樽－旭川間の電化開業に向けて、手稲－銭函間で試作機ED75 501の試運転が始まった。「祝　試運転」のヘッドマークが誇らしい＝手稲付近、1966年11月

電化開業後、主役となったのはED76形500番代。503が上り普通列車を引いて桑園に進入する＝1971年7月

苗穂機関区のC56 137が札幌駅構内で入れ換えに励んでいる。なんとも懐かしい光景だ＝1963年3月（原田一夫）

同じく苗穂のC56 112が札幌駅構内で客車の入れ換えをしている。次位の客車は二重屋根の戦前型だ＝1960年ごろ（原田一夫）

札幌駅構内に並んだ左からC57 38、気動車キハ82、電車711系。711系は通称「赤電」と呼ばれ、北海道の電車のパイオニアになった＝1969年10月

苗穂駅構内でC57が2両、本線を挟んで顔を出している。左はC57 91、右はC57 57。本線を急行が通過して行った。この苗穂駅も2018年11月、周辺再開発に合わせて建て替えられた＝1971年4月

小樽－旭川

雪の苗穂を発車。江別方面に向かうC57 149の普通列車。やはり、SLの貫禄は頼もしい＝1966年冬

函館本線（右）と千歳線（左）が分岐していたころの苗穂付近。千歳線は後に白石分岐になったため、左のルートは廃線になった。岩見沢方面に向かう気動車急行が通過して行く＝苗穂－白石間、1965年5月

苗穂近くの豊平川鉄橋を、たまたまD51の三重連が通りかかった。前から標準形+初期型+戦時型の並びで、全機、除煙板は切り詰めの北海道タイプという組み合わせだった=苗穂−白石間、1971年8月

電化後も札幌周辺にはSLの石炭列車が残っていた。D51 659が岩見沢方面に向かって行く=白石付近、1970年8月22日

現在のJR貨物札幌ターミナル付近を岩見沢方向に走る711系の3両編成。左は旧千歳線東札幌から貨物線を通って来たC58 415のコンテナ貨物=白石付近、1970年8月

夏の制服を着た女子高生で賑わう朝の白石駅にED76 504の普通列車が入ってきた。このころには、乗客はSLの煙からほぼ解放されていた=1974年7月

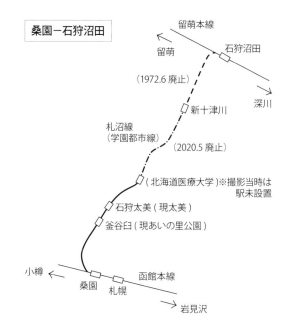

桑園－石狩沼田

留萌本線
留萌
石狩沼田
（1972.6 廃止）
新十津川
深川
札沼線
（学園都市線）
（2020.5 廃止）
（北海道医療大学）※撮影当時は
　　　　　　　　駅未設置
石狩太美（現太美）
釜谷臼（現あいの里公園）
小樽
桑園　札幌
函館本線
岩見沢

札沼線篠路－石狩太美間は北海道一の大河、石狩川を渡る石狩川橋梁が架けられた。同橋梁は1,074メートルあり、全道一の長さを誇っている。草を食む農耕馬の前をキハ4両が走っていった＝釜谷臼－石狩太美間、1971年8月

C11 228が引く浦臼発桑園行き貨物694レが1934年完成の石狩川橋梁を渡ってくる。コンクリートの橋脚を持ち、曲弦ワーレントラスと呼ばれる橋が美しいシルエットを描いている＝石狩太美－釜谷臼間、1971年8月

空知の拠点・岩見沢

1884年11月に開業した岩見沢駅は小樽から東進してきた函館本線と、夕張、美唄など周辺の炭鉱から採掘される石炭運搬路線を結びつけた。さらに1892年8月には太平洋側に港湾を持つ室蘭に至る室蘭本線が開業し、函館本線と室蘭本線の2大幹線が接続する重要な位置を占めた。

1960年代後半からED76やDD51がSLの領域を脅かしたものの、両本線のSLはしぶとく持ちこたえ、1975年12月14日、室蘭を出た国鉄最後のSL旅客列車の終着地として迎えたのも岩見沢だった。それだけ、SLと石炭とともにあった駅、機関区だったと言える。

また、岩見沢から旭川方面3つ目の美唄駅も炭鉱と結びついており、私鉄の三菱美唄鉄道には急坂用のE形SL、4110形が配置されていた。4122などが時に重連となり、炭住が並ぶ沿線を、長大な石炭列車を力一杯牽引する姿は、石炭の歴史とともに語り継がれている。

D51 562（奥）が室蘭本線の空の石炭貨車を引いて岩見沢に到着。それを待って、C57 149の室蘭行き（左）が発車しようとしている＝1972年3月

C57のラストナンバー201が旭川方面への列車を牽引するため、操車掛の誘導で後進する。戦後型独特の船底テンダーは、見るからにスピード感があった＝1969年8月24日

函館本線と室蘭本線が交わる岩見沢は、多くのSLが行き交った。D51の初期型"ナメクジ"も頻繁に目にすることができた。旅客を引くD51 53=1968年10月

発車を待つD51 15。C57が少なくなり、D51の旅客列車が目立ってきた=1969年4月

岩見沢駅構内を後進するD51 13。〝ナメクジ〟独特のスタイルは希少価値があり、見かけると必ずレンズを向けたものだ=1969年8月24日

こちらはD51 85。広い構内を走り回る。函館本線に北海道初の電化区間が開業し、岩見沢にも架線が張り巡らされた=1968年10月

ED76が岩見沢駅構内でD51とすれ違った。岩見沢第二機関区に配属されたED76は、それまでSL牽引だった客車を順次、置き換えて行った=1974年

清流の里・神居古潭

　北海道の電化は1968年8月28日、函館本線小樽－滝川間の開業で幕を切ったが、翌年10月1日、残りの滝川－旭川間が開業し、計画区間全線で電機、電車の運転が始まった。

　滝川－旭川間が遅れたのは、納内－伊納間の神居古潭（かむいこたん）駅前後の新線建設が難航したためだ。従来、この区間は北海道の代表的河川である石狩川に沿って走っており、景色は良いが、単線の急カーブが連続し、輸送のネックとなっていた。このため、

国鉄は同区間に別ルートで神居トンネル（4,523メートル）を掘削。同トンネルは蛇紋岩が多く、もろいため工事がはかどらず、遅れる要因となった。完成後、神居古潭ルートの旧線は廃止となり、この絶景も見納めとなった。

　アイヌ語で「神の住む場所」を意味する神居古潭を訪れたのは廃止1カ月前の1969年8月26日だった。幸い天気に恵まれ、C55、C57、D51などが引く旅客・貨物のほか、特急「北斗」などを撮影。山陰本線の京都周辺・保津峡（ほづきょう）の景色によく似ており、特にC55、C57が石狩川を眼下に見ながら走る光景は、優雅な風情もあった。残念ながら、この時が最初で最後の神居古潭だった。撮影はいずれも1969年8月26日。

夕方の神居古潭に停車するC55 16。アイヌ語に由来する神秘的な名前を持つ駅で、静かに発車を待つ

旭川から札幌方面に向かうC55の普通列車6両編成が石狩川を見下ろしながら神居古潭に到着する。川べりでは家族連れが散歩を楽しんでいた

C55 47がカーブをしのぎながら神居古潭に接近する。ギシギシ
ときしむように走ってきた

神居古潭に停車後、ゆっくりと出発するC55。川のせせらぎにド
ラフト音が重なった

発車するC55 16牽引の
旭川行き普通列車。甲
高い汽笛が一声、あた
りに鳴り響いた

C55やC57のピンチヒッターだろ
うか。D51 398が下り普通列車を
引いてきた。構内からきついS
カーブが続く。とても主要幹線と
は思えない作りだった

旭川発函館行き上り特急「北斗」が
渓谷美を楽しむように走っている。5
両目は食堂車キシ80だ

深川側のトンネルを抜けたC55 47。夏の光を受けて安堵したよ
うな表情を見せた

アラカルト

「ロクマルサン」花道を行く

　1975年3月末、全国に残るSLは179両に減少し、国鉄各工場の検査修繕はすでにSLから電気、ディーゼル車輌にシフト。SLの検査修繕ができるのは唯一、北海道の苗穂工場だけとなった。それもいよいよお別れの時を迎え、最終検査機になったのが、当時、滝川機関区所属のD51 603だった。

　同工場は1909年12月に鉄道院札幌工場として業務を開始（1915年4月に苗穂工場と名称変更）。戦前はD51 237などを製造した実績を持つ。最後に入場したD51 603は全国で話題になり、職員は万感の思いを胸に検査に臨んだ。

　1975年10月3日13時、検査を終えて磨き上げられた603がゆっくりと姿を現した。最後の修繕を終えた603の前面には日章旗が交差して飾られ、

その下に「サヨナラSL　1975・10・3　国鉄苗穂工場」の飾り板。この記念の瞬間を見届けようと、1,500人の職員が線路わきはもちろん、隣線に停車しているDD14 1の屋根上にも上がって見つめ、拍手を送った。603は「ボーッ」という汽笛で応えた。

　そのD51 603はどのような役割を果たしたのか。1975年12月、北海道新聞に掲載された「D51 603　さよならSL」の連載記事から、603の〝一生〟を振り返ってみよう。太平洋戦争が始まる10カ月ほど前の1941年2月23日、日立製作所笠戸工場（山口県下松市）で誕生し、最初は首都圏に近い宇都宮機関区に配属された。当時、宇都宮には陸軍第51師団があり、歩兵、野砲など各連隊も配置され、

竹浦駅で停車中、親子連れに頼まれ、子供と一緒に写真に収まる機関士。蒸気機関車の全廃を惜しむ声が広がった

〝軍都〟と呼ばれていた。ここで603は連日、兵員や軍需物資の輸送に従事。戦後は車両不足、食糧難など混乱が続く中、高崎、柳井、岡山、姫路第一、金沢、稲沢各機関区を転々としながら日本の復興に貢献した。

生まれ故郷に近い山口県の柳井機関区では、九州から首都圏に向かう石炭も運んだ。金沢では敦賀－今庄間の25パーミルの急坂に果敢に挑んだ。北陸の冬はことのほか厳しく、線路を埋める豪雪と戦ったことは言うまでもない。

しかし、北陸本線の電化が進み、1964年1月、今度は北海道の滝川機関区へ。603はここで長大石炭列車をはじめ、客貨両用で活躍する。

その603に生涯一度の大役が回ってきた。1968年8月31日、（昭和）天皇皇后両陛下が北海道百年記念式典に出席のため来道することになり、603がお召し列車の予備機に選ばれたのだった。

本務機の候補は新鋭のDD51 548だったが、603は同年6月に苗穂工場で全般検査を受け、部品が更新されるなど、蒸気上りもすこぶる良かったため、いざというときでも大丈夫、と太鼓判が押された。

雪の中、603は豪快に発車する。北海道のSLの晴れ姿だ

出発を前に前方を凝視する機関士。その表情にはSLとともに歩んだ誇りが刻み込まれている

先が短いといっても点検整備は欠かせない。SLとともに働く人々は、最後まで手入れに励んだ

停車中、テンダーの給水口から水を飲み込む。バックにはDD51が構えていた

しかし、本務機は予定通り DD51 548 が務め、お召し運転は何事もなく終了。ベストの状態に仕上げられ、待機した 603 に出番はなかった。それはそれで良かったのだが、もし、DL に代わって岩見沢－深川間を走ったら、603 の〝伝説〟が一つ増えていたことだろう。

さて、話を 1975 年暮れに戻すと、苗穂工場いや国鉄工場最後の SL 検査修繕機として現場に戻った 603 は、滝川機関区から追分機関区に転属（籍は滝川のまま）し、引き続き函館本線、室蘭本線、夕張線などで力強く貨物を引いた。苗穂工場検査

の際、ランボード横に白線が入れられ、それが遠目にも 603 だと一目で分かるサインとなった。走っていると、ファンだけでなく沿線住民からも熱い視線を受けるようになる。

そして 12 月 24 日午後、いつもと変わることなく、黒煙を吹き上げて石炭列車を引き、通い慣れた追分と夕張の間を 1 往復。これが 603 の最後の現役の勤めになった。これに続いて、苗穂工場製の D51 241 が全国で最後となる SL 牽引の貨物列車を受け持った。

603 はそのまま追分機関区に残り、翌 1976 年 3

若手の機関士も最後まで D51 を操った。狭い運転台で加減弁（右上）を引き、重い貨物を牽引する

追分機関区の転車台で方向転換する603。1975年師走は本線を走るSLの最後の冬となった

貨物列車を引く途中、駅構内で入れ換え作業に当たる603

月、廃車となった。実働約35年間、走行距離は70万8,765キロメートルで、地球をほぼ18周したことになる。

最後の車籍が滝川機関区だったことから、滝川市から保存の申し出があったほか、東京・上野公園の国立科学博物館に保存展示される動きもあった。地味な一生を過ごした603にとっては名誉なことである。しかし——。

それは突然、暗転した。廃車からわずか1カ月後の4月13日深夜、追分機関区扇形庫で火災が発生。必死の救出作業もむなしく、603や241はじめ、中にあった蒸気、ディーゼル機関車10数輌が炎上し、一夜にして603の永久保存は夢と消えた。警察は出火原因を捜査したが、原因不明のまま打ち切られ、今も謎として残っている。

それでも、603は辛うじて部分的には残った。ゆかりのJR北海道苗穂工場にはナンバープレートがあるし、かつての石炭の街、三笠市の三笠鉄道記念館にはナンバープレートと動輪が、さらに京都・嵯峨野観光鉄道のトロッコ嵯峨駅横の「19世紀ホール」には本体前面と動輪の一部が展示されている。

力強さと機能美を誇る蒸気機関車の車体や部品が、細切れに分散したのは悔やまれるが、その一つひとつはかつて全国を駆け巡り、北の大地でSLの歴史の最後を飾った603の栄光を伝えている。(撮影はいずれも室蘭本線、1975年11～12月)

直線路を懸命に走る。強風にあおられた煙は運転台の目の前で渦を巻いた

貨物列車を引き、白煙をたなびかせて走る。603の次位には回送のDLが連結されていた

大正の名機の肖像

　私の祖父は1894年（明治27年）、岩手県の生まれ。ちょうど日清戦争が始まった年に当たる。長じて函館に転居し、国鉄職員になった。若い頃は郵便車に乗っていたらしい。

　1920年代、つまり大正から昭和にかけてのころ、当時珍しかったカメラを持ち、函館市内や家族、友人を撮影していた。ネガはガラス乾板で、それが100枚以上、私に引き継がれ、今でも残っている。

　その中に当時の青函連絡船や機関車が写っている写真が数枚ある。青函連絡船は初代津軽丸型や第一青函丸などで、津軽海峡を渡って岩手から函館に来た祖父にしてみれば、青函連絡船を見て幾ばくかのホームシックを覚えていたのかもしれな

い。これらは前著『海峡の鉄路　青函連絡船　110年の軌跡と記憶』で紹介した。

　SLは9600形で、これも『函館・道南鉄道ものがたり　SLから新幹線まで』で書いたのだが、初期の9600形の69621が写っている。前後のコマから恐らく1920年代はじめ、つまり大正から昭和にかけて、函館で撮影したと思われる。機関車データベースによると、同機は1922年製造で、札幌局に配置されたことになっているが、「詳細は不明」とされており、この時期、函館方面に配置されていた可能性がある。

　9600は770両も製造され、外観も千差万別だが、製造当初は極めてシンプルな作りだったことが分

祖父が撮影していた69621。記録写真で見られる9600製造当初の姿とほぼ一致する。当時、期待の新鋭機関車だった＝函館機関庫で、1922年以降の20年代前半と思われる（原田秀一）

廃車1年前、鷲別機関区に所属し、東室蘭操車場で入れ換えに活躍していたころの69621。札幌局に配置後、1930年代に一時、長岡や青森に転属したが、その後北海道に戻り、戦後は一貫して鷲別区で働いていた。1973年11月、廃車となった＝鷲別機関区、1972年4月

初期型の9600重連の貨物列車が力強く走る＝函館－五稜郭間と思われる、1920年ごろ（原田秀一）

かる。煙突の前にあるはずの前照灯もない。幸い同機は長生きし、たまたま私が1972年、鷲別で撮影していた。このとき、祖父が50年以上前に撮っていたSLとは知らず、後で気付いて驚いたものだ。祖父の写真と比べると、車体には空気圧縮機や給水加熱器などが取り付けられ、ずいぶん重々しくなっている。また、国鉄職員だった父親は鉄道友の会に入会し、1950年代から鉄道写真を撮り始めた。当時はC51やD50もたくさん残っており、私も子供のころ長万部や札幌近郊でよく見かけた。ここでは、親子3代で撮影した古い写真を紹介したい。

長万部機関区で休憩するC51 169。1960年代前半は室蘭機関区にC51が配置され、長万部まで客車を引いて来ていた＝長万部、1960年（原田一夫）

長万部から室蘭方面に向けて出発しようとするC51 183。大正の名機の姿が見られるのも時間の問題となっていた＝長万部、1963年（原田一夫）

戦後、長らく滝川機関区に所属し函館本線で活躍したD50 375。大正生まれの貨物用機関車は〝強者〟のような趣きだった＝1966年3月29日

172

C51 169は1963年2月廃車。車体は美しいが、ロッドは取り外され、解体を待つばかりとなっていた=場所不明、1963年（原田一夫）

D50の煙突は元来、化粧煙突だが、この55（岩見沢機関区）はストレートの煙突に改造されていた=場所不明、1960年8月（原田一夫）

長万部機関区から出区し、本線に入ろうとするD50 314。同機はこのころ鷲別機関区所属だった=1964年7月

長万部で休むD50 314。D51に比べれば運転台が大きく、力感があふれている=1964年5月

苗穂を発車。空の石炭車を引いて岩見沢方面に向かうD50 285（滝川機関区）。左の線路は旧千歳線=1965年5月

D50 187（鷲別機関区）が室蘭本線の貨物を引いて長万部を出発する＝長万部-旭浜間、1964年7月

苗穂機関区の一角で休むD50 294（鷲別機関区）。窓下のボーガン（洋弓銃）のようなタブレットキャッチャー、所属の鷲別機関区を表す手書きの「鷲」の字、鮮明ではないが製造年・メーカーを示す「昭3 日立」の銘板。運転台を見るだけで様々な情報が伝わってくる＝苗穂機関区、1965年5月

まだまだ活躍中のD50 294。当時、鷲別機関区所属で、苗穂まで貨物を引いて来ていたのだろう＝1965年5月

D50 25。1968年9月に追分機関区で廃車になったが、その後、同区の一角に保管されていた。ナンバーは外されたものの、ロッドなどは現役時代そのままで、美しさを保っていた。現在は北見市内の公園で保存展示されている＝追分、1970年5月

皇太子さま、SL「すずらん」で旅行

1958年7月、当時独身の皇太子さま（現上皇さま）が北海道各地を列車で視察した。函館方面はSLが引く急行「すずらん」に展望車を付けて運転された。

皇太子さまは私が住んでいた函館には7月6日、虻田（現洞爺）から「すずらん」の最後尾に連結された展望車マイテ39 11に乗られて函館に到着した。マイテ39 11は当時品川客車区所属で、内部は「桃山式装飾」が施され、特急「はと」の予備車だったが、特別に青函連絡船経由で札幌に運ばれ、移動のつど、列車の最後尾に連結された。

函館に1泊された際、私の父が五稜郭駅付近で写真を撮っていた。函館着の「すずらん」は通常牽引機のC57が重連で運転。前補機（補機といっても運転全般をリードする）のC57 142は小樽築港機関区所属で、札幌から重連で来たものと思われる。手すりが白く塗られるなど、お召し機ほどではないが、それなりの化粧が施されている。

翌日の帰りは函館からD51重連となった。前補機は函館機関区の365で、全体が磨き上げられ、ボイラー前部のアーチや手すりに白線が入り、ロッドも白く塗られた。本務機のナンバーは判明しない。小樽経由で札幌に向かった。

皇太子さまは4カ月後の同年11月に正田美智子さん（現上皇后さま）との婚約を発表。独身最後の長距離旅行となった北海道視察をマイテで楽しまれたことになる。同車は現在、鉄道博物館で保存されている。

皇太子さまが乗った上り急行「すずらん」を引き、五稜郭に進入する　C57 142+C57＝1958年7月6日

函館に1泊し、札幌方面に向かう皇太子さまの列車。D51 365+D51で、最後尾を除けば客車は一般の車両である＝1958年7月7日

上り「すずらん」最後尾のマイテ39 11から姿を見せる皇太子さま＝同

SLを動かす人々

機関車と乗務員

　SLを動かしたのは機関士と機関助士の2人組だ。機関士は運転全般の責任者で、機関助士は投炭をはじめ、機関士の補助をする。運転中は狭くて劣悪な環境の中、騒音と不規則な揺れに悩まされ、仕事が終われば体は真っ黒。機関車も大正時代や戦時中に製造されたものが多く、現在の電車や気動車にはない苦労があった。しかし、「安全は輸送業務の最大の使命である」という鉄則のもと、乗客と荷物を目的地に安全に届ける誇りを誰もが強く持っていた。

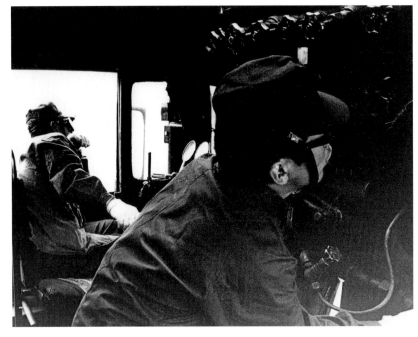

長万部から函館まで急行「ニセコ1号」の機関車C62 16に添乗させてもらった。長万部を5分遅れで発車。機関士（奥）と機関助士が息を合わせて駅構内も制限速度ギリギリで通過し、函館到着はほぼ定時だった＝1971年

高速で走るC62の機関助士席。前方の信号を機関士とともに指差し確認し、安全を確保する＝1971年

室蘭本線の直線路を疾走するC57。速度計を見ると、約90キロを出している。まさに、急行用機関車の面目躍如だった＝1972年12月

室蘭本線で客車を引いて走行中のC57運転台。機関士は室蘭機関区の中村政一氏（179頁参照）逆転ハンドルに手をかけながら前方を注視。機関助士は投炭に汗を流す＝1972年12月

「ニセコ1号」は長万部で補機C62 32を解き、C62 2を函館の乗務員が引き継いで終着函館に向かう。山越えを終えた長万部機関区の乗務員には安堵感が漂う＝長万部、1969年4月

C57の加減弁を握り、加速させる機関士＝1972年12月

小樽を10時51分、C62 32とC62 2重連で発車した「ニセコ1号」は12時9分に倶知安に停車する。停車時間は4分。雪が降りしきる中、上目名越えに備えて寸秒を惜しんで灰ガラを落とす＝倶知安、1969年4月

元長万部機関区機関士　**飯田宏**氏（1946 年 1 月生まれ）

　飯田宏さんは長万部町生まれ。 父親が長万部機関区の機関士だったこともあり、 高校を出て国鉄に入社。 函館の鉄道学園で学んだあと、 1967 年に同機関区の機関助士となった。 入れ換えの 9600 や瀬棚線の C11 などで経験を積んだあと、 室蘭本線長万部－東室蘭操車場間や函館本線長万部－小樽間の「山線」など第一線での乗務が始まった。 飯田さんの回想を聞いた。

山線に挑んだ日々

　機関助士として独り立ちしてから、室蘭本線が主な舞台となりました。当時、長万部機関区で 5 つの組が同線を受け持っていました。旅客も貨物もありましたね。記憶にあるのは、貨物で東室蘭操車場まで行き、便乗で東室蘭駅に戻り、そこから旅客を引いて帰る仕事です。

　D51 より大きい D52 にも乗りましたよ。難所は静狩と礼文の間です。トンネルも連続するし、ここをなんとか乗り切らなければならない。ストーカー（自動給炭機）がついているから、それを回せば行けたのだけれど、とにかく煤がひどく、風呂に入ったら腹の中まで入り込んでいましたよ。

　急行「ニセコ」を牽引する C62 重連に乗り始めたのは、DD51 に引き継ぐ 2 ～ 3 年前でした。最初は線見と言って、機関車に乗って実地で線路を覚えることから始まります。ベテラン機関士の説明を聞きながら、勾配の状況や駅構内の状況を頭に叩き込んで行く。その上で、線路状況に合わせて石炭をくべ、効率よく蒸気を使う技術を学びます。走行中のタブレット授受の訓練もあります。タブレットを落としたら列車を止めて探さなければなりません。

　それが終わり、本来の機関助士としての乗務になります。出発前に石炭をいっぱいくべて火床を作り、蒸気が下がらないようにしなければならない。C62 は重油を積んでいたから、それを吹き付けながらストーカーで給炭します。石炭が飛びすぎてもだめだから、位置を後ろにずらし、蒸気バルブを調整しながら飛ばしてやった。細かい技術が必要でした。

　下り「ニセコ」は長万部を出た後、二股川を渡ると徐々に勾配がきつくなってくる。速度は 60 キロぐらい。上目名へは勾配もカーブもきつく、トンネルも 2 つあって難所でした。上目名を通過して絶気し、蘭越から再び倶知安まで上ります。うまくやれば、調子よく走ってくれ、倶知安でカマ替えしなくてもよかったね。

　C62 重連は小樽までの往復は上下列車とも長万部の乗務員が受け持ちました。下りで小樽に行って、翌日の上りで帰ってくる。行く時が補機だったら帰りは本務機。行きが本務だったら帰りは補機に乗る。どちらにしても、皆仲間だから気心が知れている。運転責任は先頭の補機の乗務員が持っていた。勾配やカーブは熟知しているから、力行に移る時の細かい合図などは必要なかったですね。

　上りは、小樽を出てすぐ勾配があり、塩谷まであおるから写真を撮るにはいいところでした。音も素晴らしいしね。小沢を発車してまた上るけれど、そこはたいしたことなかった。倶知安発車後、やはり目名―上目名間が腕の見せ所だった。倶知安から目名までは蒸気をためておいて、目名からの 20 パーミル勾配は目一杯の力を出して走る。上目名駅の制限速度は 50 キロだったが、駅手前まであおっておいて、58 キロぐらいでブレーキをかける。制限ぎりぎりで駅を抜けるのです。

　これでホッとする間もなく、駅通過のあとも難しい。トンネルを抜けると、半径 241 メートルの急カーブがあるのです。ここを遅れずに走るため、機関士は客車のブレーキを外し、単弁を利かせるだけで客車の重みを感じながら下って行く。そうした技術を僕ら機関助士は横にいて毎日学びました。

　そうそう、補機予定の C62 が故障して、D51 が代役で付くことがありました。「いやあ、きょうは D51 か」という思いはあったね。自動給炭機がついていないから、手で石炭をくべなければならないし、タブレットも手で取るから神経を使った。倶知安でのカマ替えも必ずしなければならなかった。そんなことで、臨時の D51 乗務のときは「ご苦労さん」の意味で手当が付いたのではなかったかな。

　長万部の乗務員は函館までも持っていました。C62 の下り急行「ニセコ 3 号」も長万部の受け持ち。前夜の 42 レ（荷物列車）で函館に行き、1 泊して C62 に乗る。長万部に着くと、同僚である重連の乗務員に引き継ぐのです。上りの「ニセコ 1 号」長万部―函館間は函館機関区が持っていたが、それを除けば、C62 運転の大半は長万部の機関士と機関助士の責任でした。

　そのあと、機関士になりましたが、SL はすでになく、ディーゼルの時代になっていました。DD51 で特急「北斗星」を引いたし、山線の普通気動車にも乗りました。いつだったか、元日に気動車を運転していたら大雪が降って昆布駅で立ち往生したのです。雪がホームより高く積もり、どこを走っているのかも分からない状況でした。車掌と相談して、気動車を 1 両分ほどバックし、勢いをつけて雪に突っ込んだ。なんとか雪をかき分けて小樽までたどり着いたこともありました。

　SL を自分で運転したことはなかったが、SL が一番人間臭かったですよ。石炭のくべ方ひとつで走りが違ってくる。調子よく走らせるための技術を全部、体で覚えたものです。機関士と機関助士は 3 カ月、長ければ 1 年もペアを組んだ。3 カ月の交代期が来ると、機関士が助士を自宅に招いて一杯飲ませてくれたものです。長万部機関区独特の交流かもしれないけれど、そんな付き合いは今もずっと続いています。

元室蘭機関区機関士　**中村政一氏**（1941年1月生まれ）

　室蘭機関区の元機関士中村政一さんも父子2代のSL機関士だ。父も同区に在籍し、戦前はSLだけでなく、新鋭のガソリンカーも運転していた。中村さんは子供のころ、入れ換えをするSLの姿に憧れて、19歳で国鉄に就職。C51やC55の機関助士を経て1965年、24歳で機関士になった。最初は入れ換えの9600だったが、SL全盛時代の室蘭本線でD51の石炭列車やC57の旅客列車を最後まで運転。無煙化のあとはディーゼル機関車、気動車、電車など多彩な動力車に乗務した。

強風下の石炭列車運転

　石炭列車の思い出から始めましょうか。私は室蘭機関区だから、石炭列車で出るときは下りの空車を引いて追分に向かいます。出勤前、まずはその日の天気予報を見る。当時の予報といえば、今に比べればおおざっぱで、あまりあてにはなりませんでしたが、運転するには確認する必要がありました。何より風が気になったのです。

　白老から太平洋に沿った日本一の直線区間に入ります。厳寒期、氷点下20度近くになる中で、強い東風が吹き抜け、それが追分まで続きます。石炭貨車（セキ形）は屋根がついておらず、強風が吹けば貨車の底まで風が回り込む。その勢いで、連なる貨車が帆掛け船のように不規則に揺れるんです。だからとても運転しづらい。神経を張り詰めて追分まで行きました。

　逆に追分から戻るときは、石炭満載の貨車は重いが、運転は楽でした。追分を出るとき、加減弁を引いて速度が10キロ程度になったら、あとは惰行運転でも大丈夫。もともと下り勾配なので、いったんスピードが付けば、貨車が自分の重さで後押ししてくれる。ところが、早来、遠浅を過ぎて千歳線の下をくぐり、「さあ力行運転に移ろう」とカマの中を覗くと、火が消えそうになっていることがありました。特に夏が要注意でした。

　車掌が乗る緩急車（ヨ形）＋石炭車両を53両連結するので、全長は約500メートルの長さになった。途中で気を使ったのは苫小牧での停車でした。ここでは給水塔にぴたりと停車させなければならない。給水しなくても室蘭まで行けるのですが、途中、何かあったら水不足になる恐れもある。水無しではSLは走れませんからね。それと、特急の追い越しを待つため途中駅で停車すると、重いから引っ張り出す時が難しい。特に登別で停車した後、上り勾配になるので気を使いました。

　あまり知られていませんが、室蘭の二つ手前に御崎という駅があります。1960年代に室蘭のふ頭だけでは間に合わなくなり、室蘭港御崎地区に石炭荷役ふ頭が造られました。そのため石炭列車の一部が御崎駅3番線に停車し、前部の貨車10両ほどを解放します。本線に戻って残り40両ほどを引き出すのですが、次の母恋までちょっとした上りになっていて、引き出すのが一苦労でした。旅客列車なら問題ないのですが、石炭列車ならではの〝鬼門〟でしたね。

　旅客列車では、機関助士になったころ、室蘭にまだ大正生まれのC51が配属されていて、乗ったことがあります。中に285という機関車がいて、これはとても良い機関車でした。それから機関士としてC55、C57に乗りました。C55は室蘭に1、30、31、32がいましたが、1はファーストナンバーだし、30〜32は元流線型ですね。そのあと、C57が主流になるわけです。岩見沢まで行くのですが、白老付近の直線区間は、普通列車でも時速90〜95キロで飛ばしましたよ。ただ、本州から転属してきたC57はあまり良くなかった。もともと、そんな機関車を北海道に送り込んでいたのかもしれませんね。

　C57と言えば、小樽築港機関区のC57 57とC57 91の2機が印象に残っています。57は1954年、昭和天皇が北海道を視察した時の、91は1961年北海道植樹祭の時のそれぞれのお召し機関車で、確かにそれにふさわしい優秀機でした。

　もっとも、どんな形式でも煙管の掃除直後の機関車は蒸気のあがりがよかったし、逆に掃除直前のものは煤だらけで調子が良くない。運が悪いと、立て続けに「掃除直前」の機関車に当たったものです。そうなると、うんざりでした。

　函館発札幌行きの夜行急行「たるまえ」を長万部でC62から引き継ぎ、D51で苫小牧まで乗務する勤務もありました。ある時、出区点検で機関車引継ぎ書を見ると、主連棒（ピストンの往復運動を回転運動に伝える大切な部位）を前日に修理した直後の機関車でした。

　長万部を出ると、その主連棒の様子がおかしい。旭浜信号場で運よく、単線のため上り列車を待って停車するので、運転席から降りて触手点検すると、案の定、発熱がある。このままでは運転不能になると判断し、東室蘭で機関車を取り替えてくれるよう電話連絡。なんとか東室蘭に定時到着させ、用意された別の機関車を運転して苫小牧まで行きました。

　SL乗務は煤だらけになるし、厳しい作業でした。冬は前方確認のため窓から顔を出すと、寒さで鼻水が流れたものです。でも、10年間勤め上げたSL運転には執着しました。C57 135が最後の旅客列車を引いたのは1975年12月でしたね。頼み込んで、その月までSL組に入れてもらったのです。

　SL廃止後、いろんな機関車や電車を運転しました。DD51重連で特急「トワイライトエクスプレス」を引いたこともあるし、それより前は特急用のキハ80系、同183系、電車では781系、711系などですね。キハ80系は使いやすい気動車。それに比べると183系はブレーキ性能があまり良くなく、停止位置を合わせるのに神経を使いました。

　でもね、今でも夢に出てくるのはSLを運転している場面ばかりなんです。水と石炭だけで巨大なパワーを作り上げる。それに、太い汽笛と力強い走行音。それだけSLは「人間らしい」機関車だったのでしょうね。SL廃止から半世紀近くたっても忘れられません。

東室蘭操車場で入れ換えをするD51
454の機関士。夕日が照り付け、眩しそ
うな表情だ＝1970年5月14日

仲良くポーズを取ってくれた乗務員。室
蘭発岩見沢行きの普通列車を引くD51
の運転台＝東室蘭駅、1970年10月

1,750ミリのスポーク動輪が夕日を浴び
て輝いている。機関士が右手にハン
マーを持ち、C55 47を慎重に点検して
いる＝旭川機関区、1972年5月5日

これから乗務する機関士と機関助士が機関車に向かう。2人1組
の仕事なので、強い絆で結ばれていた＝鷲別機関区、1972年4月

乗務前の打ち合わせだろうか。その後ろでは石炭を満載した
C55 30が機関士が乗り込むのを待っている＝旭川機関区、1972年5月5
日

転車台で向きを変えるC55 47。機関区では多くの職員が「なっ
ぱ服」と呼ばれる作業着を着て働いていた＝旭川機関区、1972年5月5日

よく晴れた2月の名寄本線。遠軽から天北峠を越えてきた69644
は下川に到着。終着名寄まで残り16.5キロの行程だ。機関士の
表情も和らいでいるように見える＝下川、1972年2月

変化富む噴火湾

礼文華の峠と海

岩見沢を中心とする空知地方で産出した石炭は、幌内鉄道開業当初は小樽港から日本海ルートで本州に船で運ばれ、次いで室蘭港からの太平洋ルートも確立された。しかし、函館本線が全線開通し、新たな鉄道ネットワークが構築されると、国防上の観点から、石炭に限らず貨物はできるだけ船に積んでいる時間を短縮させたい。そのためには、輪西（現東室蘭）から長万部に新線を建設し、函館まで鉄道で運び、青函連絡船で青森に運ぶのが最適だ、という計画が立てられ、1928年9月に長万部－輪西間の長輪線77.2キロが開業した。

これには、函館本線長万部－小樽間の「山線」は急勾配、急曲線が連続し、今後の輸送需要に応じるのは難しく、ほぼ平坦な海線の長輪線なら将来性が見込まれる、との思惑もあった。長輪線は

1931年、室蘭本線に組み入れられた。

私が写真を撮り始めた1960年代は、その室蘭本線がひときわ脚光を浴びたころだった。1961年10月のダイヤ改正で北海道に初めて登場した特急「おおぞら」は、室蘭本線・千歳線経由で函館－札幌間の所要時間を一気に1時間半近く短縮。その後、新設された特急、急行も大半が同線経由となり、その将来性の差は明らかになった。

1969年4月に函館から室蘭に住まいが変わり、今度は室蘭本線が私の日常的な撮影場所になった。まだ静狩－礼文間は崖が連続する海岸線を通っていたし、D51、D52の長大貨物の他、C55、C57の旅客も走っており、本線の醍醐味をたっぷり味わうことができた。

長万部発車。函館本線と別れ、東室蘭に向かうC55 32の普通列車。1964年ころはすでにC51は淘汰され、普通列車は主に室蘭機関区のC55とC57が受け持っていた。同区にはC55形が1、30～32、38の5両が配置されており、ファーストナンバーと旧流線型が並ぶ顔触れだった＝長万部、1964年7月

D52のラストナンバー468の貨物が長万部を発車する。横では線路保守の作業の真っ最中だ＝長万部、1970年6月

長万部を出た急貨51レが長万部川の鉄橋に差し掛かる。新鋭DD51重連のコンテナ列車は貨物のイメージを一新した＝長万部－旭浜間、1968年10月10日

D52 136の上り貨物が悠々と鉄橋を渡り長万部に入ってくる。中ほどに回送の客車を挟み、40両ほどの長さだ＝旭浜−長万部間、1965年8月

C57 168牽引の上り普通列車が長万部に到着する。この区間は現在、複線化されている＝旭浜−長万部間、1968年7月1日

山々にまだ雪が残る春先、特急「北斗」が鉄橋を渡る。まだ蒸気が多い時代、特急が来ると、線路周辺が一瞬、華やかになった＝旭浜−長万部間、1968年4月

高い土手は絶好の撮影ポジションだった。D52 235がコンテナ車も交えた貨物を引き上げて行く＝静狩−小幌信号場間、1969年8月

長万部を出て右に太平洋を望みながら約10キロで静狩に至る。左に曲がって土手に入り、今度は右に大きくカーブを切る。このあたりから礼文華峠の10パーミルの勾配に差し掛かる。東室蘭操車場に向かう261レを引いたD51は、もやがかかった空に向かって力強く煙を吹き上げた＝静狩−小幌信号場間、1969年9月7日

D52 142が161レを引く。同機は1969年3月、吹田第一機関区から五稜郭機関区に転属してきたが、この写真を撮影した直後、廃車になり、わずか半年間の北海道配置に終わった＝静狩－小幌信号場間、1969年9月7日

D51 327が下り不定期急行「石狩」を引き、高速で勾配に挑んでいる。＝静狩－小幌信号場間、1967年8月

大カーブでの魅力あふれるすれ違い。手前はD52 136の上り貨物、奥はC57 29の下り普通列車＝静狩－小幌信号場間、1969年8月

D51 148が40両ほどの貨車の先頭に立ち、D52に負けじと力感あふれる走りを見せる=静狩−小幌信号場間、1967年8月

上り貨物を引くD52 136。9月中旬になると、北海道はススキの穂が目立ち、秋の足音が早まってくる=礼文−小幌信号場間、1969年9月14日

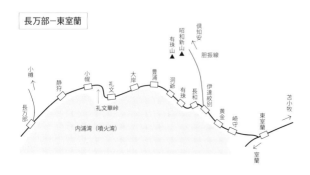
長万部−東室蘭

室蘭本線最大の難所である礼文華峠は、上り列車も海から峠に上るため、10パーミルの勾配となる。このため重量貨物は時折、D51またはD52による重連となり、峠に二重のドラフト音がとどろいた。D51 855+D52=礼文−小幌信号場間、1969年9月14日

雨降りしきる礼文華峠。D51+D52の上り貨物が空転に注意しながら坂を上って行く=礼文−小幌信号場間、1969年8月

海沿いの旧線を行くD51の下り貨物。海岸ギリギリを走行し、
室蘭本線の絶景のひとつだった=礼文−大岸間、1968年4月2日

雨に濡れた海沿いの旧線。D52 136が狭いルートを窮屈そうに
通り抜ける=礼文−大岸間、1969年8月31日

奇岩が迫る海岸をC57 168が上り普
通列車を引いて走る=礼文−大岸間、1969
年9月

特急「おおぞら」1Dが礼文を通過す
るのは6時30分ごろ。長大編成をく
ねらせながら海岸線を走り去る=礼文−
大岸間、1968年4月

「おおぞら」威風の13両　特急「おおぞら」は北海道初の特急
として、函館−旭川間に1961年10月デビューした。東京との所
要時間短縮も実現したことから人気を呼び、13両の長大編成も
見られるようになった＝室蘭本線静狩−小幌信号場間、1969年8月

D52の上り貨物がトンネルを抜けて堂々と走って行く。丘に登ると、雲がかかる噴火湾を一望できた＝大岸－礼文間、1971年5月

洞爺を発車するC57 51。出発信号機はまだ腕木式が使われていた＝1964年5月

下り普通列車をC57 168が引いてきた。海岸線を走り、間もなく洞爺湖観光で名高い洞爺に到着する＝豊浦－洞爺間、1964年5月

豊浦を通過するD52 404。ホームではD51の普通列車が待ち合わせしていた＝1971年5月

太平洋の見える道

　室蘭本線の長万部から室蘭への下り列車は、静狩－大岸の礼文華峠を抜けると、噴火湾と呼ばれる太平洋に沿ってほぼ平坦な路線となる。洞爺付近から左手には活火山である有珠山と昭和新山がぐんぐん近づいて来る。好天ならば、遠くに羊蹄山も望めるだろう。

　「噴火湾」の名付け親は江戸時代の1796年、1797年の2回、軍艦プロビデンス号で室蘭周辺を探検した英国人船長ブロートンである。煙を吹き上げる駒ヶ岳や有珠山を見て「噴火湾」と命名し、英国本土に報告した。現在でも駒ヶ岳と有珠山は噴火を周期的に繰り返し、住民には脅威ではあるが、温暖な気候もあって温泉観光のみならず、豊かな農漁業を育む源泉になっている。

　私は室蘭在住時代、東室蘭駅付近に住んでいたので、噴火湾を走るSLの姿にひかれ、洞爺から黄金付近にかけて日課のように撮影に通った。旅客列車はC55とC57の時代が続いたが、やがてD51さらにはDD51に取って代わられた。また、貨物列車はD51とD52が入り交じっていたが、急行貨物は牽引力に余裕があるD52が多かった。

洞爺に至る海岸線を走るD51旅客列車。豊かな魚介類に恵まれた漁村地帯だ＝豊浦－洞爺間、1971年5月

北海道では温暖な地域だが、やはり冬の原野は寒風が吹きすさぶ＝長和－有珠間、1972年1月29日

変化富む噴火湾　長万部 - 東室蘭　189

雪原に風が美しい文様を作った。キハ17の2両編成がローカル客を運んで行く＝長和−有珠間、1972年1月29日

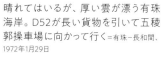

晴れてはいるが、厚い雲が漂う有珠海岸。D52が長い貨物を引いて五稜郭操車場に向かって行く＝有珠−長和間、1972年1月29日

特急通過後、出発信号が青になったのを見て、力一杯出発する下り貨物 D52 202＝長和、1971年7月

よく晴れた日、噴火湾の対岸に駒ケ岳が望まれた=長和-有珠間、1970年2月

優美な海岸線で左D52、右D51の貨物がすれ違った=有珠-長和間、1969年5月

長流川の鉄橋を渡るC57の旅客列車。旧型客車の編成は昭和の味わいが濃かった。背景は噴火活動が安定していたころの有珠山=伊達紋別-長和間、1969年3月

海岸の直線路、煙をぐんぐん噴き上げて先を急ぐD52=稀府-黄金間、1971年1月9日

黄金で通過待ちするD52 140。ホームに降り立った釣り人が浜に向かって行く＝1971年6月20日

戦時型D51 1017がホームを黒に染めて出発する＝黄金、1971年5月

戦前からの工業地帯で、札幌に近い室蘭港には、石油の急速な普及によって大型タンカーの出入りが多くなった。D52 235の力感は沖合のタンカーにもひけを取らなかった＝陣屋町付近、1970年2月

東室蘭駅での出合いシーン。左は五稜郭操車場行き上り貨物D52 136、右は室蘭行き上り旅客C57 168。同駅は様々な大型蒸気が行き交っていた＝1971年8月

火山路のニューフェイス

「SL 王国」と言われた北海道も、1960 年代になると、入換用の DD13 や除雪用も兼ねた DD14、DD15、DE10 などディーゼル機関車が続々新製配置された。さらに釧路、旭川、函館各機関区に客貨両用の万能機関車 DD51 が配置され、本線の主力機交代を決定づけた。

DD51 は試運転と乗務員の実務訓練を兼ねて、SL 牽引貨物の前部に連結され、DL ＋ SL 運転が頻繁に見られるようになった。SL は DL の後ろで大した煙も出さず、やる気を失ったように見えたのは残念だったが、時代の流れに逆らいようがなく、致し方なかったことだろう。加えて、キハ 80 系気動車による特急も増発され、SL の淘汰に拍車をかけた。

D51 や D52 に代わって主役の座を占めた DD51。DD51 657 が上り貨物を引いて高速で黄金に進入する＝崎守－黄金間、1972年1月22日

DD51 652＋D52 235の上り貨物が室蘭の鉄鋼地帯から噴火湾沿いに入って行く＝本輪西－陣屋町間、1970年5月31日

DD51重連の下りコンテナ貨物が噴煙を上げる昭和新山（右）、有珠山（左）を背に長流川の鉄橋を渡る。有珠山は1977年と2000年に大きな爆発を起こし、とくに2000年には長期にわたる回運転を余儀なくされた＝長和－伊達紋別間、1969年3月

冬晴れの羊蹄を望む 室蘭本線の伊達紋別付近では、快晴の日は遠く羊蹄山（右）を望むことができた。左は活火山の有珠山、羊蹄の手前は昭和新山。D52 56が引く貨物273レが黄金駅を悠然と出発する＝室蘭本線黄金－崎守間、1971年1月

DD51+D52 202の上り貨物が火口付近の鉄路を行く＝稀府－伊達
紋別間、1970年12月19日

胆振線との分岐駅、伊達紋別で停車するDD51 645＋D51 1017
の貨物列車＝1971年5月29日

噴火湾の絶景を見ながらDD51＋D52
の上り貨物（左）が下り急行（右）とす
れ違う＝洞爺－豊浦間、1971年5月23日

DD51牽引の客車内から、すれ違うDD51の上り貨物を撮った。こ
のころになると、C57やD51が引く旅客列車はめっきり減った＝静
狩－小幌信号場間、1971年6月

DD51 612の旅客列車が稀府に入ってくる。活火山を背に、春か
ら夏に時間が流れる穏やかな1日＝1970年5月31日

DD51の五稜郭操車場行き
270レが噴火湾に沿って快走
する＝長和−有珠間、1969年11月30日

冷蔵貨車が目立つDD51の上り貨物
（右）と下り特急「北斗」（左）がすれ
違う＝長和−有珠間、1969年11月30日

室蘭本線と胆振線の分岐駅、伊達紋
別で、胆振線貨物3155レを引く
19640が特急「北斗」の到着を見
守っている。このあと、19640は倶知
安に向けて出発して行った＝伊達紋別、
1970年9月9日

下り特急「おおぞら」が噴火湾に沿って優美にカーブを切る。この付近は温暖な地域だが、すでに雪が降っていた＝長和－有珠間、1969年11月30日

下り特急「おおとり」が有珠山（左）を背に終着網走を目指している。有珠山はその後、噴火を繰り返し、山容は大きく変化した。右側、遠く残雪の羊蹄山も望めた＝稀府－黄金間、1970年5月31日

長編成の下り特急「北斗」が黄金を通過し、太平洋を背にして東室蘭に向かって行く＝黄金－崎守間、1971年8月

12両編成で札幌を目指す特急「おおぞら」。朝の空気を切り裂くように走行する＝洞爺付近、1964年5月26日

羊蹄望む丘の四季

　天気予報で室蘭地方が快晴と出ると、そわそわし出す。就寝前にバッグにカメラとフィルムを詰め、三脚を横に置く。自宅が東室蘭駅や鷲別駅の近くだったので、都合が付けばいつでも出動可能にしておいた。

　目指すは室蘭本線黄金駅。東室蘭から12.1キロの至近距離だ。名前からして縁起のいい駅に挙げられる黄金は、稀府と崎守の間にある小駅だが、当時この周辺は遮蔽物がほとんどなく、丘の上に登れば煙を吐く有珠山、昭和新山、さらに四季を問わず羊蹄山が遠望できた。初めて来たとき、あまりにも近く見えたので「本当に羊蹄山？」と疑問に思ったが、直線距離で約50キロ、ちょうど洞爺湖あたりに視線を走らせると、標高1,893メートルの山頂までばっちり見通せた。

　一番の狙いは巨人機D52が引く長大貨物列車。左カーブの外側になるので、編成の全容が収まるし、羊蹄山をバックに据えて有珠山、昭和新山の煙とコラボできる。

　冬。羊蹄山は深い白雪に覆われ、厳しい顔を見せる。晴れた日、陽光に映える姿は神々しさに満ちていた。春が始まると、羊蹄山の表面は、雪と土のせめぎ合いが尾根に沿ってまだら模様を作り、次第に緑野の面積が雪を押しのけて行く。残っていた山頂付近の雪の筋が消えるのは、7月になってからだ。しかし、その夏はとても短い。まだ夏の余韻が残る9月中旬には山頂が再び雪を被り、その雪は裾野に急な勢いで下りてくる。そしてまた、長い冬を迎えることになる。撮影はいずれも黄金−崎守間。山の写真は右奥が羊蹄山、その手前の小さな山が昭和新山、左は有珠山。有珠山は1977年、2000年の噴火前のため、現在の形とは異なっている。

春寒
暦の上では春到来だが、全山真っ白の羊蹄山。D51の貨物が悠然と発車して行く＝1971年4月

初夏

DD51重連のコンテナ専用貨物（奥）
が左にカーブ。そこにキハ4両編成の
ローカルが入ってきた。霞のせいか、
羊蹄山は鮮明に見えなかった＝1971年6
月20日

盛夏

雪が消え、夏の顔となった羊蹄山。
DD51がコンテナを引いて、軽快に
走ってゆく＝1971年8月

新秋

北海道の短い夏が終わり、空気が一
層澄んで来る9月、羊蹄山は冬を迎え
る佇まいを見せる。D52 204が引く長
い貨物を遠くから見守っているようだ
＝1970年9月

1970年代に入ると、東室蘭－長万部間のC57の運用はなくなり、客車もD51が受け持つようになった。10月になると、羊蹄山の山頂が白い帽子をかぶった＝1971年10月

冠雪

真冬のDD51重連の貨物列車。この日は昭和新山の噴煙が多かったようだ＝1971年1月9日

厳冬

特急「北斗」がD52貨物を追い抜き、一足先に東室蘭に向かって行った＝1971年1月9日

鉄鋼と石炭の街 ━━━━━━━━━━ 室蘭-東室蘭

港のターミナル

幌内鉄道が開業以来、岩見沢地方で採掘された石炭は手宮に集約され、船で首都圏の製鉄所に運ばれた。しかし、「室蘭から太平洋ルートで運んだほうが速い」との意見が当初から根強くあり、北海道炭礦鉄道の経営に移ってから、岩見沢－苫小牧－室蘭（現東室蘭）の新ルートが建設され、1892年8月に現在の室蘭本線の東半分が開業した。

1897年8月、室蘭駅を輪西駅に改称し、室蘭市街地に新・室蘭駅が開業し、現在の東室蘭分岐のルートが形成された。同時に石炭積み出しの桟橋

室蘭駅を出発するC57 168普通列車。当時、室蘭－岩見沢間には5往復のSL列車が走っていた＝1972年10月

も新ふ頭に建設され、石炭専用列車が頻繁に到着するようになった。戦後は早期復興のため、石炭の需要拡大が見込まれ、1954年、貯炭場に大型橋型クレーンを設置。1959年度1年間の室蘭駅到着石炭量は約501万トンに達し、小樽築港駅の約2倍、全国の鉄道による石炭輸送量の17パーセントを占めるに至った。

その後のエネルギー革命により、石炭需要は激減。1970年には船積み装置が撤去された。それでも、1970～1971年にかけて撮影されたこれらの写真を見ると、鉄鋼の街室蘭では依然として石炭の移出が多かったことを物語っている。

石炭の斜陽とともに室蘭駅構内も整理され、大正時代の面影を宿していた室蘭駅は国鉄民営化後の1997年10月、新駅建設とともに4代目駅舎にその地位を譲った。しかし、旧駅舎の保存運動が起き、現在は補修の上、室蘭観光協会が観光案内所を開設し、文化行事などに開放されている。2019年には日本遺産「炭鉄港」の構成文化財として認定され、隣接地にはかつて活躍したD51 560が展示されている。

当時の室蘭駅構内は広大だった。C57 149がポイントを渡って本線に入り、軽やかに加速する。背景は測量山＝1972年6月

室蘭駅構内で待機するD51 308。構内のあちこちに石炭専用貨車セキ3000などが見えている＝1972年6月

大正時代建築の3代目に当たる室蘭駅(当時)。札幌市時計台と同じく四方に屋根面が傾斜する寄棟(よせむね)づくりとなっている。室蘭港に浮かぶ工場の灯とともに、周囲はエキゾチックな雰囲気だった＝1972年ごろ

線路に迫る高台には集合住宅が立ち並ぶ。79611が休む間もなく貨車を入れ換えている＝1972年10月

室蘭機関区の扇形庫で休む49674、19651ら。かつてはC51、C55、C57など急行用SLが多数配置され、華やかな時代もあった＝1972年6月

高台に上がると、室蘭駅構内が一望できた。石炭専用貨車セキが列をなし、その横を下り貨物の先頭に立つD51が走って行く＝1971年6月

石炭貨車を押し上げる9600。遠くに
大型タンカーの姿も見える＝1971年6月

室蘭駅構内の最奥部。対岸には豆粒のようだが、巨大な石油タンクや球形のガスタンクが並んでいる。＝1971年6月

室蘭港のふ頭に積まれた石炭がらの山。ここにも炭鉄港のシンボルが見られた。機関車は59672＝1972年10月

コンクリートで造られた規則正しい高架橋で、59672が専用貨車を押したり引いたりしながら石炭を下ろして行く＝1972年10月

輪西駅は製鉄会社への出入り口だった。バスも乗用車もタクシーも昭和のスタイル。D51〝ナメクジ〟がバックで客車を引いている＝輪西－東室蘭間、1971年10月

晩秋の日の入りは早い。鉄鋼街の電柱、バス停などが道路に長い影を作る。列車はキハ17+キハ16の編成＝輪西−東室蘭間、1971年10月

東室蘭で2両のC57が「こんにちは」。左はC57 168、右はC57 135＝1969年4月

東室蘭を出発するD51 1052の貨物列車。室蘭の街には、SL貨物がよく似合った＝1969年5月

光るシュプール　鉄鋼の街・室蘭は、石炭を本州に積み出す基
地でもあり、室蘭駅は本線を囲むようにヤードが広がっていた。
夕刻になると、逆光を受けてレールが輝き始め、整然とした幾何
学模様を映し出す。D51 1160が東室蘭に向かう客車を引いて駅
を出てきた＝室蘭本線室蘭駅、1970年8月

道央と道南つなぐ大ヤード

東室蘭操車場

　太平洋戦争における石炭や軍需物資の需要増加により、道内唯一の重工業地帯である室蘭方面の貨物列車の発着が急激に増大した。このため、東室蘭駅だけでは応じきれず、鷲別駅との間に東室蘭操車場を新設することを決定。室蘭機関区鷲別駐泊所（後の鷲別機関区）と一体化し、五稜郭操車場と同様、上下線を大きく広げて、その間に挟み込む形とした。突貫工事の結果、上りは1942年12月、下りは1943年12月に供用開始した。

　私が室蘭に住み始めた1969年春、歩いて10分ほどの東室蘭操車場は1日中、SLの煙が渦巻いていた。鷲別駅ホームから全体を見通せるため、D51の迫力ある出発、9600の入れ換え、D52の到着、機関車交替作業など、飽きることなくシャッターを切り続けた。

D51 54が見事な黒煙を吹き上げる。D51初期型の〝ナメクジ〟だが、長くて邪魔にされたのかどうか、名寄機関区時代に前半分が除去され、珍しい形態となった＝1970年5月

下り貨物の発車シーンを撮影するには、鷲別駅下りホームが絶好のポジションだった。D51 454がコンテナを引いて苫小牧に向かって行く。その姿を後方から追った＝1971年5月

悠然と発車するD51 576。入れ換えの19651が見送っている＝1972年4月

鷲別区に2両しかないC58のうちの1両、C58 425が雪の中、ローカル貨物を引いて出発する＝1972年1月

「白い夜」。厳寒の深夜、風もなく静まり返る操車場の出発線で待機するD51 295＝1971年12月

D51 163（左）と165（右）が並んで出発を待つ。鷲別だけでなく、長万部、小樽築港、追分、滝川、岩見沢など、道央各機関区のD51が集まり、力を競い合った＝1972年1月30日

北風が吹き抜ける午後、五稜郭操車場からのD52 140が東室蘭操車場に到着する。安堵の息を漏らすように大量の煙を吐くと、低い雲の下で真横に流れた＝1972年1月

客貨両用の新鋭DD51が本線上に姿を見せ始めた。DD51 646は1969年までに鷲別に配置された初期のグループ＝1972年4月

入れ換えの醍醐味は「突放(とっぽう)」だった。機関車が「ドッ、ドッ、ドッ、ドッ」とダッシュし、いきなりブレーキをかける。すると、貨車は突き放されて、編成組み立て中の貨車の先頭に連結される。まさしく職人芸の一コマだった＝1970年5月16日

9644が操車掛が前デッキに乗るのを待っている。効率が良い入れ換え作業は操車掛と乗務員の息の合ったコンビが必要だった＝1971年12月

入れ換えに励む59615（右）と79611（左）。59615は撮影年の12月に廃車、79611は北見に転属し、1975年まで生き延びたが、その後、解体された＝1970年5月

冬化粧した操車場を軽快に走る19667。風を切る前デッキに立つのはさぞかし寒かったろう＝1972年1月

9644が到着した下り貨物を引き上げ、行き先別に分けようとする。遠くに室蘭の鉄工所の煙突がかすんで見える＝1971年12月

冬の操車場はポイントの雪除けが欠かせない。人手に頼る作業が多くあった＝1972年1月

大雪だったのだろうか。鷲別機関区に待機していた除雪車がD51に押されて操車場に出てきた。除雪車はキ550形の571号。車体には長万部駅常備と書かれており、鷲別に応援に来ていたようだ＝1972年1月

鷲別機関区

東室蘭操車場の開設に伴い、貨物列車の牽引基地となった鷲別機関区のSLは、1960年代末期から順次DLに置き換えられたものの、依然として主力はD51で、9600も1975年1月まで入れ換えを受け持った。戦後しばらくはD51の先輩に当たるD50が多数配置され、石炭列車や貨物輸送に力を発揮していた。

もう一つ魅力だったのは、五稜郭機関区のD52を見られることだった。五稜郭から約190キロを走ってきたD52は東室蘭操車場でD51にバトンを渡し、上り貨物で帰るまで一休みする。石炭を山盛りにして給水し、ロッドや動輪の点検を受ける。時間が来ると悠然と上り線に進んで行くその姿は、実に頼もしい限りだった。

鷲別機関区は民営化後、JR貨物の管轄になってその名は継承され、五稜郭機関区とともにDD51とDF200の牙城として、役割を存分に果たした。2014年8月には合理化の一環として機関区の機能すべてが五稜郭機関区に集約され、その名は消えたが、長く道内貨物輸送の拠点として、多くの機関車が行き交った。（写真はいずれも1970年4月15日）

転車台で方向転換し、出番を待つD51 569

〝ナメクジ〟D51 11が休んでいる。廃車後、札幌農試公園に保存されている

五稜郭機関区のD52が長大貨物を引いて鷲別まで運用されていた。巨体は機関区の中でひときわ目立った

東室蘭操車場の入れ換えの主役だった19612。北海道の9600は、日本のSLの最後を飾るグループになった

19612が後部にD51を付けて前進する。デッキにしがみついて手旗を振る操車掛は危険と隣り合わせの仕事だった

一直線の高速路

「パシフィック」、疾風のように

　道央の幹線路・室蘭本線は大きく3つに分けられる。建設順に記すと①産炭地岩見沢・夕張地方と直結する岩見沢−苫小牧間②太平洋に沿った直線路が続く苫小牧−室蘭間（駅建設当時は現在の輪西付近）間③噴火湾・活火山の難所がある東室蘭−長万部間、である。

　ここではその「太平洋沿岸路線」を走るC57の雄姿を紹介したい。C57は先輪2軸＋動輪3軸＋後輪1軸の「パシフィック型」と呼ばれる均整の取れた美しい姿で知られる。1960年代までに、かつての主力C51は引退し、C55も旭川方面に去った後で、旅客はC57に統一されていた。1969年3月末の室蘭機関区所属のC57は29、44、57、64、104、135、140、141、144、149、157、168の12両である。

　この区間のうち、白老−沼ノ端間28.7キロは「日本一の直線区間」（分岐器やそれに付帯する曲線部は除く）であり、普通列車といえどもC57は時に時速90キロを超える高速で走った。ローカル編成の客車は物足りなかったが、飛ぶように回転する大動輪は、かつて本州・九州で特急「かもめ」「さくら」をはじめ、戦後を代表する数々の急行などを牽引した華やかな時代を思い起こさせるのに十分な迫力だった。

高速で軽快感が伝わってくるC57 44の走りっぷり。安全弁の「ヒューッ」という音が尾を引いていた＝登別−幌別間、1972年7月

室蘭・登別にも春が巡ってきた。新緑に白煙をたなびかせて、終着室蘭を目指す＝虎杖浜−登別間、1970年ごろ

トンネルを抜け、春の陽光に照らされるC57 104＝登別−虎杖浜間、1972年4月

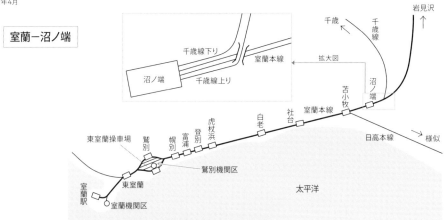

室蘭−沼ノ端

岩見沢
↑

千歳
→

千歳線

沼ノ端

千歳線下り
千歳線上り
室蘭本線
拡大図

苫小牧

室蘭本線
日高本線
様似
→

社台
白老
虎杖浜
登別
富浦
幌別
鷲別
東室蘭操車場

鷲別機関区

室蘭駅
東室蘭
室蘭機関区

太平洋

雨模様の中、虎杖浜を豪快に出発するC57 57＝虎杖浜−登別間、1970年5月

夕日がC57の運転席側を照らす。登別を発車する岩見沢行き普通列車＝登別ー虎杖浜間、1972年5月

春浅い岸辺の鉄橋。C57は温んだ水に影を映す＝鷲別ー幌別間、1972年5月

東室蘭を出た下り列車は富浦手前で太平洋に接近する。寄せる波の音が旅情を慰めてくれる＝幌別ー富浦間、1972年7月

氷が解けた沼では子供たちが釣りを楽しんでいる。残雪の樽前山を背景に、C57が苫小牧に向かう＝白老ー社台間、1972年4月

カレイやチカが釣れる富浦漁
港。海の街にC57の細身の体が
似合った＝富浦−登別間、1971年ごろ

絵画的な雰囲気の樹木が1本、すっく
と立っていた。C57が凛とした姿で
走って行く＝幌別付近、1971年10月

C57 44を斜めから流し撮り。苫小牧
を出て加速、岩見沢まで駆ける＝苫小
牧−沼ノ端間、1972年8月

温泉で有名な登別。大勢の観光客が
C57の岩見沢行き普通列車を待って
いた＝1972年7月

C55 38の引く普通列車。1960年代中
ごろまで、室蘭本線でもC55の姿が
見られた。C57とは一味違ったスマー
トさがあった＝富浦付近、1964年5月

右手に風呂敷、左肩にパンパンのバッグ。帽子姿の男性がホー
ムを歩いて行く。これから特急に乗るのだろうか。ホームの立ち
そばスタンドも人気があった＝東室蘭駅、1971年6月

早朝の東室蘭駅。左側3番ホームからC57の6時20分発岩見沢
行きが出発しようとしている＝1971年9月

太平洋の「パシフィック」　室蘭本線は太平洋に沿って線路が敷かれている。旅客列車の主役はC57。軸配置から「パシフィック」と呼ばれるC57は文字通り、広々とした太平洋にお似合いだった＝室蘭本線竹浦－虎杖浜間、1972年6月10日

メーンルートの特急群

1961年10月ダイヤ改正で函館－東室蘭－札幌－旭川間に特急「おおぞら」が登場して以降、同「おおとり」「北斗」が増発され、室蘭本線は一気に函館本線長万部－札幌に代わる北海道のメーンルートになった。

とりわけ直線路が続く東室蘭－苫小牧間は、キハ82を先頭にしたスマートな80系の高速運転が見られ、たちまち室蘭本線の花形舞台になった。カメラを構えていると、遠く微かに視界に入ってきた豆粒のようなキハ82が、高速でぐんぐん大きくなってくる。SLとは違うその迫力に圧倒されたものだ。

上り特急「おおぞら」が間もなく鷲別を通過する。あと数分で東室蘭停車。ここで運転士は交代し、終着函館を目指す＝幌別－鷲別間、1972年秋

下り特急「おおぞら」が東室蘭操車場と鷲別を過ぎて登別に向かう＝鷲別－幌別間、1972年4月

白老付近の沿線には小さな沼があった。初夏の1日、水遊びに興じる子供たちのそばを下り特急「おおとり」が駆けて行く＝白老－社台間、1972年6月

まっすぐ伸びる線路。下り特急「おおとり」が一直線に苫小牧に向かって行く＝虎杖浜付近、1972年4月29日

C57 135　活躍の日々

C57 135 は日本では一番知られた機関車の1両だろう。同機は1975年12月14日、国鉄最後のSL牽引定期旅客列車225レを室蘭から岩見沢まで引き、その迫力ある姿は日本の鉄道史に深く刻み込まれた。

室蘭に住んでいたころ、135を頻繁に見ること

トンネルを抜け出るC57 135。春の柔らかな日差しがボイラーを光らせる＝登別付近、1969年5月

ができた。同機が小樽築港機関区から室蘭機関区に移り、さらに岩見沢第一機関区に転属したころで、配置は変わっても、室蘭本線の旅客列車を牽引する仕事に変わりはなかった。1970年3月末の配置表では、岩見沢第一機関区には44、104、135、144、149、168の6両が籍を置いていた。

135はSL牽引最終旅客列車を引いた後、第2種休車となったが、東京・交通博物館で保存されることになり、回送のあと、1976年5月から一般公開された。2007年10月、同博物館のさいたま市への移転開設に伴い、135も移転して保存を継続。現在は赤いナンバープレートを付け、転車台で回転したり、汽笛吹鳴、前照灯点灯などのパフォーマンスもあり、人気を集めている。

ここではC57 135の往時の姿を集めてみた。このころは、まさか135がSLブームの中でニュースの主役になり、しかも後々保存展示されるなど、夢にも思っていなかった。これまで鉄道博物館で何度か再会したが、多くの見学者から熱い視線を浴びるのを見て、つくづく幸せな機関車だと感じるのである。

礼文から静狩に至る礼文華峠を軽々と上るC57 135。同機が室蘭機関区に所属したのは1968年10月から1969年10月の1年間で、礼文華峠を走った期間は短かった＝礼文−小幌間、1969年9月14日

上り旅客列車のC57 135が虎杖浜を出発する。虎杖浜の特色ある駅舎も魅力的だった＝1972年6月

厳寒の日、C57 135の上り普通列車が鷲別に到着。乗客たちは屋根のないホームで震えながら待っていた＝1972年1月

高速機関車の実力を発揮し、動輪を回転させるC57 135。終着岩見沢まであと110キロ余り＝富浦付近、1972年7月

室蘭行き普通列車を引いて東室蘭を発車するC57 135（右）。左は機回り中のD51 941＝東室蘭、1971年5月

炭鉄港の大動脈 ··· 室蘭-岩見沢

石炭列車の「競演」

　直線路が多い室蘭本線岩見沢－東室蘭間は、石炭をはじめ道南と道央を結ぶ重要路線のため、昼夜を問わず追分・鷲別や岩見沢（後年は岩見沢第一）・小樽築港各機関区の D51 が引く貨物列車が行き交った。

　同本線は開業当初から「炭鉄港」すなわち石炭、鉄道、港湾が一体となり、産業を引っ張るシンボル的存在だった。1918 年には 9600 形による 2,700 トン牽引試験を実施。24 トン積み石炭車 73 両を連結し、その長さは 640 メートルに達した。戦前から 9600 に続いて D50 形や D51 形、太平洋戦争末期には当時最強の D52 が投入され、まさに石炭列車の〝花道〟となった。

　石炭列車の SL 最終期の牽引は D51 に託された。はるか遠くにかすむ直線路の奥から汽笛が聞こえ、やがて怒涛のドラフトとともに D51 の姿が眼前に迫り来る。「ボーッ」という咆哮（ほうこう）に続いて、「ガタン、ガタン、ガタン、ガタン」とセキ 3000 の台車がレールを規則正しく刻む。1 両、2 両、10 両、30 両、40 両……。日本のエネルギーを支えた石炭列車の雄姿は、当時の日本の発展のシンボルでもあった。

D51 120が石炭列車を引いて岩見沢操車場を出発する。目指すは鉄鋼と港湾の街、室蘭だ＝1969年4月

D51 47の石炭列車が行く。同機は1937年新製の1年後、追分機関区に、その後は岩見沢機関区に配属され、1973年11月の廃車まで、約35年間に渡って貨物列車を中心に活躍。こうした石炭列車も何度引いたことだろう。現在は岩見沢市内に保存されている＝荻野付近とみられる、1972年

千歳線の土手の上から沼ノ端方向を見る。追分から走ってきた約30両のセキ車は石炭満載だ＝遠浅−沼ノ端間、1972年5月

D51 1057が引く石炭列車が、右カーブを切りながら向かってきた。前照灯が薄暗い前途を照らす=富浦付近、1970年10月

10数両編成の短い石炭列車もあった。牽引機D51 1160はD51最終ナンバー1161のひとつ前のナンバーで、1950年以降、北海道内各地で働き、1975年10月まで長生きした=白老付近、1972年4月

D51 1057の引く上り石炭列車が高速で走り抜ける。直線路でD51 816の下り貨物が近づいて来てすれ違う=冨浦−登別間、1970年10月31日

D51 605が引く石炭列車。左カーブを台車が「ギシ、ギシ、ギシ」と音を立てて過ぎ去って行った=登別付近、1972年5月

室蘭で石炭を下ろした後、空車で岩見沢方面に向かう下り石炭列車。D51 539が重々しく東室蘭操車場を出発した＝鷲別−幌別間、1972年4月

登別と富浦の間は曲線やトンネルがあり、変化に富む。D51の上り貨物が太平洋に近づいてまた離れて行く＝登別−富浦間、1970年5月

晩秋の晴れた日。D51が自らの煙に巻き込まれながら、重い貨物を引いて走って行く＝虎杖浜付近、1969年11月

沿線には競走馬の牧場があり、北海道らしい風景が広がっていた。頂上から煙を上げる樽前山がそれによくマッチした＝白老−社台間、1972年4月

樽前山と1本の樹木。どちらも「春の構え」を見せていた。その間を角型のギースル煙突のD51が苫小牧に向かって行く=白老－社台間、1972年4月

ギースル煙突、切り取り除煙板の北海道形D51 357（鷲別機関区）が晩秋の日を浴びて力強く発車する=幌別駅付近、1969年11月

こちらは牧場わきを走るD51。積まれた牧草が点在する=白老－社台間、1972年4月

D51 472の上り貨物（右）と、下り貨物（左）が曲線ですれ違う。
列車本数が多い室蘭本線では、頻繁にすれ違いを見物できた＝
登別−富浦間、1969年5月

磨き上げられたD51 756がコンテナ専用列車の先頭に立つ。ス
ピードあふれる誇らしげな走りだ＝幌別付近、1972年7月

D51 539の石炭列車が前部にワム1両
とトム2両を付けて高速で走って行く
＝登別−幌別間、1964年5月

D51 24が石油専用列車を引いて通過する。新時代を象徴する石
油列車も、独特の存在感を持っていた＝富浦付近、1970年10月

トンネルに入ろうとするD51 465（右）。年代物のトンネルには、
やはりSLが似合っていた＝登別−虎杖浜間、1970年5月

古豪D50の奮闘　1960年代前半はまだD50が追分、岩見沢、滝川、鷲別に配置されており、元気に貨物を引いていた。気動車急行の運転席後ろでカメラを構えていると、D50 230が石炭列車を引いて力強くカーブを切ってきた＝室蘭本線登別付近、1963年ごろ（原田一夫）

石油貨車を引くD51 662が午後の日差しを浴びて快走する=登別−虎杖浜間、1972年5月

D51 562を流し撮り。C57に負けないスピード感を表現してみたかった=登別−虎杖浜間、1972年5月

こちらはD51 816。動輪が回転する中で、第3動輪に接着する細い偏心棒（エキセントリックロッド）が一瞬止まったように写っていた=登別−虎杖浜間、1970年10月

C58が受け持つローカル貨物列車は、ほとんどの駅で貨車の入れ換えを行った。漁業や観光業が盛んな登別では多くの荷物扱いがあり、入れ換えにも時間をかけていた。機関車はC58 425=登別、1972年5月

"栗の木"街道を行く .... 追分、栗山の客貨群

縁の下で線路支える

岩見沢・夕張などの産炭地と太平洋岸の室蘭を直結する室蘭本線岩見沢ー室蘭間が開業したのは1892年8月。戦前には函館ー稚内間の急行も走ったが、主に貨物輸送の役割が大きかった。

線路を敷設するには、まくら木が必要だ。沿線を探したところ、現在の栗山町周辺に栗の木の原生林が広がっていることが分かった。ブナ科の落葉樹である栗の木は耐久性、耐水性に優れ、まく

ら木に最適の樹木。古くからアイヌ民族も栗を食料とし、アイヌ語の元の地名はヤムニウシすなわち「栗の木の多いところ」といわれていた。

追分から岩見沢に向かう下り線は、順に栗山、栗丘、栗沢と栗の字をかぶせた駅名が3つ並ぶ。その付近から伐採され、まくら木に姿を変えた栗の木は、長年にわたり、石炭列車などの運行を縁の下でしっかり支え続けた。

夏空に白い雲が浮かぶ。C57 104に引かれた客車の窓は開け放たれ、乗客は夏風を車内に吸い込んでいる=栗山付近、1971年8月

栗山駅を発車する上り普通列車。ランボードを白く塗ったC57 168が荷物車2両、普通車5両の7両編成を重々しく引き出した=栗山、1971年8月

室蘭本線と夕張線の分岐点、追分駅
構内に集うSLたち。左側には停車中
の石炭列車。その横からC57 138の
普通列車が発車する。その右は貨物
のD51 226。一番右は入れ換えの
19672。石炭を積むセキ3000がずら
り並んでいる=追分、1970年5月

D51 561+C57重連の下り普通列車が岩見沢に接近して来る。
豪雪の岩見沢も春になると雪は煤を被って黒くなり、間もなく人
知れず消えて行く=志文−岩見沢間、1969年4月

沼ノ端−岩見沢

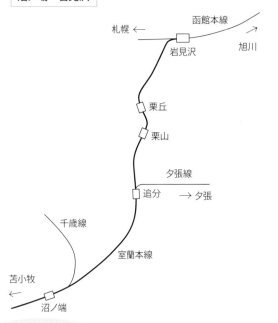

函館本線
札幌 ←
岩見沢
旭川

栗丘
栗山

夕張線
追分 → 夕張

千歳線
室蘭本線

苫小牧
←
沼ノ端

岩見沢−室蘭間の普通列車はC57が受け持っていた。追分、栗
山など乗降客が多い駅を結ぶ頼りになる存在だった=栗山付近、
1971年8月

C57 138が客車7両の編成を引いて発車した。黒い煙、白い蒸気。「鉄道の街・追分」は一日中、SLの音と煙が絶えなかった＝追分、1970年5月

栗山駅構内。この当時、ほとんどの駅で乗客だけでなく、貨物も取り扱っていた。右側のホームに貨車が1両止まり、受け渡しのトラックも見える＝栗山、1971年8月

追分付近ではギースル煙突、切り取り除煙板のD51が目立った。貨物の先頭に立ち、発車を待つD51 226＝追分、1970年5月24日

栗山の街を抜け、岩見沢に向けて驀進するD51 1103＝栗山－栗丘間、1971年8月

戦時型で切り取り除煙板を付けた
D51 1127がコンテナを先頭にした貨
物を引いて黒煙を吹き上げる＝栗山付
近、1971年8月

ワムを連ねた長大貨物列車がD51〝ナ
メクジ〟に引かれて岩見沢を目指す。
交差する国道には中央バスの路線バ
スが見える＝栗山−栗丘間、1971年8月

沼ノ端に近づくC57の上り普通列車。野鳥の宝庫ウトナイ湖の
ほとりを軽快に走る＝遠浅−沼ノ端間、1969年8月29日

千歳線の上り線と室蘭本線が交差する土手で待っていると、
D51 293＋C57の重連が上り普通列車を引いて原野を走って来
た＝遠浅−沼ノ端間、1969年8月29日

C58 425の下り貨物が沼ノ端
から遠浅に向かう。沼ノ端の
原野はどこまでも晴れ渡って
いた＝沼ノ端−遠浅間、1972年5月

千歳線の上り特急が通過。交差部の
向こうからは、D51 96 の室蘭本線の
上り貨物が走ってきた。特急車体に
は組合のスローガンが殴り書きされ
ていた＝遠浅−沼ノ端間、1972年5月

1975年12月は、旅客に続き、貨物のSL牽引も幕を閉じ
る師走となった。SL牽引の最終貨物は12月24日夜の夕
張発追分行きの6788レで、追分機関区のD51 241がそ
の重責を果たし、多くの職員、ファンによって労いのセ
レモニーが行われた。同機は保存が決まったが、1976
年4月13日深夜に発生した原因不明の火災により、焼
失した－追分機関区、1975年12月24日

道央の〝新〟幹線 .... 千歳線

特急の「表通り」に

函館本線白石と室蘭本線沼ノ端を結ぶ千歳線 56.6キロ（枝線の南千歳−新千歳空港間を除く）は、本線とは名がつかないものの、函館、室蘭両本線と並んで北海道を代表する「大幹線」だ。

飛躍の節目は1973年9月、苗穂−北広島間21.9キロを廃止して、新線を建設するプロジェクトだった。函館本線との分岐点を苗穂から白石に移し、途中にあった東札幌、月寒、大谷地の3駅を廃止。上野幌を新線に移して、その上野幌と白石の間に都市開発と合わせて高架の新札幌駅を新設した。ルート変更により、勾配や曲線の緩和、さらに複線化も実現し、その後、空港と直結する駅を建設するなど、現在はJR北海道のドル箱路線となっている。

私が千歳線を撮影したのは、新線切り替え工事が進む1969年〜1972年の間。大きく分けると、沼ノ端−植苗間の室蘭本線と立体交差する地点、北広島付近の勾配区間、さらに田んぼもあった大谷地付近の3カ所だった。

植苗から近い室蘭本線と千歳線の交差地点は、勇払原野やウトナイ湖、さらに活火山の樽前山が遠望でき、当時から有名な撮影ポイントだった。室蘭本線はD51の貨物、C57の旅客列車が頻繁に通り、目が離せないし、千歳線は特急やSL重連貨物が魅力的だった。

大谷地−北広島間は雄大な鉄橋や高い土手、さらに半径260メートルの急カーブや15.2パーミルの勾配もあるため、D51＋D51、C57＋D51、C58＋D51など多彩な重連がふんだんに見られた。

あれからほぼ半世紀。現在の千歳線沿線は住宅やビルが立ち並び、道路整備も進むなど、札幌市東部を代表する地域に発展した。旧千歳線の一部はサイクリングロードとして住民に親しまれており、当時の面影を見ることができる。上野幌と北広島の間にあった旧西の里信号場付近はサイクリングロードが千歳線と接近し、最新鋭の電車、気動車の高速走行を堪能できる。

植苗駅を発車したD51 713＋D51の貨物列車。下り勾配で勢いをつける＝植苗−沼ノ端間、1969年8月29日

D51＋D51が砂利やセメントを運ぶホッパ車を連ねて沼ノ端に下って行く。機能的なホッパ車編成は石炭列車とは別の迫力があった＝植苗−沼ノ端間、1969年8月29日

（地図）
苗穂工場
函館本線
苗穂機関区
苗穂　東札幌　白石　厚別　岩見沢
札幌　　月寒　平和　大谷地　新札幌
旧千歳線（現サイクリングロード）
上野幌　上野幌
千歳線
西の里信号場
北広島
千歳
植苗
室蘭本線　岩見沢
苫小牧　沼ノ端

苗穂−沼ノ端
（太線が撮影当時の千歳線）

手前は岩見沢方面へのD51牽引の下り貨物。奥は沼ノ端に向かうD51のホッパ車編成。雑多な貨車が行き交う光景は、コンテナほぼ一色の現在の貨物列車にはない楽しさがあった＝植苗・遠浅−沼ノ端間、1972年5月

植苗駅で休むD51 629。後続の特急を待っていたのだろうか＝植苗、1969年8月29日

千歳線上り線の土手に立つと、右手にウトナイ湖を望む広々とした光景が広がる。D51がコンテナ車を連ねて勾配を上って行く。左端の線路は室蘭本線＝沼ノ端−植苗間、1972年5月

ウトナイ湖や支笏湖の方角に夕日が沈んでいく。いつまでも見ていたい夕焼けだった＝沼ノ端−植苗間、1972年5月

D51の上り貨物列車。煙をたなびかせて軽い感じで走って行く＝
北広島ー上野幌間、1971年3月

橋上を行く気動車2両編成のローカル列車＝北広島ー上野幌間、1971年
3月31日

D51重連がコンテナを交えた貨物列車を引いて快走する＝上野幌ー
北広島間、1971年3月

厳寒の中、すっくと立つ樹木の
間にD51を捉えてみた＝北広島ー
上野幌間、1972年2月

「日本セメント」の会社名を明記したホッパ車がD51に引かれて坂を下って行った。青空に浮いた白雲が眩しかった=上野幌−北広島間、1971年8月

C58+D51の貨物が勾配を上って行く。補機のC58は苗穂機関区所属の400番代で、同形式末期の船底型のテンダーを付けていた=北広島−上野幌間、1972年8月

土手の上を特急「北斗」がエンジン音を高くして、駆け抜けて行った=上野幌−北広島間、1971年8月

夏空の高みを見上げるように、枝ぶりが立派な樹木が立っていた。シャッタースピードを遅くして、D51の速さを表現してみたかった=上野幌−北広島間、1971年8月

一足先に完成した新線を走る下り特急「北斗」。千歳線がローカル線から現在の大幹線に生まれ変わる象徴的な場面だった＝北広島-上野幌間、1971年4月

千歳線にもSLに代わってDD51が目立ってきた。DD51 743しか写っていないが、DD51重連のコンテナ列車だった＝上野幌-大谷地間、1971年8月

キハ22とキハ56系連結による急行列車。特急のわき役として、新型気動車も活躍する時代に入った＝北広島-上野幌間、1971年8月

D51重連のホッパ車専用列車。高度経済成長期だったためか、セメントを積んだホッパ貨物が多かった＝大谷地-上野幌間、1971年7月2日

C57 91+D51 219の下り重連貨物が
上野幌に到着した。旧上野幌駅は緑
に囲まれたゆったりした趣の駅だった
=上野幌、1972年5月

D51 816の上り貨物列車。のんびりし
た光景だが、現在は住宅密集地に発
展した=大谷地－上野幌間、1970年8月

巨体をくねらせながら上り特急
「北斗」13両編成が函館を目
指す。こうした急曲線が速度
向上のネックとなり、苗穂－北
広島間の線路付け替えが図ら
れた=大谷地－上野幌間、1971年8月

追憶の廃止路線 ···············

歴史刻んだ姉妹線……江差線・松前線

江差線（五稜郭−江差間79.9キロ）と松前線（木古内−松前間50.8キロ）は木古内で分岐する姉妹線だった。江差はかつて北前船が往来したニシンと民謡「江差追分」の街。松前は北海道で唯一、日本式城郭である松前城があり、桜並木も有名。どちらも歴史を刻んだ街だ。

両線とも1950年代から気動車化が進み、函館機関区のキハ12、21、22、キハユニ25などが活躍。1964年ごろには、レールバスと呼ばれたキハ01の51、52、54の3両も配置（休車中の倶知安から転属）され、使用されたことがある。しかし、レールバスは使い勝手が悪く、1966年3月末までに廃車や休車となり、短期間で姿を消した。

当時、江差線で撮影したSLは五稜郭機関区の

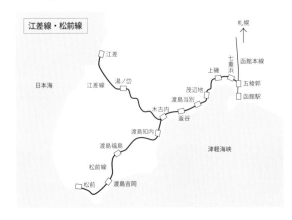

C58だった。それ以前は木古内に機関支区があり、C11も配置されていたが、1960年代はC58が江差・松前線の貨物を一手に引き受けていた。

C58は朝夕の通勤・通学列車にも運用され、特に夕方函館を発車する717レはC58の重連運転で、夏の間、日暮れを気にしながら撮影に走ったものだ。この列車の返しは翌日7時40分ごろ函館に帰ってくる718レだったが、それは重連ではなかった。

また、1965年ごろまで、函館配置の9600が早朝、上磯行きの741レを逆向きで引き、上磯から742レとして正面向きで函館に帰ってくる運用があった。普段は青函連絡船の航送入れ換えという、地味な仕事をしている9600だが、本線を走るときはなぜか身なりを正して走っているようで、微笑ましかった。

一方、戦前からの建設工事が遅れ、1953年11月に全線開業した松前線は一時、準急「松前」が走るなど、住民に活用されたが、利用客の減少で1988年2月廃止。さらに江差線江差−木古内間も2014年5月に廃止された。木古内−五稜郭間は2016年3月の北海道新幹線開業に伴って、第三セクター道南いさりび鉄道に継承され、現在に至っている。合わせて木古内駅は北海道新幹線と道南いさりび鉄道の乗り継ぎ駅となった。

6時過ぎに五稜郭を発車。逆向きで上磯に向かう9600牽引の741レ＝五稜郭−七重浜間、1965年夏

39656が上磯発函館行き742レを引いて五稜郭に進入する。この付近は農地や原野が広がっていたが、現在は住宅地になっている＝七重浜-五稜郭間、1965年6月

函館発木古内行き717レがC58重連で五稜郭を発車、七重浜に向かっている＝五稜郭-七重浜間、1964年7月

C58 406が718レを引いて五稜郭に到着する。木古内-函館間の8両編成の通勤・通学列車だった＝1964年10月12日

函館市内からの帰宅者を乗せたC58 407＋C58 126の717レが五稜郭を発車。4番線から江差線へのポイントを渡っている＝1964年7月

函館から満員の客を乗せて木古内を目指すC58牽引の717レ。黄昏の川面に雄姿が映った＝久根別付近、1968年9月

青函トンネル掘削の式典が福島町であり、出席した国鉄幹部らを乗せて函館に戻るC58 417牽引の特別列車。客車3両は順にスロ52 3+オロネ10 503+オロフ32 5で、寝台車付きの特別編成だった＝七重浜−五稜郭間、1963年2月（原田一夫）

江差線の難所を上るC58貨物列車。前後に緩急車、間に貨車4両を挟んだ短編成だが、C58にとっては手ごわい坂だ＝上磯−茂辺地間、1971年3月

C58が引く7両編成海水浴臨時列車が左にカーブを切って茂辺地駅に進入する。子供たちで満員になる夏だけの特別な列車だった＝上磯−茂辺地間、1970年8月

C58 33が貨物を引いて茂辺地を出発。海を離れて山に入り、トンネルを抜けて上磯に至る＝茂辺地−上磯間、1971年3月14日

函館機関区にはキハ12が数両配置されていた。旧キハ48200で、寒地向き両運転台の気動車。その後、キハ21やキハ22が集中配置され、淘汰されたが、函館では長年親しまれた先駆的気動車だった＝五稜郭−七重浜間、1964年

キハユニ25 4を先頭にした気動車が五稜郭に入って行く。当時、函館機関区にはキハユニ25の4（写真）と5が配置され、江差線の郵便・荷物輸送に活用されていた＝七重浜－五稜郭間、1971年7月13日

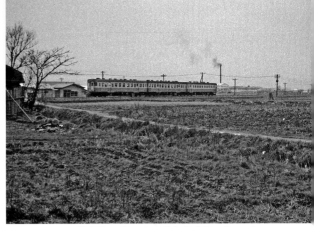

五稜郭を出て函館本線と別れ、畑の中を七重浜に向かうキハ3両編成。現在は住宅街に変貌した＝五稜郭－七重浜間、1963年12月

1964年頃、一時期江差線で運転されたキハ01 51。手前の線路は函館本線の下り線＝七重浜－五稜郭間、1964年6月

キハ21＋キハ12＋キハ21＋キハユニ25の4両編成が雪の中、上磯に向かって行く＝久根別付近、1965年冬

五稜郭を出て函館に向かう江差線のキハ21 80。横で49674（左）が入れ換えに忙しい＝1968年9月

函館発木古内方面の気動車が釜谷に到着する。函館湾に沿った漁業のまちで、夏は海水浴客でにぎわった=釜谷、1960年ごろ

函館と江差を結ぶ準急「えさし」の出発式。多くの関係者が集まり、くす玉を割って祝福した=函館、1960年10月1日（原田一夫）

江差線と松前線の分岐点、木古内駅。キハユニ25 4とキハ12の2両編成が出発する=木古内、1959年ごろ（原田一夫）

江差線は湯ノ岱付近にはきつい勾配があった。短い貨物列車だが、C58 406が煙を吐いて坂を上る=1963年秋、湯ノ岱付近（原田一夫）

準急「えさし」が好評を得たことから、1963年12月1日、函館－松前間に準急「松前」が新設された。函館－木古内間は「えさし」と連結し、木古内で分離・併結する。「松前」の初日、雪が降る木古内を先に発車する「えさし」キハ22 65。後方は「松前」のキハ22 66＝木古内、1963年12月1日

準急「松前」一番列車が松前に到着し、セレモニーの後、函館に折り返す。運転席には乗務員に贈られた花束が見えた＝松前、1963年12月1日

江差駅で折り返しの出発を待つキハ22 69の準急「えさし」。味わいある駅舎が魅力的だった＝江差、1961年（原田一夫）

松前行きのキハ21（左）が待つところに、キハ12 14が入ってきた。渡島吉岡付近は青函トンネル掘削の北海道側の基地となった＝渡島吉岡、1965年6月

松前線渡島知内駅に到着する当時新鋭のキハ12形2両編成。小さな駅でもたくさんの客が列車を待っていた＝渡島知内、1959年ごろ（原田一夫）

海峡の夏景色 夏休みになると、函館から木古内まで海水浴臨時列車が走った。C58に引かれた7両編成の列車は家族連れで満員。函館山や青函連絡船を見ながら貝を採り、泳ぎを楽しむのは贅沢なひと時だった＝江差線茂辺地—渡島当別、1970年8月2日

太平洋と日本海の連絡路……瀬棚線

日本海の漁村と太平洋側の函館本線を結ぶ瀬棚線は、1932年11月1日、48.4キロの全線が開業した。当初は長万部機関区のC12が貨客を引いていたが、私が撮影のため本格的に訪ねるようになった1969年には旅客列車はすでに気動車化されており、1日2往復の定期貨物列車を同区のC11が受け持っていた。

函館本線の分岐点となる国縫で太平洋に別れを告げ、ほぼ90度に右カーブして瀬棚への針路を取る。茶屋川付近から25パーミルの勾配が始まり、貨車10両前後の小編成とはいえ、小柄なC11は煙を猛然と吹き出し、急坂に挑む。それがなんともいじらしく、夏も冬も何度か通ったものだ。

ハイライトは花石と美利河の間にある後志利別川（渡島利別川ともいう）鉄橋で、頑丈なコンクリートの橋脚に支えられ、横から撮ると気動車3〜4両は入る長さだった。同線の建設に当たってはタコ部屋が作られ、苛酷な環境でリンチを受けるなど、多くの労働者が命を落としたと伝えられている。

1966年10月には瀬棚−函館を直結するビジネス急行「せたな」が新設され、脚光を浴びたほか、沿線の高校の通学生で車内が満員になる時代もあった。しかし、1983年8月をもって貨物営業廃止。さらに1987年3月15日「さよなら瀬棚線」のお別れ列車が運転され、55年の歴史に幕を閉じた。現在は旧北檜山駅（開業時から1966年まで東瀬棚）がバスターミナルとして活用されるなど、歴史を偲ぶ建物や標識が残されている。

国縫に到着する瀬棚線貨物列車。C11 180はこのころ、171、188とともに長万部のC11″三羽烏〟の1両だった＝国縫、1964年5月

花石を出て後志利別川の鉄橋を渡るC11の貨物。川を何度もまたぐため、その都度鉄橋を建設する難工事だった＝花石−美利河間、1969年7月

厳冬期、凍える寒さの中をC11が坂を
下って行く。晴れ上がり、白と黒のコ
ントラストが美しかった=花石−美利河間、
1971年2月

花石駅での交換風景。右はC11 180の992レ。左はキハ21 48の
925D。ここで10分ほど停車していた992レは、925Dの到着を
待って出発だ=花石、1969年7月

C11 188の貨物が国縫を発車し、右カーブを曲がる。後方に函
館本線が見える=国縫−茶屋川間、1970年7月

C11 171が急勾配に差し掛かる。線路
際の急な崖には崩落を防ぐ柵が設け
られている=茶屋川付近、1969年6月

後志利別川の鉄橋を下から見
上げると、とても高く感じる。
雪の中、C11が坂を下ってきた
=花石－美利河間、1969年12月

線路も見えぬ豪雪で苦闘するC11 188=花石付近、1969年12月

キハ3両編成が夏の鉄橋を渡って行
く。右2両はキハ21で、この当時、長
万部機関区には同形が6両配備さ
れ、瀬棚線に活用されていた＝美利河－
花石間、1969年7月

キューロク、峠の力行……名寄本線

名寄本線は宗谷本線名寄と石北本線遠軽との間を、オホーツク海沿岸を経由して結んだ143.0キロの長大路線。1921年10月全線開業し、北見峠を越える石北本線新旭川－遠軽間が1932年10月開業するまで、札幌とオホーツク海沿岸を結ぶ唯一のルートだった。

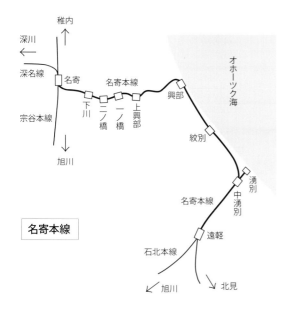

名寄本線

1969年3月現在、北海道内に9600は133両配置されており、D51（208両）に次ぐ勢力を誇っていたが、大半は入れ換え用で余生を過ごしていた。その中で名寄本線は全線9600が貨物を引き、中でも上興部－一ノ橋間にある天北峠の25パーミルの急勾配では、重連運転が見られるなど、本線での実力を発揮する舞台にもなっていた。

補機の休憩地となる上興部には給水塔や転車台があり、重連連結のシーンや人力による方向転換など、様々な作業を間近で見ることができた。訪れたのはいつも厳冬期だったが、人を寄せ付けない峠を黙々と走る9600は、どこか神々しい雰囲気を漂わせていた。

名寄本線は国鉄民営化2年後の1989年4月に廃止されたが、旧上興部駅はSLの動輪をはじめ活気ある当時を偲ぶ歴史を伝えている。また、オホーツク沿岸の紋別駅跡には複合施設「オホーツク氷紋の駅」が建設され、地元の観光振興にひと役買っている。

名寄本線最大の難所、天北峠を力行運転する19661＋49673の重連。2両の老兵が息を合わせて急勾配に挑む
＝上興部－一ノ橋間、1970年1月

朝降った雪が純白のまま輝いていた。39677+9600が30両以上の長い貨物列車を元気よく引っ張って行く＝上興部−一ノ橋間、1972年2月

上興部を発車。厳寒の中、9600が峠に向かって加速する＝上興部−一ノ橋間、1970年1月

上興部で発車を待つ49651（後方）に、補機39634が連結される。駅員から機関士にタブレットが渡され、出発準備オーケーだ＝上興部、1972年2月

39634+49651の貨物が発車。太い白煙が上がり、ドラフト音があたりに響き渡る＝上興部付近、1972年2月

前面に安全マークが入った69625が
堂々の貫禄で前進する＝上興部－一ノ橋
間、1972年3月14日

人影見えぬ天北峠。サミットを越えた
49651の貨物は、軽いリズムを刻み
ながら下って行く＝上興部－一ノ橋間、1970
年1月

69625の貨物（中央）が上興部
に進入して来た。左ホームに
待ち合い交換の貨物。右奥に
は補機のため待機するもう1両
の9600が見える。まるで
〝キューロク王国〟だ＝上興部、
1972年2月

79642が先頭の重連が雪原を下ってきた。足回りに付着した雪
が苦闘を物語る＝一ノ橋−上興部間、1970年1月

上興部で給水塔から水を補給し、次の補機運転に備える59601
＝1971年12月

上興部で方向転換する39634。機関助士ら2人が踏ん張ってい
るが、運転席のベテラン機関士は心配そうな表情だ＝上興部、1972
年2月

名寄に近い下川で69644の名寄行き
1690レ貨物列車とキハ22遠軽行き
625Dが交換する＝下川、1972年2月

上興部で停車中に入れ換えをする
69625。ローカル線の貨物は鉄道が
頼りだった＝上興部、1972年2月

休憩する補機の9600。雪は横殴りに
なり、峠は吹雪の予感だ＝上興部、1970
年1月

腕木の出発信号機（左）が「ガ
チャン」と下がり、出発の時間
が来た。69644はラストコース
を名寄に向かう＝下川、1972年2月

雪原のデュエット 降り積もった雪が大地を純白に染めた。補機は正向き、本務機が逆向きの9600の重連が呼吸を合わせて坂を上ってくる。2本の煙は中空でひと塊になり、朝日に鮮やかな影を作った＝名寄本線ー一ノ橋ー上興部間、1972年2月

活火山と温泉の古里……胆振線

胆振線は1919年、官設京極軽便鉄道として倶知安－京極間の鉄鉱石運搬を目的に開業したのが始まり。その後、複雑な経緯をたどって胆振縦貫鉄道に経営が移り、1941年10月に倶知安－伊達紋別間全線83.0キロが開業した。途中の京極から鉄鉱石を産出する脇方まで支線7.5キロも作られた。

それもつかの間、太平洋戦争中の1944年7月、

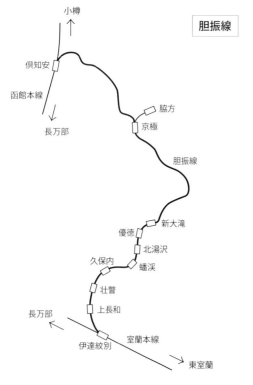

戦時買収の政策により、国鉄に組み入れられ、使われていたD51形5両も国鉄入りし、D51 950～D51 954の番号が振られた。当時、新製のD51を5両も保有していた私鉄は珍しかった。

倶知安付近の鉄鉱石や木材を港がある室蘭に運ぶ場合、胆振線を使えば長万部経由より約80キロ短くなり、大きな経済効果をもたらした。ただ、1944年、火山活動によって昭和新山が隆起したとき、線路が大きな被害を受け、一部路線を付け替える一幕もあった。

倶知安付近では羊蹄山の麓を走り、北湯沢付近で温泉街に出る。また、壮瞥付近は有珠山、昭和新山の噴煙を間近に見ながら通過し、観光ルートとしても活用された。1962年には札幌から同線を通って札幌に戻る循環準急（後に急行）「いぶり」が設定され、全国的にも珍しい列車として注目された。

私が最初に訪れた1969年には瀬棚線同様、旅客はすでに気動車化され、合間を縫って9600が貨物列車を引いていた。9600はいずれも倶知安機関区の"二つ目玉"のタイプで頼もしく見え、新大滝－御園の急勾配ではパワーをいかんなく発揮した。しかし、その後乗客の減少により、1986年10月をもって全線廃止。有珠山と昭和新山の噴煙に劣らぬ黒煙を吐いていた9600の姿も昔物語となった。

室蘭本線と胆振線の分岐点、伊達紋別。左の79615が倶知安に向かって発車する準備をしている。そこに、室蘭本線の上り急行が進入して停車した＝伊達紋別、1970年12月13日

4月というのに、みぞれ模様の天気となった。その寒さの中、79616が元気よく出発する=伊達紋別、1970年4月

伊達紋別を出た79615の貨物895レが壮瞥駅に入ってきた。緩急車の次位には石炭車が数両連結されている=壮瞥、1970年9月

倶知安から貨物を引いて来た19640が伊達紋別で休んでいる。古めかしい石炭庫と給水塔がよく似合う=伊達紋別、1970年4月

田植え前の水に映る有珠山（右）と昭和新山（左）。胆振線ならではの春の情景だった。機関車は79615=壮瞥－久保内間、1970年5月

夕暮れ時、倶知安に向けて壮瞥を発車する79615。有珠山と昭和新山が見送っている＝壮瞥−久保内間、1970年9月

秋の盛り、長流川の鉄橋を渡る9600の貨物列車。この辺りは温泉街が続くゆったり気分の路線だ＝蟠渓付近、1970年10月

小さな集落を行く69624の貨物列車が壮瞥に進入しようとしている＝上長和−壮瞥間、1970年5月

山里の温泉として人気の蟠渓。駅を出ると、こじんまりした温泉が並んでいた。2両編成の気動車が到着し、乗客が往来する＝蟠渓、1971年10月

気動車の交換。左は札幌行き循環急行「いぶり」、右は倶知安行き833D=壮瞥、1970年5月

雪に覆われた下り勾配を快調に走る9600貨物列車。沿線には農家が点在していた=北湯沢付近、1970年ごろ

一面の春の畑の中を79618が小編成の貨物を引いて走り去る。後方の客車は駅に物資を運ぶ配給車=北湯沢付近と思われる、1971年5月23日

鉄橋を長流川から仰ぎ見た。心安らぐ川のせせらぎに乗って、2両編成の気動車が行く。釣り人も見えない晩秋のひと時だった=蟠渓付近、1971年10月

この時は79618の倶知安行き
貨物を車で追いかけた。途
中、入れ換えで貨物を増やし
ながら、次の停車駅新大滝を
目指した＝優徳−北湯沢間と思われ
る、1971年5月23日

新大滝は胆振線の貨物の集約基地。
停車した79618の運転台から機関士
が下りて来て一服する＝新大滝、1971年5
月23日

倶知安発伊達紋別行きの気動車が
到着。入れ換え中の79618と交換す
る＝新大滝、1971年5月23日

道北の長大路線……羽幌線・深名線

　留萌本線は深川と留萌・増毛（66.8キロ）を結び、留萌からは日本海沿いに幌延まで羽幌線（141.1キロ）が伸びていた。また、同じ深川からは北方の幌加内を通り、名寄まで抜ける深名線（121.8キロ）があった。

　羽幌線の老朽化した9600の後継として1960年、D51の軸重を軽くしたD61全6両が深川機関区留萌支区に配置された。当初、羽幌線で使用されたが、石炭輸送がなくなったため留萌本線も受け持つようになり、最後はD51と共通運用になった。D61を見られたのは全国でこの地域だけで、ファンの注目度は高かった。羽幌線は1987年3月廃止。両線にゆかりの深いD61 3が留萌市内で保存されている。

　深名線は9600が貨物を担当した。北海道でも有数の豪雪地帯で、冬期には列車運行のためキマロキ（機関車＋マックレー車＋ロータリー車＋機関車の組み合わせ）が出動し、豪快に雪をはね飛ばす姿も見られた。1955年から一時期、レールバスの運行も。沿線には雨竜湖や政和温泉など観光地も多く、幌加内の「そば」も魅力を高めたが、過疎で乗客が激減し、1995年9月、廃止された。

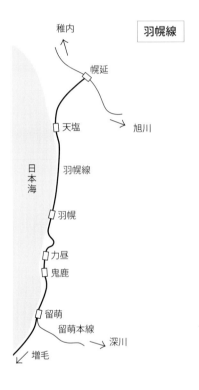

羽幌線

稚内

幌延

天塩

旭川

日本海

羽幌線

羽幌

力昼

鬼鹿

留萌

留萌本線

深川

増毛

羽幌線の海岸線で空のセキ車を引いて走るD61 5＝鬼鹿付近、1969年8月27日

D61のファーストナンバー1号機。準備を整えて、勢いよく本線に出発して行く＝留萌機関区、1969年8月27日

雪の中、隣の駅に向かって伸びるレール。右側にはツララが垂れ下がる駅員らの木造住宅。安全の守護神、腕木式信号機も昭和の鉄道の象徴だった=天塩弥生、1971年12月24日

天塩弥生構内では保線区のモーター車が必死で除雪作業に当たっていた。1本の列車を通すには、多くの陰の力を必要とした=天塩弥生、1971年12月24日

クリスマスイブのこの日、名寄地方は新雪に包まれた。静寂な農村地を名寄発朱鞠内行き6990レが9600に引かれて発車して行った=天塩弥生−北母子里間、1971年12月24日

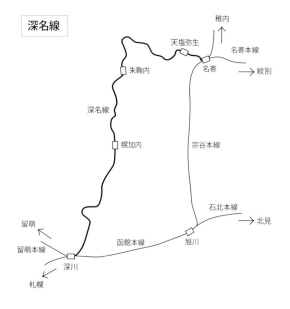

深名線

深名線の上り列車は名寄を出て間もなく天塩川橋梁を渡る。1972年2月から3月にかけてこの付近は猛吹雪に見舞われ、車内に閉じ込められた乗客の救援も兼ねて9600牽引の臨時列車が運転された=名寄−西名寄間、1972年3月

海と山つないだミニ線区……岩内線

　岩内線は小沢から日本海沿岸の岩内町に至る14.9キロのローカル線。1960年代には旅客は気動車化され、貨物を倶知安機関区の9600が引いていた。この9600は胆振線も受け持つため、安全重視の前照灯を左右に付けた「二つ目玉」で、その風貌が異彩を放っていた。

　私は岩内まで入ったことはなく、せいぜい小沢あたりで撮影しただけだが、C62重連やD51の合間に来る9600を見ると、なんだかホッとさせられたものだ。そんな9600も倶知安峠を越えるときは、精いっぱいの力を出し切っていた。1985年7月廃止となった。

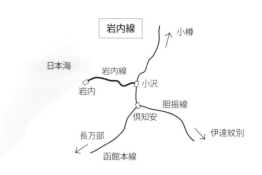

小沢からの倶知安峠は小編成といえども9600にとって重荷になる。19650が煙を吐きながら勾配に差し掛かる。小さな貨車が連なるローカル線らしい編成だ＝小沢－倶知安間、1970年12月

小沢への勾配を上る79615の岩内発貨物列車＝国富−小沢間、1971年7月

小沢で一休みする79616（左）。その脇をD51 804牽引の普通列車が出発して行く＝1970年7月

69624の貨物列車が勾配を下って来た。師走に入り、雪が積もり始める頃である＝倶知安−小沢間、1967年12月

岩内から小沢に到着。夕日に照らされて一休みする69624＝小沢、1969年7月

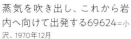

蒸気を吹き出し、これから岩内へ向けて出発する69624＝小沢、1970年12月

宗谷への序章 ＝＝＝＝＝＝＝＝＝＝＝ 旭川-名寄

塩狩峠の記憶

　「最北の駅 稚内」を目指す宗谷本線の下り列車は、旭川を出ると新旭川で石北本線から分岐し、真北に針路を取る。永山を経て蘭留に到着。ここから旧天塩国と旧石狩国を越える難所、塩狩峠に差し掛かる。蘭留－塩狩間は5.6キロだが、塩狩に近づくにつれて急曲線、18.5パーミルの急勾配となり、SLは苦しそうに黒煙を吹き上げる。防雪林に囲まれ、人影のない線路を上り切ると、サミットの塩狩駅だ。

　一方、上り列車は和寒から塩狩に向けて20パーミルの上り勾配にかかる。貨物を引くD51も、客車を引くC55も最大のパワーが求められ、特に豪雪の厳寒期は鬼門となった。機関車1両では不足し、短い編成でも補機が付くことがあった。

　古い話だが、1909年2月28日夜、その塩狩峠に向けて和寒を出た列車の連結器が外れ、客車が暴走する事故が起きた。たまたまその客車に乗り合わせていた鉄道院職員の長野政雄がブレーキをかけるも利かず、とっさに身を投げて客車を止め、転覆寸前で乗客の命を救った。のちに旭川出身の作家三浦綾子が、これを素材にした小説「塩狩峠」を発表し、そのヒューマンドラマが世間の注目を浴びた。小説の中で長野政雄は敬虔なクリスチャ

ン、永野信夫の名で登場する。

　事故当時、塩狩駅はまだ存在していなかったが、現在は駅近くに長野の死を悼む碑が建立されている。そこには「乗客を救わんとして、車輪の下に犠牲の死を遂げ、全員の命を救う」と、長野の勇気を讃える文章が刻まれている。

　現在の幌延経由の宗谷本線が全面開業したのは1926年9月。宗谷海峡を挟んで北海道と樺太（サハリン）を結ぶ重要路線となり、稚内と函館との間に直通急行列車も設定されるなど、樺太開発と北方防衛を支える役割も果たした。

新鋭電車、「赤電」こと711系急行「かむい」（右）と肩を並べるC55 30。稚内行き普通列車を引いて間もなく出発する。稚内までは259.4キロの道のりだ＝旭川、1972年3月

C55 30が名寄行き普通列車の先頭に立ち、夕暮れの旭川を出発する。黒煙が勢いを増して行く＝旭川、1972年3月

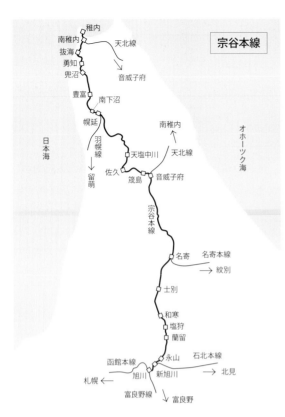

宗谷本線

宗谷本線の主役を務めるC55 30が旭川機関区で休んでいる。給炭設備の下で猛煙を吐いている＝旭川機関区、1972年5月

稚内行きの普通321レが永山に到着した。C55 50のテンダーは石炭満載だった＝永山、1972年5月

塩狩峠への出発点、蘭留を発車したC55牽引の稚内行き321レ。雪解け近い農村を抜けると勾配が始まる＝蘭留－塩狩間、1972年3月

ポイントの切り替えに走るのだろうか。当時の駅では現場の職員が自転車でホームを往復する姿がよく見られた＝永山、1972年5月

塩狩峠を越えた安堵からか、軽いリズムを刻んで蘭留に下るC55 47＝塩狩−蘭留間、1972年3月

蘭留からの下り貨物が峠のサミット塩狩に進入する。D51 574は駅近くになっても黒煙を吹き上げ、貨物を懸命に引き上げた＝塩狩、1970年1月

雪に埋もれた塩狩にD51 1116の上り
普通列車が進入する。珍しく長い7両
編成で、後ろにはDD51の補機が付い
ていた＝塩狩、1970年1月

和寒から塩狩に近づく上り貨物の
D51 337。雪を被った防風林の幾何
学模様が美しい＝和寒−塩狩、1970年1月

下り貨物が塩狩に進入する。雪に覆
われた駅構内には、D51 14の煙とド
ラフト音だけがこだました。同機は
D51の実質的な完成1号機で、現在、
千葉県流山市の総合運動公園に保
存されている＝塩狩、1970年1月

和寒からの20パーミル勾配を克服し、塩狩に到着するC55 47=塩狩、1970年1月

豪雪の塩狩では、列車の合間を見て除雪用ディーゼル機関車DD14による大掛かりな除雪、排雪作業が行われていた=塩狩、1970年1月

足回りに雪をまとったDD51 552+D51の上り貨物が塩狩に到着する。旭川機関区には1969年ごろから新製DD51が入り始め、D51に取って代わって行った=塩狩、1970年1月

塩狩峠に向けて和寒停車中に蒸気を上げるC55 47。駅間7.9キロ、最大勾配20パーミルの峠道は宗谷路のC55に試練を与えた=和寒、1972年2月

後部にDD51の補機を従え、和寒発車を待つC55 1。黒煙と煤のにおいが駅周辺に漂った=和寒、1971年1月

雪の峠に燃える 旭川を出た稚内行き321レは、蘭留を過ぎて
難所の塩狩峠の急曲線に差し掛かる。延々と続く樹林の中、
C55 43は最大パワーでサミット塩狩駅を目指した＝宗谷本線蘭留－塩
狩間、1970年1月8日

若いカップル、スキー帽をかぶった子供たちが待つ和寒駅2番ホームにC551が引く322レが到着する。松の内のホームは華やいだ雰囲気に包まれていた。旭川に遊びに行くのだろうか＝和寒、1971年1月5日

旭川方面の上り列車は和寒を出て次第に高度を上げ、塩狩への道を急ぐ。C55 50がDD51の後補機を従えて加速して行った＝和寒－塩狩間、1971年12月

塩狩峠にやっと春が来た。線路そばのササの葉は青々と茂り、柔らかな日差しに輝いていた。C55 50は小説「塩狩峠」の事故現場へと上り詰めて行く＝和寒－塩狩間、1972年5月

C55 30の小樽行き322レは士別で20分間停車する。先頭車は荷物車のマニ60 2028。隣のホームで手をつなぐ母子連れは、ここで322レを追い抜く札幌行き816D急行「なよろ1号」を待っているのだろう=士別、1972年3月

士別に停車するC55 1の322レ。ホームの手押し車には小荷物が山積みにされている=士別、1971年1月

ホームを振り返り、発車合図を待つC55 50の機関士。凍れる寒さの中、かじかむ左手を思わず口に引き寄せる=士別、1972年2月

和寒から塩狩に着いたC55 47。ロッドには雪がへばりつき、峠越えの苦闘を物語っていた=塩狩、1970年1月

名寄駅停車中の321レC55 50は雪を被り、「白い機関車」に姿を変えた。稚内までの残り183キロは、容赦のない「吹雪の行路」だ=名寄、1970年1月

C55の魅力的な足回り。323レを引いて来たC55 30は名寄機関区で一夜休みを取り、翌朝、旭川に帰って行く=名寄機関区、1972年2月

名寄駅は宗谷本線だけでなく、名寄本線、深名線の分岐駅で、旅客だけでなく、貨物の出入りも多かった。49670が長い編成の入れ換えに当たっている=名寄、1972年3月

名寄で小樽行き322レ（右）が停車中、稚内行き321レ（左）が到着した。日中のC55同士の交換である。それを待って322レC55 50が猛然と発車する=名寄、1970年1月

最果ての行路

原野行き交う"老ランナー"

　旭川－稚内間259.4キロのほぼ中間点が音威子府。宗谷本線はこれ以北、一段と最果ての旅情を色濃くする。1970年代初めまで、札幌方面とを結ぶ夜行急行「利尻」のほか、長距離普通列車はC55が牽引し、全国でも貴重な存在感を示していた。また、D51は軸重が重いためこの区間に入線できず、貨物はSLの最後まで9600が一手に引き受けた。

　1970年から1972年にかけて、四季を問わず、何度か撮影に訪れた。札幌から「利尻」に乗って一夜を明かし、早朝、撮影地近くで下車。普通列車に乗り換え、徒歩で撮影地に向かった。狙い目は午前と午後上下1本ずつのC55が中心だったが、9600の貨物や、稚内と函館を結ぶ気動車急行「宗谷」、それにローカル気動車も程よく走り、時間を忘れて日没まで過ごした。

　大学卒業を翌春に控えた1972年11月、SL撮影にひと区切り付けようと出かけたのは、音威子府から北へ三つ目の佐久という駅だった。冬を間近に控え、雨が降ったり、日が差したり、落ち着かない天気だったが、C55や9600はいつもと変わらず、元気な姿を見せてくれた。C55は間もなく、DD51にバトンを渡した。

　宗谷本線の優等列車には戦前からC55が投入され、俊足にものを言わせ、稚泊航路を挟んで北海道と樺太（サハリン）の連絡に貢献した。戦後20年以上を過ぎた1970年代になっても、C55が軽快に長距離列車を引く姿を見ていると、戦前の急行もかくありなん、と想像を膨らませたものだ。

日が落ちたころ、D51 337が貨物列車を引いて旭川への出発態勢を取る。稚内方面からの貨物を9600から引き継ぐ370レだ＝音威子府、1972年3月

音威子府のホームにはそばスタンド（左奥）があった。腹をすかせた旅人は、熱々の黒いそばを頬張ったものだ。稚内行き321レの機関助士にタブレットが渡された＝音威子府、1972年3月14日

D51 337が石油タンク車や石炭車を引いて音威子府に到着する。3月になっても山の雪も構内の雪も解けていない。道北ではまだ厳しい寒さが続くだろう＝音威子府、1972年3月

晩秋の丘の道 最果て稚内に向かう宗谷本線は、音威子府を過ぎてから茫漠とした原野が続く。9600が引く貨物列車を追いかけるように、白い雲の群れが流れていった=宗谷本線兜沼付近、1972年10月

15時過ぎ、音威子府を稚内に向けて出発するC55 50の321レ。春の日没は早く、稚内到着の19時ごろにはすっかり闇に包まれる＝音威子府、1972年3月

音威子府を出て次の停車駅筬島に向かうC55 30。小さな踏切が321レを見送る＝音威子府—筬島間、1972年3月

音威子府で休憩する稚内機関区の19612。同機は1916年12月に新製で黒松内機庫に配置されて以来、全道各地で活躍。1970年12月に鷲別から稚内に転属し、この地で生涯を終えた＝音威子府、1972年3月

深夜、札幌から稚内行き急行「利尻」に乗り、車窓が明るくなって目を覚ますと、春の雪解けで水かさを増した天塩川に沿ってカーブを描いていた。機関車は旭川からC55 47が先頭に立っていた＝天塩中川付近、1970年5月

佐久で停車しているC55 30の機関士が運転台から下りて外の
空気を吸った。あと少しでDD51に交代する時期だった。客車は
スハ32系と思われる＝佐久、1972年10月

次の駅、天塩中川へのタブレットが駅員から機関士に渡された。
「通票ヨンカク（四角）」と確認する声。この守り神を頼りに、
C55 30は発車する＝佐久、1972年10月

早朝、稚内を出て南下する324レ。晩
秋を迎え、牧草地も冬の趣きとなる
時期だ＝佐久付近、1972年10月

小さなホームが1本の南下沼仮乗降場
を通過する49648の下り貨物。近く
の女性だろうか。ホームの階段に腰を
おろして休んでいた＝南下沼、1972年10月

キハ22形2両の普通列車。春の夕日を受けて、車体が輝いた＝兜沼付近、1970年5月

線路そばに朽ちかけた鳥居が立っていた。あたりのシラカバの林にドラフト音を響かせて、C55が通過して行った＝佐久付近、1972年10月

煙をたなびかせて旭川方面に向かうC55 50を後ろから狙った。先頭の荷物車2両は道北と全国を結ぶ〝鉄道荷物の絆〟だった＝抜海付近、1972年3月

日が傾いた原野の低い土手をC55が稚内に急ぐ。終着まで残り30キロ足らず＝兜沼付近、1970年5月

3月とはいえ、稚内の春はまだ遠い。
朝、稚内を出たC55 50の324レが抜
海付近を力走する=抜海付近、1972年3月

5月ともなれば、さすがの稚内も春め
いて来る。緩やかな丘陵を右、左に
カーブを切りながら、C55 1は南下す
る=抜海付近、1970年5月

秋空を背に、39655が上り貨物を引
いて疾走する。同機は戦後、長く函
館、五稜郭両機関区で入れ換えに励
み、その後稚内に移った。函館で子
供時代を過ごした私にとっては、身近
で親しんだSLで、まさか稚内で再会
するとは思わなかった=兜沼付近、1972年
10月

天塩川、秋に輝く　名寄を過ぎ、美深に向かうC55の引く321
レ。晩秋の太陽の精いっぱいの日差しに、天塩川の川面がキラ
キラとほほ笑んだ＝宗谷本線智北−南美深間、1972年10月

49648が上り貨物を引き、猛然と白煙を吐いて通過する=抜海、1972年3月

稚内も緑の季節。29613が直線路を煙も吐かず、下って行った=抜海付近、1970年5月

稚内の手前は茫漠とした原野が続く。9600の貨物列車で白色の冷蔵車が目立つのは、旬の海産物を積んでいるからだろうか=抜海付近、1970年5月23日

先頭の緩急車も含めて12両編成の上り貨物列車。沿線には灌木が目立ち、寂寥感を漂わせる=抜海付近、1970年5月

気動車を待っていると、土手の下から馬そりが近づいて来た。農家の冬の足だったのだろう。当時の農村では、まだこうした光景が見られた＝抜海付近、1972年3月

雲に隠れた太陽の淡い日差しを受け、上り急行「宗谷」6両編成が通過する。左から2両目はグリーン車。旭川でさらに2両増結し、函館に向かっていた＝抜海付近、1972年3月

早朝、南稚内の白いホームに到着した急行「利尻」（右）。乗客に安眠を提供した寝台車も疲れた車体を休ませる。左は旭川行き気動車。先頭はキハ22 19＝南稚内、1972年3月

下り急行「利尻」が南稚内に到着すると、朝日が顔を出し始めた。その光を受けて、C55 47が黒い輝きを見せる＝南稚内、1970年5月23日

「利尻」が大半の客を下ろし、終点の稚内に向かう。札幌から9時間余の夜汽車の旅にピリオドを打つときだ=南稚内、1970年5月

小樽行き普通322レの仕業につく前、機関士の入念な点検を受けるC55 1。旭川まで250キロ余の長い行路だ=稚内機関区、1970年5月

南稚内に近い稚内機関区は、「利尻」や長距離普通列車を引くC55のリターンポイント。この日は前日321レで入区したC55 1が、美しいボディーを見せていた=稚内機関区、1970年5月

C55の動輪直径は1,750ミリで、長身の大人並み。C55 1には「最果ての王者」にふさわしい貫禄があった=稚内機関区、1970年5月

安全点検を終えたC55 1は、操車掛の手旗合図に従って客車を引いて本線に出る。322レの稚内発は7時58分だ=稚内機関区、1970年5月

黒鉄が輝くとき
くろがね

真っ黒な機関車を夜撮影するのは、フィルム時代はとても難しかった。それでも、停車中や照明が当たっているときは、工夫すればなんとか撮影できる。慣れてくると、昼間には気付かないSLの魅力を再発見できた。そうして、帰りの列車を待つ間など、駅や機関区で三脚を立てて狙ってみるのが撮影旅行の定番になった。

特に冬の夜、寒いのを我慢すれば、情感をたっぷり味わえた。敷き詰められた雪のカーペットが光を反射し、真っ黒なSLが浮かび上がる。解き放たれる煙も蒸気も流れるように写った。動輪の輝き、車体のリベット、そして裸電球が淡い光を放つ運転席さえも格好の題材だった。

石北本線の下り貨物を引くD51 425（遠軽機関区）が旭川で発車を待っている。架線が見えるが、ここは電車の行き止まり。構内を出ると、あとはSLの力だけが頼りだ＝旭川、1972年2月

東室蘭操車場は鷲別機関区の9600が昼も夜も入れ換えに励んでいた。師走の雪降る夜、9600は影絵のように前に後ろに往復していた＝東室蘭操車場、1971年12月

D51 368（左）と865（右）が並んで夜を過ごしている。前面のナンバープレートが輝きを増し、D51の力感を高めている＝小樽築港機関区、1971年8月

長万部のD51 149。逆光に浮かび上がる全身のフォルムが美しかった＝長万部機関区、1972年5月

日が暮れた晩秋の釧路駅。C58 62の釧網本線混合列車が蒸気に包まれて発車する＝釧路、1971年10月

長万部機関区で肩を並べるC57 29（左）とD51 713（右）。C57 29は撮影当時室蘭機関区所属だったが、間もなく苗穂機関区に移った。D51 713は小樽築港機関区で、山線の列車を引いて、休憩後帰るのだろう＝長万部、1969年7月

岩見沢行き233レの先頭に立ち、東室蘭で発車を待つC57 104。岩見沢第一機関区のC57は、1975年12月まで岩見沢と室蘭の間を往復し、SL終焉の花道を飾った＝1970年2月

夜の長万部構内。機関区に向かうD51（右）の横を、入れ換えのC11が通って行く。2両の白煙が夜空に映える＝長万部、1972年2月

早朝の小樽行き普通列車を引くため、長万部機関区で一夜休憩するC62 2。急行「ニセコ」運転から解放されたとはいえ、堂々とした姿は変わらなかった。左隣は鷲別のDD51 649＝長万部機関区、1971年10月

函館本線と室蘭本線を有り余るパワーで闊歩したD52 404。休憩する姿も迫力満点だ＝長万部機関区、1971年10月

凍てる名寄機関区で休むC55 30。淡い照明の中に、モノクロのオブジェが描き出された＝名寄機関区、1972年2月

戦後、長く北見機関区に所属し、石北本線で活躍したC58 1。北見での停車中のスナップ。同機は現在、京都鉄道博物館に保存されている＝1970年1月

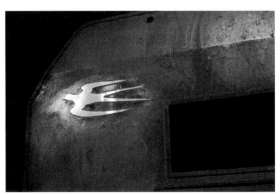

C62 2のシンボル、「つばめマーク」がホームの照明に浮かび上がる。函館発札幌行き夜行急行「すずらん6号」の出発が近づいて来た＝函館、1969年7月

オホーツクへの遠い道 ························· 石北本線

煙渦巻く峠路

　旭川から石北本線の列車に乗り、上川から始まる北見峠を越えると遠軽だ。ここで名寄本線と一緒になり、北見方面への列車はスイッチバックして発車する。ここから約10キロ先の生田原からいよいよ常紋峠に差し掛かる。生田原は小さな駅だが、転車台や給水塔などが備えられ、補機SLの基地だった。

　この付近は1914年の開業で、峠の頂点にある常紋信号場（仮乗降場）まで10.3キロは25パーミルの急勾配と急曲線が連続する難所。常紋信号場の手前には常紋トンネル（507メートル）があり、建設に当たっては「タコ部屋」が置かれた。各地から集められた労働者の他、100人以上の受刑者も含まれ、過酷な労働や制裁によって命を落とした者も多かった。

　一方、上りは金華から25パーミルが始まり、4.7

キロ先の常紋信号場まで延々と続く。SL列車は留辺蘂から前または後ろに補機が付き、本務機と呼吸を合わせてドラフトを響かせる。後年、183系特急「オホーツク」の運転席後ろの席を取って、この勾配区間を前面展望したが、線路は切れ目なく左右に曲がり、天を仰ぐような急坂が続いていた。ここを上ったSLや、それを操る乗務員の奮闘に改めて思いをはせたものだ。

　常紋信号場は2001年7月、列車の交換設備が廃止され、さらに2017年3月のダイヤ改正で正式に廃止に至った。しかし、D51と9600が全力を振り絞り、この峠を越えたドラマは今も忘れえぬ歴史となっている。

D51 311が先頭に立ち、49600が後ろから突き上げる貨物が峠を上ってきた。厳寒の山間に、黒煙が巨大な鳥の羽のように広がり、宙を独り占めした＝金華−常紋信号場間、1970年1月

極寒の苦闘の峠道 石北本線の遠軽から網走に向かうルートで最大の難所は、今も昔も25パーミルの常紋越えだ。勾配の境となる常紋信号場まで9600の補機が付き、D51とともに人里離れた山間で苦闘した。牽引機は49666+D51157=石北本線金華-常紋信号場間。1970年1月7日

網走の撮影に向かう途中、9600補機付き列車に乗った。常紋峠に入ると、9600は全力で後押しに徹した＝生田原−常紋信号場間、1970年7月

煙と蒸気に包まれ、サミットを目指す49666＋D51 157の重連。先頭を切る老兵9600は意気軒高だった＝金華−常紋信号場間、1970年1月

補機49666＋D51 511の重連が金華から勾配を上り詰め、常紋信号場に接近する＝金華−常紋信号場間、1970年1月

常紋へはあと一息。前半分は木材などを積んだ貨物、後ろ半分は客車5両が連なる長い混合列車が坂を上っている＝金華−常紋信号場間、1970年1月

真冬、太陽は雲に隠れ、幻灯のように光を仄かにした。9600は身震いしながら、一歩ずつサミットを目指す＝金華－常紋信号場間1970年1月

金華から来た上り貨物（左）がスイッチバックに入り、下り列車を待つ。そこへ、常紋トンネルを抜けたD51 425（右）が通過して行った＝常紋信号場、1970年1月

スイッチバックでの交換。D51 608の旅客列車（右）の通過を待って、貨物列車が発車する＝常紋信号場、1970年1月

常紋からの急勾配を下ってきた528レのD51 157は、心地よいリズムに乗って滑るように生田原に進入する＝常紋信号場－生田原間、1971年12月

生田原から重連を組んだ9600+D51
が悠然と峠に向かう。手前の牧場は
50年後の今も、車窓から見られる=生
田原－常紋信号場間、1971年12月

69620+D51 252の重連が峠に向け
て加速する。冬の空に白い煙が波を
打った=留辺蘂－金華間、1971年12月

上り列車は留辺蘂から補機が
付く。D51 734+49673の20
両ほどの貨物が市街地から農
村部に至る曲線の土手を曲が
る=留辺蘂－金華間、1971年12月

C58、エースの奮闘

　常紋峠を越えた石北本線の列車は金華、留辺蘂を通り、オホーツク地方の拠点、北見に到着する。旭川から来たD51は、ここでお役御免。この先の石北本線及び釧網本線は軽量の万能機関車、C58がエースとして走ることになる。

　C58のハイライトは、札幌-北見間の夜行急行「大雪6号」517レ、518レが、そのまま普通列車となる北見-網走間の牽引だった。これを称して「大雪くずれ」というが、下りの場合、北見で旭川からのD51から引き継ぎ、6時12分発1527レとして通勤、通学列車に変身する。格落ちとはいえ、寝台車を含む約10両の長い編成を引き、堂々の姿でオホーツク海を目指した。

金華でのタブレット授受シーン。上り普通列車D51 312が金華に進入すると、待っていた駅員がタブレットを左手で掲げた＝金華、1972年2月

機関車が近づいて来た。受け取ろうとする機関助士の白い軍手が見えてきた＝金華、1972年2月

機関助士がタブレットを正確に確保した。速度は落ちているが、左腕にずしんと衝撃が走ることだろう＝金華、1972年2月

師走も押し迫った雪晴れの朝、D51 608が数少なくなった旅客列車を引いて出発する＝留辺蘂、1971年12月

留辺蘂の高い土手を網走発函館
行き特急「おおとり」が通過す
る。約10時間半を走り続ける長
丁場だ=留辺蘂－金華間、1971年12月

石北本線の主力、キハ56系急行「大雪」が、「おおとり」に負け
ないエンジン音で通過する=留辺蘂－金華間、1971年12月

北見と網走の間にある美幌は、木材、農業が盛んで、駅近くに
製糖工場もあり、貨物の入れ換えが多かった。29657が給水塔
の横で一休みしている=美幌、1972年2月

29657が木材を満載した貨車を引き、入れ換えに当たっている。
同機は1971年4月、名古屋・稲沢第一機関区から北見機関区に
転属し、さらに滝川機関区に移った。廃車後、新潟県の温泉施
設に回送され、保存された=美幌、1972年2月

美幌に「大雪6号」が普通列車になった
1527レが到着した。寒い中、多くの人が
乗り降りしていた=美幌、1972年2月

美幌は北見相生への相生線の分岐
点。構内の線路も賑やかだった=美幌、
1972年2月

厳寒の雪原をC58牽引の20数両の貨
物列車が行く。白煙が力強くたなび
いた=美幌−西女満別間、1972年2月

急行「大雪」から普通列車となっ
た1527レが美幌を発車。オロハネ
10など寝台車3両を含む重量感あ
ふれる10両編成は、真冬の凍れ
る朝の静寂を破って終着網走を
目指す=美幌−西女満別間、1972年2月

C58 82に引かれた旧型客車を連ねた
普通列車が網走川を渡る。もうすぐ
美幌到着だ=美幌-西女満別間、1972年2月

JNR（日本国有鉄道）のロゴ入りの「後藤工場型
除煙板」を付けたC58 33。変わり種として人気
があった。釧網本線沿線の清里町の公園に保
存されている=美幌、1972年2月

美幌駅で北見に向けて発車しようとする522レのC58 1。左奥の客車は1527レ
で、522レはこの到着を待って発車する=美幌、1971年12月

北見駅ホーム端の時計が6時5分を指
している。白み始めた冬の朝、C58 1
が全身に蒸気をたぎらせ、発車合図
を待つ=北見、1972年2月

大自然に溶け込んで

流氷と湿原の旅路

　網走と釧路を結ぶ釧網本線（網走－東釧路間 166.2 キロ）は、網走－斜里（現知床斜里）間のオホーツク沿岸、斜里－標茶間の内陸部、標茶－釧路間の釧路湿原区間の大きく3区間に分けられよう。通して乗ると、1日で変化に富んだ豊かな自然を味わうことができる。

　私が訪れた 1970 ～ 1972 年は、高度経済成長期による観光ブームが広がり、とりわけ国立公園に指定された秘境・知床が全国の若者の心をとらえていた。釧網本線は知床への玄関口で、夏には臨時の原生花園駅が設けられ、ハマナスやエゾスカシユリを見ようと、多くの観光客が押し寄せた。

　旅客・貨物列車とも北見と釧路両機関区の C58 が牽引した。客車と貨車を組み合わせた混合列車が多く、四季を通して「最果て路線」の旅情を掻き立てた。混合列車は途中駅で貨車の入れ換えがあるため、網走－釧路間を5時間前後かけて往来。沿線住民の生活物資は、これらの列車に頼っていた。

　しかし、ここにも新鋭 DE10 が配置されるようになり、徐々に C58 に取って代わって行った。

C58 重連運転もある緑や川湯方面に行く機会はなかったが、流氷、原生花園、それに釧路湿原の撮影を堪能した。また、「大雪」や「しれとこ」の愛称を付けたキハ 56 系の急行も1日4往復あり、沿線をいっそうカラフルにしていた。

　SL 廃止後、同線のルートである釧路湿原は 1980 年、湿原を守るためラムサール条約に登録された。また、貴重な鳥や野生動物が多数生息する知床は 2005 年、その自然環境が高く評価され、世界自然遺産に登録された。

網走発車後、トンネルを抜け、踏切を渡るC58 119。白煙を勢いよく吐いている＝鱒浦－桂台間、1972年2月

桂台付近を釧路に向かうC58 33 ＋DE10の混合列車。この付近から左手にオホーツク海が見えて来る＝桂台付近、1972年2月

北浜に近づくC58 412の625レ。2月に入ったが、この日は沖合に流氷は見えなかった＝藻琴−北浜間、1972年2月

網走を出てしばらく進むと、遠くに斜里岳が見えて来る。標高1,547メートル、知床半島の基部にあり、雌阿寒岳など阿寒の山々と知床連山の間にそびえる名山だ＝鱒浦付近、1972年2月

C58 392が引く626レが北浜に近づいて来る。はるか知床連山を望むことができた＝北浜付近、1972年2月

新鋭DE10 34が独り立ちして貨物を引くようになった。釧路から走り続け、快調に網走に近づいて行く＝桂台−網走間、1971年12月

釧網本線・根室本線

石北本線と釧網本線の接続点、網走はC58の天下だった。顔を
合わせたC58 349（左）、C58 119（右）＝網走、1971年12月

転車台で向きを変えるC58 98。これから網走発の列車を引いて
釧路に帰る＝網走、1971年12月

網走駅構内を釧路側から見た。
右側のホームには釧路に向けて
発車する列車が待機している＝網
走、1971年12月

C58 412が網走を目指して煙を吹
き上げる。その影が雪原に模様
を描き、一緒に走り去った＝藻琴付
近、1972年2月

太陽が傾き始めた16時ごろ、網
走発釧路行き629レ混合列車が
北浜を出発する。岸辺の流氷に
乗りながら、C58の汽笛が鳴るの
をじっくり待った＝北浜−浜小清水間、
1972年2月

オホーツク海（左）を望む原生花園に
夏が来た。線路そばに花が咲き誇る
中、C58の混合列車が旅情豊かに
走って行く＝浜小清水−原生花園間、1970年7月

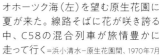

夏季限定の臨時駅、原生花園に停車
するC58の列車。大勢の観光客や釣
り客が汽車を待っていた＝原生花園、
1970年7月

朝日がかすむ釧路駅。右手前は
発車を待つC58 139牽引の釧網
本線626レ、左側の側線に別の
C58が待機している＝釧路、1971年10
月9日

7時過ぎ、霧が立ち込めた細岡駅に
釧路行きC58 173の621レが到着し
た。貨物と交換して発車する＝細岡、
1971年10月

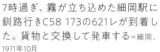

発車間近となったC58 173は蒸気圧
を上げ、盛んに煙を吹き上げる。上っ
てきた太陽に、深い霧がやっと解け
始めた＝細岡、1971年10月

釧路湿原の真っただ中をC58の釧路行き623レが悠然と右カーブを切る。燃えるような紅葉が広がる晩秋の1日だった＝遠矢−細岡間、1971年10月

網走行き630レがC58に引かれて釧路湿原を横切って行く。タンチョウヅルが飛来し、エゾシカが群れとなって走り回る動物の楽園だ＝細岡−遠矢間、1971年10月

厚岸湾に煙残して

　日本の最東端を走る根室本線は 1917 年 12 月に釧路－厚岸間、1921 年 8 月には厚岸－根室間が開業し、滝川－根室間が全通した。道央と道東を結ぶ幹線で、途中に狩勝峠を挟み、難所としても知られた。

　全通からたまたま 50 年後の 1971 年 10 月 8 日、釧路―根室間を走る C58 を撮りたくて厚岸に向かった。厚岸で降りて根室方面に向かうと、間もなく厚岸湖の岸辺に着く。湖畔に沿って緩やかにカーブする風情が美しい。厚岸はカキやサンマをはじめ、魚介類の宝庫。酪農業も盛んで、貨物の出入りも多かった。

　大半の普通列車は気動車になっていたものの、貨物や混合列車を引く釧路機関区の C58 は元気いっぱいで、日夜原野の中を往復していた。根室から釧路に向かう貨物 1482 レは厚岸で 1 時間以上停車。この間、根室発函館行き気動車急行「ニセコ 3 号」404D に先を譲り、根室行き 235D を待ったりする。この日の牽引機は戦後型の C58 412 で、手間をかけて磨き上げられていた。機関士のご好意で運転席に乗り、記念写真を撮ってもらったことを覚えている。（撮影はいずれも 1971 年 10 月 8 日）

厚岸を発車し、根室に向かう1491レ。C58 410が牽引し、白煙をたなびかせた＝厚岸－糸魚沢間

厚岸湖を見て根室に向かう1491レ。新鮮な魚類を運ぶためか、白い冷蔵車が多く組まれていた＝厚岸－糸魚沢間

C58 412が引く1482レが厚岸に近づいて来た。丘は紅葉、湖は青く輝く秋の日だった＝糸魚沢−厚岸間

厚岸で休憩するC58 412。広々とした構内で、今も当時の面影は残っている＝厚岸

出発信号機の「腕木」が斜めに下がり、出発を現示する。これを見て、1時間以上停車していた1482レが発車した。左右の除煙板にアーチ型にかけられているのは、北海道のSLの一部に付けられた「ツララ落とし」。冬になると、トンネルの危険なツララを落とし、乗務員を怪我から守った＝厚岸

C58 412が休む間、根室から函館を目指し、816.6キロを走破する急行「ニセコ3号」が通過する。根室−函館直通は「ニセコ3号」だけで、当時、全国で最長距離を走る急行列車だった。先頭車は6号車で「ニセコ」のサボを付けたキハ27 5＝厚岸

混合列車446レが厚岸から門静<ruby>門静<rt>もんしず</rt></ruby>に向かう。駅を離れると、途端に寂しい行路となる＝厚岸−門静間

秋の日が沈み、原野に夜のとばりが下りるころ、C58 410牽引の1492レが釧路に向かう。荷物車の尾灯が赤く流れて行く＝厚岸−門静間

潮香る厚岸湖畔 釧路から根室に向かう貨物列車は、厚岸で一休みした後、厚岸湖畔に沿って右カーブする。潮の香りが漂うこの辺りは、カキやアサリなどのグルメに事欠かない。小船から揚げたばかりの昆布が、「浜のかあさん」の手で湖畔に干されていた＝根室本線厚岸－糸魚沢間、C58牽引混合列車、1971年10月

雪の挽歌

1970年代に入ると、動力近代化のピッチは加速され、SLは本線からも入れ換えからも日を追うごとに消えて行った。1880年、米国製の「義経」・「弁慶」から歴史を刻んだ道内SLも、100年の節目を前に幕を閉じることになる。北海道の鉄道は新しい時代を迎えようとしていた。

廃車になったSLはボイラーの火を落とし、ナンバープレートも外されて小樽築港や苗穂に運ばれた。その冷たい骸（むくろ）は錆びるがまま、線路上に並べられ、やがて来る解体の順番を待つ。それは流転の掟（おきて）であるとしても、SLとともに青春を過ごしたファンには、残念極まる痛ましい光景であった。

写真はいずれも苗穂構内で、1972年1月に数回撮影した。写っている機関車は59603（稚内）、59695（深川）、D51 48（岩見沢第一）、D51 368（小樽築港）、D51 656（同）、D51 695（五稜郭）など。（カッコ内は最終配属区）

炸裂する煙 —————— 蒸気機関車へのオマージュ

　蒸気機関車の力のシンボルは、やはり煙突から勢いよく吹き出される黒煙だろう。環境的には歓迎されるものではないが、ひたすら感動的で人間味すら感じさせる。彼らに敬意を込めて、炸裂する煙の〝競演〟を集めてみた。

常紋峠、後補機付き貨物の二筋の煙が厳寒の空に上った＝金華－常紋信号場間、1970年1月7日

重量貨物を引くD51 308が発車する。ギースル煙突から黒煙が吹き上がる＝東室蘭操車場、1972年1月

ローカル列車の牽引にもパワーをむき出しにするC62 32＝大沼、1970年4月

仁山越えのD52重連があらん限りの力でサミットを目指す＝渡島大野－仁山信号場間、1964年11月

藤城線の10パーミル勾配で、D52 138が奮闘する＝七飯－大沼間、1967年3月

出発前、D51 320の黒煙が風で横流しになり、まるで水墨画のような絵を見せてくれた＝五稜郭操車場、1967年9月

雪の夜、煙と蒸気にまみれて最果ての稚内を目指す19640=音威子府、1972年3月

19612も最北の宗谷路で貨物を引き、力強く発車する=佐久、1972年10月2日

発車したD51 942の煙が、構内の照明にくっきりと浮かび上がった=長万部、1972年2月

動力車小史

1880年（明治13年）11月28日、北海道初の鉄道となる幌内鉄道の手宮―札幌間（35.9キロ）が開業した。首都圏の新橋―横浜間が1872年（明治5年）10月14日に開業してから8年後のことである。以後ほぼ1世紀に渡り、蒸気機関車（SL）は文字通り北海道の「牽引車」として農地開拓・産業発展・文化交流など道民の生活向上に貢献し、1976年3月、最後に残った9600形が惜しまれつつ姿を消した。

この間、動力近代化の波に押されてSLは順次淘汰され、気動車（DC）やディーゼル機関車（DL）が主力となった。1968年の小樽―滝川間の電化完成に伴い、電気機関車（EL）、電車（EC）も戦力に加わった。ここでは開業時からのSLを中心に、北海道の国鉄に在籍した「動力車」を小史として紹介したい。なお、写真については基本的に筆者の作品を使ったが、北海道外で撮影したものや、廃車後保存中の写真も使っている。また、鉄道博物館や函館市中央図書館、個人が所蔵している写真も許可を得て掲載させていただいた。詳細はキャプションに含めてある。

〈蒸気機関車〉

北海道の国鉄蒸気機関車は幌内鉄道開業後、都市の発展、産業振興の拡大に伴い、増加の一途をたどった。配置両数は太平洋戦争末期の1944年にピークを迎え、当時、全道の蒸気機関車は26形式702両を数えた。国産だけではなく、米、英、ドイツ各国から輸入された旧型機関車が多数存在し、鉄道沿線は「至るところ黒煙あり」といった光景だった。

本文では開業時から全廃に至るまで、北海道の国有鉄道（前身の鉄道院、鉄道省なども含む）に在籍した蒸気機関車の81形式（軽便線用は省略）について、時代背景を踏まえた上で、製造メーカー、配置の目的、使用線区、性能評価、廃止時期などを紹介したい。

そのために、ほぼ1世紀の流れを第1期〈草創期〉（1880～1905年）、第2期〈発展期〉（1906～1930年）、第3期〈激動期〉（1931～1945年）、第4期〈黄金期〉（1946～1965年）、第5期〈終焉期〉（1966～1976年）に分けて記述する。

形式称号について

機関車の「一族名」とも言うべき形式称号については、複雑な変遷の歴史がある。草創期の北海道の鉄道は、開拓使による幌内鉄道として開業して以来、1906～1907年に国有化されるまで経営主体が目まぐ

るしく変わり、他方、各地に様々な民営鉄道（私鉄）も存在したことから、SLの形式は各社独自に付けられていた。例えば、幌内鉄道開業時の「義経」は、同鉄道の1号機として最初は単に「1」だったが、経営が北海道炭礦鉄道に移ると「A形」さらに「イ形」に変わった。当時は同形式の機関車は数両程度、何より絶対数が少ないので、こうした単純な呼び名でも不自由はなかった。

国有化で統一図る

ところが国有化で、全国の私鉄の機関車が大量に編入されたことから、鉄道院（当時の組織名称）が所有するSLは190形式に膨れ上がった。鉄道院は管理上、これを統一する必要に迫られ、1909年「車両形式称号規定」を制定。大筋はタンク機を1～4999、テンダー機を5000～9999形に分け、さらに動輪数などでも細かく定められた。このため、先の「義経 イ形」は他の同形機7両とともに「7100形」と定められた。

同様例を挙げると、同じ北海道炭礦鉄道にあった小型タンク機「15」と「16」の2両は「ハ形」だったが、国有化で「5形」の「5」「6」に変更。全国を見ると、「1210形」「1215形」「1220形」などと、細かく刻んで付けられた形式も存在した。

アルファベット式に変更

その後、形式や機関車数が増えると、この規定は行き詰まり、1928年、今度は最初にアルファベットで動輪の軸数を示し、次に2桁の数字でタンク機かテンダー機かを分類、その後に製造番号を付ける方式に改められた。アルファベットは動輪1軸をAとし、以後、軸数に応じてB、C、D、Eと進む。それに続く数字は1～49がタンク機、50～99がテンダー機とされた。例えば、「D51 365」とあれば、動輪軸数が4で、テンダー機であり、製造番号は365、となる。ただ、この方式に沿って、実際に数字のみからアルファベット式に改称されたのは18900→C51、9900→D50、8200（2代目）→C52の3形式にとどまった。

執筆に当たっては様々な文献やウェブ上の情報を参考にさせていただいたが、経緯や年代が食い違う事例もあり、その場合は出来るだけ正確を期すことに努めた。

※各形式のタイトル欄は〈形式名、製造国及び会社名、軸配置（例 先輪2軸−動輪3軸−従輪1軸の車両は2−C−1と表記）、タンク機（水槽、石炭庫は車体に付属）とテンダー機（炭水車を連接）の区分け、国鉄の前身を含めて北海道内での稼働期間〉の順に記載した。

【第1期】　草創期（1880～1905年）

　幌内鉄道の手宮―札幌間の開業一番列車は、1880年11月28日午前9時、手宮停車場を発車した。機関車は「2」の番号を付けた「弁慶」で、ボイラーは紺青、前照灯は金色の細縞入りの赤。前部に日章旗と星条旗をクロスして飾り、客車3両を牽引した。

　乗り込んだ機関士は米国から招かれ、器械製造手長として指導に当たっていたハロウェイという技師である。「日本人にはまだ任せられん」ということか。ともかく北海道の機関士第1号は、この米国人の名前が刻まれた。まだ路盤が固まっていないため、ハロウェイは状況を見ながら慎重に運転。札幌市街に入ると真鍮製の鐘を「カラン、カラン」と鳴らし、12時定刻、札幌停車場に到着した。なお、「義経」の組み立ては開業に間に合わず、完成したのは同年12月6日だったとされる。

　米国製機関車を採用したのは、幌内鉄道が日本で最初だった。本州では新橋―横浜間の開業に関して、英国人の指導を受けたことから、英国製の小型タンク機が多かった。タンク型は水槽と石炭庫を本体に付けているので容量が小さく、あまり長くは走れない。

　これに対して、北海道は幌内鉄道の建設にあたり、米国ペンシルベニア鉄道などで技師を務めていたジョセフ・クロフォードをチーフとする米国人グループに要請した。当然のことながら、機関車も米国製を導入することになり、鉄鋼の街ピッツバーグのポーター社に発注。その際、小型タンク機ではなく、本体後部に石炭・水を積む車両（炭水車）を連接するテンダー型が最初から用いられた。

　石炭と水を一度にたくさん積めるから遠距離運転が可能。大型だから強力で、速度も出せ、広大な北海道には最適の機関車だった。そのうえ、当時としては最新の空気ブレーキ装置を備えていた。これは圧縮空気でブレーキシリンダを動かし、ブレーキをかける装置で、従来の蒸気ブレーキより強く利く。速力ある列車も150メートルで止めることができた。

　都市型鉄道の新橋―横浜間とは違って、北海道には石炭を主とする貨物輸送優先の考えた方も強く取り入れられていた。その後、英国製、ドイツ製、さらに国産も導入されるが、草創期の中心機関車は米国製が主流を占めた。では、年代の早い順に各形式の特徴を見てみよう。

米国から来た「サムライ」たち

1・7100形　米ポーター製
1－C－0　テンダー　1880～1924年

　幌内鉄道が最初に購入した7170形の米国製機関車は、1889年まで8両を数えた。前述したように、日本が米国から機関車を輸入するのはこれが初めてのことである。北海道開拓への決意を示そうとしたのか、最初の2両に源平合戦で名高い「義経」「弁慶」の名前が付けられた。続く4両が到着すると、3両が順に「比羅夫」「光圀」「信廣」の名前が採用された。

　それぞれの由来は、「比羅夫」は7世紀の武将で、蝦夷（北海道の旧称）に攻め入った阿倍比羅夫から、「光圀」は蝦夷を探索した江戸時代の水戸藩主・徳川光圀（水戸黄門）、「信廣」は15世紀に本州から渡来して北海道南部を支配し、後の松前藩の基礎を作った武田信廣である。

　それで6両目が入ったとき、「義経がいるなら、静御前（踊り子で義経の愛人とされる）も入れてやろう」と誰かが発案し、「しづか」という女性の名前が付けられた。各機のテンダーにはひと目で判別できるよう

北海道のSLの一番手、7100形義経号＝大阪交通科学博物館
（現在は京都鉄道博物館に展示）、2011年5月

手宮機関庫の弁慶号＝函館市中央図書館所蔵

に、それらの名前が横書きで大書された。

　映画の西部劇に出てくるようなSLに、日本の武将やその愛人の名前が付いたユニークさが、北海道の鉄道の歴史に新たな"義経伝説"を生んだ。義経と弁慶は、当時在ニューヨーク領事の高木三郎が命名したといわれ、手宮に着いた時はすでに付けられていた。

　幌内鉄道は炭田を目指して延伸され1882年11月、手宮―幌内間が全線開業。これに合わせて石炭運搬の列車が走るようになり、「富国強兵」を目指す日本の工業生産に寄与することになった。また、本州からの移民を乗せ、開拓が進む遠隔地に送る重要な交通手段となった。

　文字通り、北海道の開拓の最前線で仕事をした「義経」らは国有化後、本線の牽引を後輩機関車に譲り、入れ換えなどの仕事に移ったが、一部は1924年ごろまで現役として活躍。廃車後、鉄道研究家らが保存を呼びかけ、その成果が実り、現在、「義経」は京都鉄道博物館、「弁慶」は埼玉県・鉄道博物館、「しづか」は小樽市総合博物館に保存展示されている。

社長の名前「村田号」

2・7170形　米ボールドウィン製
1−C−0　テンダー　1887〜1920年

　前記7100形の補強のため、幌内鉄道が2両（7170と7171）購入した。同形とほぼ同じ作りだが、各部の寸法がやや異なる。1888年、同鉄道の経営は北有社に移行したことから、2両の通称は北有社の社長、村田堤の名前を取って、7170は「第1村田号」、2両目の

7171は「第2村田号」と呼ばれていた。なんとも大らかなものだ。

　村田堤は元薩摩藩士で戊辰戦争では箱館の戦陣にも加わり、官吏になってからは北海道庁理事官兼炭礦鉄道事務所長に就任。そこで、幌内鉄道の経営を民間活力で向上させることを中央に進言し、認可されると、自ら北有社を設立し、社長に就任した。

　こうして、石炭運搬を柱にした鉄道経営がスタートしたが、政治の思惑も複雑に絡み、早くも翌1889年には北海道炭礦鉄道が設立され、線路も車両も北有社から全面譲渡された。7170形2両も7100形などとともに炭礦鉄道に移り、旅客、混合列車の牽引に活躍。その後、2両は分かれて室蘭と倶知安に所属したが、1917年、同時に函館に移り、再びコンビを組んだ。1920年、一緒に廃車になり、その後、2両ともまた仲良く寿都鉄道で働いた。

小型でも「大安」「善進」

3・7000形　米ボールドウィン製
0−C−0　テンダー　1887〜1921年

　安田財閥の創始者、安田善次郎が道東の標茶付近に建設した硫黄鉱山専用鉄道が2両輸入した。メーカーは7170形と同じ米国の名門ボールドウィン社で、同社が日本に供給した最初の機関車である。テンダー機とはいえ、かなり小型で、安田の名前から「善進」と「大安」と名付けられた（名前には異説あり）。

　専用鉄道はその後、旅客も運ぶ釧路鉄道（北海道初の私鉄）に発展したが、採掘には受刑者が酷使され、

釧路鉄道で活躍後、国有化された7000形＝鉄道博物館所蔵

社会問題化したこともあり、資源枯渇とともに鉄道も
ストップした。しかし、付近は後の釧網本線の建設予
定だったため、1897年、北海道鉄道部が買収し、この
2両も組み入れた。ただ力不足のためか、本線よりは
入れ換えや路線建設の工事用に多く使われ、縁の下で
一生を終えた。

高性能 "アメ車" 登場

4・7200形　米ボールドウィン製
1−C−0　テンダー　1890〜1946年

　北海道炭礦鉄道は、産炭地から鉄道で港に運び、効
率よく搬出するシステムを強化した。「炭鉄港」と呼ば
れる輸送体系である。こうした中、7100形より強力な

7200形が戦力に加わった。
　導入後、石炭輸送の他、客貨混合列車も受け持っ
た。期待通りの成績だったのだろう。順次増え続けて
総勢25両を数え、やがて炭礦鉄道の主力の座を占める
に至る。函館では青函連絡船の航送入れ換えも受け
持った。引退した後は、有力私鉄の定山渓鉄道や雄別
鉄道、さらには樺太庁鉄道に送り出されたナンバーも
あった。7200〜7209は太平洋戦後も残り、琴似と五
稜郭で入れ換えに当たっていたが、1946年に廃車と
なった。
　なお、これとは別に1943年に2代目北海道鉄道から
国鉄に編入され、類似性はほとんどないのに同じ7200
形とされた7225〜7227については後述する。

優秀機の折り紙が付けられ、戦後まで活躍した7200形＝鉄道博物館所蔵

先陣切った「コンソリ」

5・9000形　米ボールドウィン製
1−D−0　テンダー　1893〜1912年
(9040形に改称後は1949年まで)

　明治維新後の日本は、諸外国と太刀打ちするため産
業を興したほか、軍事力の強化を図るため、軍艦の建
造も進めていた。軍艦を造り、長期間遠洋に派遣する
には大量の石炭が必要となる。そこで、北海道の石炭
を増産することが国の重点政策となった。
　このため、北海道の産炭地から石炭を搬出する列車
編成が長くなり、さらに強力な機関車が必要となって
きた。その担い手となる北海道炭礦鉄道が目を付けた
のは、パワーを期待できる「コンソリデーション型」
(通称コンソリ型)と呼ばれる先輪1軸、動輪4軸の貨
物用機である。小型とはいえ、本州ではまだ見られな

い日本で初めてのタイプで、北海道らしく先陣を切る
挑戦だった。
　炭礦鉄道は8両購入し、岩見沢、釧路、池田などに
配置。導入時は日清戦争直前だったが、翌1894年に開
戦。さらに1904年には日露戦争が始まり、両戦争を挟
んで北海道の石炭輸送に力を発揮した。後にマレー式
機関車(後述)に形式を譲る目的で、9040形と改称さ
れたが、そのマレー式は9020形とされたため、まった
く意味がない改称騒ぎとして伝えられている。

英国紳士、カウボーイに?

6・1100形　英ナスミス・ウィルソン製
0−C−0　タンク　1891〜1918年

　次いで炭礦鉄道は、1100形タンク機1112と1113の
2両を配置。初めて英国から輸入した機関車で、カウ
キャッチャー、ランプなどを現場で取り付け、すっか

り米国スタイルに装いを変えた。義経など米国機が北海道に根付いていたせいだろうか。まるで英国紳士がカウボーイに衣装替えしたかのかのようで、これも北海道の鉄道技術者のこだわりの産物かもしれない。2

両は旭川や札幌、室蘭で入れ換えに使われたと思われるが、1918年廃車となり、そろって定山渓鉄道に譲渡され、"第2の人生"を送った。

英国生まれだが、米国スタイルに変身した1100形=鉄道博物館所蔵

国産第2号、手宮で誕生

7・7150形　手宮工場製
1－C－0　テンダー　1895～1918年

　国産機関車第2号として炭礦鉄道の手宮工場で産声を上げた。国産第1号は1892年、鉄道庁製作の860形だが、これはタンク機なので、7150形はテンダー機の国産第1号となる。ついでに、北海道炭礦鉄道の所有機としては節目の30番目に当たる機関車となった。

　手宮にあった7100形の余剰部品を利用し、渡辺信四郎、松井三郎2人の日本人技師が組み立てた。だから外観は「義経」などにそっくり。見よう見まねで最新技術の習得に励んだ渡辺らの意気込みが伝わってくる。

　この機関車には、「大勝号」という名前が付けられた。これは完成年に重なる日清戦争での勝利に祝意を込めたもので、当時の興奮ぶりを伝えている。漢字での命名も「義経」などに倣ったのだろう。ただ、国産第1号と言っても、すでに時代遅れの性能に止どま

手宮工場で製造された7150形大勝号=小樽市総合博物館保存機、2011年5月

無骨な力強さが感じられるロッドと動輪=同

り、本線上での活躍はあまり見られなかったようだ。

しかし、その歴史的意義は失われず、休車状態のところを鉄道研究家の努力で復元された。その後、鉄道準記念物、のちに鉄道記念物に指定され、現在は往時の姿でゆかりの小樽市総合博物館で保存展示されている。現存する国産機関車としては最古のものとされている。

新天地のパイオニア

8・7400形　米ボールドウィン製
1－C－0　テンダー　1897～1925年

炭礦鉄道の路線は産炭地を中心に延伸して行ったが、建設費用を捻出するのは難しく、公共予算を持つ北海道庁が建設を受け持つことになった。このため、1897年に北海道庁鉄道部（後に北海道鉄道部）が設置され、これを官設鉄道と呼ぶようになる。

官設鉄道は新天地である旭川、名寄、釧路、根室、網走など、道東北に線路を伸ばしていく。そのために新たなSLが必要となり、第1弾として7400形3両が導入された。これも米ボールドウィン製で、本州の英米共存とは違って、炭礦鉄道は主として米国製SLの採用を続けた。官設鉄道の番号は1～3だが、その数字は漢字で書かれていたという。本体は炭礦鉄道の手宮工場で組み立て、旭川に配属後、倶知安、中湧別、池田を拠点に活躍した。

手宮と滝川で組み立て

9・3010形　米ボールドウィン製
1－C－1　タンク　1898～1923年

北海道の米国製SLはテンダー機が多かったが、北海道炭礦鉄道は小型タンク機2両を購入した。手宮と滝川の工場で組み立てられ、3010と3011と番号を付与。2両は上川線で使用された後、3010は小樽、3011は函館に分かれて使用された。

北海道から足尾に

10・3060形　米ボールドウィン製
1－C－1　タンク　1898～1923年

北海道炭礦鉄道が3010形と同じ年に導入した、いわば同期入社の仲間。こちらは3両で、札幌周辺（おそらく手宮）で使われ、その後3両とも岩見沢、旭川、滝川を転々とした。1923年にそろって関東の桐生に転属し、足尾線で鉱山輸送に使われたとされる。SLは本州で使われた後、北海道に渡ってくるものが多かったが、これは"逆移住"したケースだった。

一風変わった超小型機

11・5形　米ボールドウィン製
0－B－0　タンク　1898～1918年

北海道炭礦鉄道が購入した超小型タンク機。水タンクをボイラーの上に鞍のように乗せた独特のスタイルで、札幌や岩見沢で入れ換えや工事用に重宝された。

小さな車体に大きな前照灯やカウキャッチャーを付けた5形＝鉄道博物館所蔵

後に安定をよくするため従輪を付け、0－B－1に改造された。これも3060形と同様、本州の私鉄に譲渡され、その後、消息が分からなくなった。写真を見ると、どことなくカメに似たような"ずんぐり感"がユーモラスだ。

樺太でも活躍

12・3000形　米ボールドウィン製
1－C－1　タンク　1899～1915年

官設鉄道が3両購入し、札幌周辺で使われたと思われる。1－C－1の軸配置ながら、C形機の中でも例外的に小柄なタイプ。写真を見ると、ボイラーも細く、その上部にある前照灯や砂箱などがやたら大きく見える。これもカウキャッチャー付きだ。

このころ、日本領土となった樺太(現サハリン)の開発が盛んになってきたためか、1910年、一斉に樺太庁鉄道に貸与され、北海道を後にした。同鉄道建設の工事用に使われたようだ。小さい体に寿命が来たのか、戦時中の1943年3月、3両とも廃車になったとされる。

米国製優秀機、勢揃い

13・5700形　米スケネクタディ製
2－B－0　テンダー　1900～1936年

北海道だけでなく、本州にも米国製が普及するきっかけとなった優秀機。最初、九州鉄道などが輸入し、成績が良いことから、その評判を聞きつけた北海道炭礦鉄道が12両、買い入れた。その後、本州からの転属組を含めて1919年には22両の大所帯となり、室蘭本線で石炭列車などを牽引。さらに上興部、浜釧路、下富良野、黒松内など全道各地に散らばり、米国製の腕力を誇った。

ちょっと短足ですが

14・7270形　米ブルックス製、国産
1－C－0　テンダー　1900～1935年

官設鉄道が購入した7350形に似たタイプで、全部で6両作られた。最初の4両はブルックス製だが、最後の2両は1909年に汽車会社で作られた国産機。ボイラーが細く、動輪が小さいので短足に見えるが、性能は申し分なく、当初は釧路、池田、野付牛(現北見)に集められ、その後、一転して道南の函館、長万部、室蘭などで使われた。函館では青函連絡船の貨車航送の入れ換えでも活躍。晩年はわき役として本線業務を支え、廃車後、7270と7271は北海道製糖に譲渡された。

スコットランド生まれも米国仕様に

15・1150形　英ダブス製
0－C－0　タンク　1900～1915年

官設鉄道が1両のみ購入した。ダブス社は英国北部スコットランドの機関車メーカーで、外観は新橋―横浜間の開業当時の1号機関車にそっくり。力強さの中にも英国型の優美な雰囲気を漂わせていた。

しかし、1100形同様、じきに大きな前照灯とカウキャッチャーが付けられ、せっかくのスタイルも台無しに。ここだけ見ると、まるで米国製。おまけに長距離を走れるよう、後部に2軸の炭水車(箱型の無粋な感じ)が連結され、"英米折衷型"の中途半端な格好となった。

レール外され北海道へ

16・1980形　米ブルックス製
0－C－0　タンク　1900～1922年

元はと言えば、奈良県と三重県に渡って建設予定だった勢和鉄道がブルックス社に3両発注し、1896年に完成、日本に運ばれた。ところが、同鉄道は日清戦争後の不況に加え、社内対立が激化し、開業を断念するに至る。このため、はるばる太平洋を越えてきたこのSLは「はしご」ならぬ「レールを外される」事態に巻き込まれた。

そこに着目したのが北海道炭礦鉄道で、1900年、3両に救いの手を差し伸べ、北海道に引き取った。この判断には、石炭増産に自信を持つ炭礦鉄道の強気の経営姿勢が見て取れる。勢和鉄道に関するウェブ記事には、輸入当時と思われる写真も掲載されており、それを見ると、米国製らしく、北海道になじみ深いカウキャッチャーが付けられていた。道内では全機が岩見沢に所属し、石炭輸送に充てられたようだ。

余生は釧路で石炭運び

17・3390形　米ボールドウィン製
1－C－1　タンク　1901～1924年

関東の両毛鉄道が輸入した5両(3250形)のうち、北海道炭礦鉄道に譲渡された1両と、炭礦鉄道が独自に輸入した2両を指し、経路は別としても両者の差はほとんどないことから、この3両まとめて3390形と名付けられた。

札幌や手宮、岩見沢で活躍したが、1924年廃車後、3両とも釧路臨港鉄道に譲渡され、太平洋戦争の前後を含めて、地元の太平洋炭鉱で産出された石炭を国鉄

線までピストン輸送していた。

「H・T・T・K・K」誇りに

18・4000形　米ポーター製
0－D－0　タンク　1901～1919年

　製造されたのはわずか2両。貨物用に使われる車輪配置だが、実はそれほど大型ではなく、全長を詰めたためか、4つの動輪が隙間短く繋がっていた。また、カウキャッチャーを付けているうえ、前照灯がやたら大きく、全体が不釣り合いに見える。水タンクの横には北海道炭礦鉄道のイニシャルである「H・T・T・K・K」の文字が飾り付けられていた。

　岩見沢のあと室蘭に移ったが、1919年、国鉄を除籍後、2両とも樺太庁に譲渡され、樺太西海岸の真岡（現ホルムスク）に配属された。真岡は樺太鉄道の西海岸線や豊真線の中心駅で、2両はこの付近で使用された。その後、そろって1929年に廃車になったという。

スマート煙突、個性的

19・5800形　米ボールドウィン製
2－B－0　タンク　1901～1925年

　1年早く導入され、好評を得た5700形とほぼ同等の性能で、全3両が配備された。石炭輸送のメッカである岩見沢と室蘭に置かれ、兄貴分の5700形に交じって、石炭列車の牽引に活躍したとみられる。煙突は細く高さがあり、すっきりした外観だった。

質実剛健、ドイツ生まれ

20・1430形　ドイツ・ハノーバー製
0－C－0　タンク　1902？～1920年

　官設鉄道が1902年ごろ2両購入し、国有鉄道に引き継がれた。番号は1430と1431。北海道初めてのドイツ製機関車で、がっちりした外観はいかにも質実剛健なドイツ気質が感じられる。これもカウキャッチャーが付けられた。

　国有後の1911年、九州・博多湾鉄道で働いていた同形式3両も道内入りし、全5両が北海道に集結した。九州から北海道への"遠距離転勤"はさぞかし時間がかかったことだろう。九州も北海道も産炭地なので、両地で石炭輸送の担い手になった。

ドイツ製でカウキャッチャーを装備した1430形＝鉄道博物館所蔵

急勾配の救世主

21・7350形　米ロジャーズ製
1－C－0　テンダー　1902～1937年

　このころ、北海道官設鉄道は幹線を釧路、網走方面に建設していたが、未開の山間部に線路を敷設するため、急勾配が多くなった。これを克服するため7350形が6両導入され、落合、小樽築港、中湧別、旭川、下富良野などに配置され、勾配区間で力を発揮した。

　米ロジャーズ社は当時、ボールドウィン社に次ぐ米国第2位のSLメーカーで、1905年、アメリカン・ロコモティブ社に統合されるまで6,000両ものSLを製造した。この7350形もその中の1形式。前照灯が大きく、運転席もゆったりスペースを取り、カウキャッチャーも付けていた。これらは、この時代でも米国では、西部開拓時のスタイルが続いていたことを物語っている。

西部劇時代を思わせるスタイルの7350形＝札幌市・川村雪江氏所蔵

函館・道南のパイオニア

22・230形　国産
1－B－1　タンク　1902～1910年

　函館―小樽間の建設を目指していた函館の北海道鉄道（前身は函樽鉄道）が、1902年12月の函館―本郷（現・北海道新幹線新函館北斗）間16.7キロの開業に合わせて2両（269、270）導入した。600形、1170形、1180形（333頁）とともに、2年後の小樽までへの延伸の立役者となった。

230形は41両作られ、日本での機関車大量生産への道を切り開いた形式だ。鉄道発祥以来、外国製に頼っていた日本も機関車製作の技術を習得。国産第1号は860形だったが、同一形式の大量生産は230形が初めてだった。

　製造したのは大阪・汽車製造会社。それまで主流の英国製小型タンク機をモデルにしたことから、小さな動輪、高い煙突が目立ち、全体が整った印象だ。

国産機関車の先鞭をつけた230形＝大阪交通科学博物館（現在は京都鉄道博物館に展示）、2011年5月

英国機も仲間入り

23・600形　英ナスミス・ウィルソン製
1－B－1　タンク　1902～1915年

　英国製で使い勝手が良いことから、北海道鉄道をはじめ日本鉄道、関西鉄道、九州鉄道など大手私鉄が合わせて78両輸入した。国鉄在籍以外も含めると89両になる。北海道鉄道が開業用に買い入れたのは647の1両。

　スタイルは新橋―横浜の開業時に走った150形（1号機関車）に似ているが、ひと回り大きくなった感じ。貿易港として発展する函館と、西洋式農業が普及した大野平野の本郷との間を、マッチ箱のような客車を引いて走ったことだろう。

強いぞ、一匹狼

24・1170形　英ナスミス・ウィルソン製
0－C－0　タンク　1902～1914年

　北海道鉄道の最初のグループの1両。600形と同じメーカーだが、こちらは動輪がひとつ多く、その分、強力で高速運転も期待できた。仲間はなく、1170の1両のみだった。

　北海道鉄道は函館から小樽を目指して毎年、開業区間を伸ばして行った。本郷の次は森まで開業するが、この区間は駒ケ岳の麓を走るため急勾配と急曲線が多く、1170は頼りにされたことだろう。

　1914年廃車後は茨城県の常総鉄道に譲渡され、はる

ばる関東に赴いた。同鉄道は鬼怒川の物資輸送を鉄道に切り替える目的で建設され、1170も新たな貨物輸送の一翼を担い、鬼怒川に沿って走ったはずだ。

高野山から津軽海峡越えて

25・1180形　米ボールドウィン製
0−C−0　タンク　1902〜1916年

北海道鉄道が創業時購入した4両目の機関車で、高野鉄道から譲り受けた。高野鉄道は大阪と和歌山県の霊場、高野山を結んだ最初の鉄道で、現在は南海電鉄高野線となっている。北海道鉄道が国有化されると、関西鉄道が購入していた同形1両と合わせて1180形になり、北海道鉄道在籍機関車は1181の番号が振られた。

函館で活躍後、1916年廃車となり、その後、室蘭の日本製鋼所に譲渡され、今度は鉄鋼の街で働くことに。さらに1940年ごろ、北海道炭礦汽船会社に移り、夕張周辺で戦時中から戦後にかけて使用された。

230形とともに北海道鉄道で活躍した1180形＝鉄道博物館所蔵

"中タンク"、仁山越えに

26・1850形　英ダブス製
0−C−0　タンク　1903〜1917年

小樽に向かって急ピッチで延伸する北海道鉄道は、SL第2陣として1850形を導入し、戦力強化を図ることになった。全35両のうち、北海道鉄道は1882〜1884の3両を函館に配置。本州の同形式の先行機は勾配に強く、"中タンク"の異名を取っており、北海道鉄道でも"仁山越え"などで、その能力を存分に発揮した。1917年まで働いたが、3両とも関東に移動し、函館から姿を消した。

典型的なアメリカン

27・7300形　米ボールドウィン製
1−C−0　テンダー　1903〜1933年

スマートな煙突、広い運転台、後ろで少し高さを増すボイラー。当時の典型的な米国機スタイルとされる。7300〜7303の4両が札幌周辺（所属は不明）から名寄、旭川、留萌、深川、室蘭などに配置され、テンダー機ならではの能力を発揮した。最後は室蘭で長く休車扱いになり、1933年に一斉に廃車になった。

極寒ものともせず

28・7500形　米ボールドウィン製
1−C−0　テンダー　1903〜1949年

7300形と同じメーカーで、よく似ているが、各部の寸法が一回り大きくなった。ボイラーが真ん中付近から後方に向けて太くなっているのも、力強さを増したように見える。

官設鉄道が6両購入し、旭川、名寄などで客貨両用として使用。極寒の地で住民の足として頼りにされたことだろう。その後、1933年ごろから主力が函館に移り、入れ換えなどに当たった。7501は1937年に旭川で廃車となったが、残り5両は太平洋戦争を生き残り、1949年、釧路などで半世紀近い活躍に終止符を打った。

夕張に新エース

29・9030形　米ボールドウィン製
1−D−0　テンダー　1903〜1925年

北海道炭礦鉄道がD形テンダー機関車を導入するのは1893年の9000形以来で、これが2形式目。基本的には9000形を踏襲しているが、7100形に付けられていた空気ブレーキを備え、安全対策も徹底していた。写真を見ると、ボイラーの下、運転台のすぐ前に空気圧縮機が付けられているのが分かる。

強力なだけに3両とも産炭地夕張に配置され、主に夕張—追分間の石炭列車の牽引に当たった。当時としては大型の9030が石炭満載の長大な貨物を引き、夕張の勾配を上るし姿はさぞかし勇ましかっただろう。1925年に一斉に廃車となった。

急峻駆ける英国生まれ

30・7700形　英ベイヤー・ピーコック製
1−C−0　テンダー　1903〜1922年

長万部—小樽間（山線）に多くの急勾配区間を持つ北海道鉄道が7712と7723の2両を導入した。北海道

英国製らしいスマートさを感じさせる7700形＝鉄道博物館所蔵

炭礦鉄道は圧倒的に米国製が多かったが、函館の北海道鉄道は対抗意識が強かったのか、英国製を多く採用した。車体はボイラーが細く、いかにも英国製らしい雰囲気を醸し出していた。

山線の函館側となる黒松内庫に配置され、連日勾配区間を上り下りしたことだろう。この2両は後に札幌を経て野付牛に移り、1922年まで在籍したが、その後北海道を離れて仙台に渡った。

函館から北へ転進

31・7800形　英ノース・ブリティッシュ製
1－C－0　テンダー　1904〜1932年

7700形に続き、北海道鉄道が購入した7802〜7807の6両で、まずは同鉄道の起点、函館に配備された。類似の英国製SLは英国式にならって運転台が開放的だったが、北海道の寒さを考慮して、密閉度を高めている。それでも極寒時の運転は厳しかっただろう。

国有化後は大半が順次函館を去り、札幌、稚内、鬼志別、室蘭、苫小牧、上興部などを基地に活躍。このうち稚内は1922年の宗谷線の全通（後の天北線。現在の宗谷本線が全通するまで本線だった）に合わせて開設された機関庫で、1924年、7802と7806が北辺のエース級機関車として送り込まれた。

山線にドイツの"2人力"

32・4510形　ドイツ・マッファイ製
0－B－B－0　タンク　1904〜1907年

北海道鉄道が急勾配用に購入したマレー式機関車。マレー式とはボイラーの下に二組の動力装置（シリンダーや動輪、ロッドなど）を付け、1両で2両分の出力を得る構造で、スイス人アナトール・マレーによって考案されたことから、「マレー式」と呼ばれるようになった。

日本では1903年、大阪で開催された第5回勧業博覧会でマッファイ社から1両（後の4500形）が出品され、PRのため本線上でデモ走行も行われた。私鉄の日本鉄道が購入し、東北本線で使用したが、小型のハンディもあって期待した成果は出ず、大阪方面に行った後、廃車になった経緯がある。

しかし、函館本線を持つ北海道鉄道がその"2人力"に着目し、1904年、開業したばかりの長万部―小樽間の急勾配区間用に、4500形と同型の4510形1両を投入した。

外観はボイラー両側いっぱいに水槽を抱え、その下に動力装置が2組装備されている。まるで合戦に出向く騎士が武具をまとった姿で圧倒される。"進撃のマレー"とでも言おうか。黒松内か倶知安配属と思われるが、後年、C62重連で有名になった目名峠の20パーミル勾配も、力強く上ったことだろう。

しかし、"山線の切り札"と期待されたものの、やはり小型ゆえに成績は芳しくなかったようだ。国有鉄道に編入された直後の1907年には、見放されたのか名古屋に転属。これによって、北海道での"マッファイ・エンジン"は3年の短命で終わった。名古屋では中央本線で使用。その後、新津に移ったが、ここでも力を発揮できず、1924年、先輩の4500とともに廃車となった。

道東・道北のニューフェイス

33・7550形　米スケネクタディ製
1－C－0　テンダー　1904〜1932年

官設鉄道が3両購入した。7500形と外観、性能もほとんど同一だが、ボイラーは平坦になり、均衡のとれたスマートな感じを受ける。タービン式発電機を煙突のすぐ後ろに備えたのも、当時としては斬新な設計だった。旭川、名寄に所属し、上川線、天塩線などで使用後、3両とも釧路に移り、1932年、一斉に解体された。

【第2期】　発展期（1906〜1930年）

　19世紀末、日本は1894〜1895年の日清戦争に勝ち、アジアへの足掛かりを得た。引き続き、中国や朝鮮半島への進出を目指すロシアとの対立が深まり、1904年2月、日露戦争が勃発。国内と中国大陸での兵員、兵器輸送増強のため、軍主導で外国に機関車を大量注文するなど、鉄道も否応なく戦争に巻き込まれる事態になった。

　両国が死力を尽くした日露戦争は1905年9月、日本の勝利で終結し、日本は樺太の南半分の領有権を獲得。政府直轄の樺太庁を置き、樺太鉄道を建設して、本土との連絡を強化した。一方、中国北部には南満州鉄道（満鉄）を設立し、日本では実現しなかった標準軌間（1,435ミリ）による高速鉄道の建設を一気呵成に進めた。この中で、多くの蒸気機関車が海を渡り、樺太や大陸での輸送を受け持った。

　1906年、鉄道国有化が実現し、主要な私設鉄道が買収され、その後の「国鉄」の基礎が築かれた。1909年には機関車の形式が統一され、1910年代には国産量産機の8620形、さらに9600形が相次いで製造され、日本人の手によって近代化に大きな弾みをつけた。これらは時を置かず、C51形、D50形という当時の狭軌鉄道（1,067ミリ）では最高レベルの機関車を生み出す契機となった。

　1908年4月、青森と函館の間の津軽海峡に比羅夫丸など青函連絡船が就航。客貨船、貨物船も増備され「海峡の鉄路」として、本州と北海道を一体化させた。最新鋭の機関車も次々と投入され、速度と牽引力の向上が図られた。1925年には上野—函館間の所要時間は23時間25分と「24時間の壁」を破り、20年前に比べ

て6時間短縮された。

　1914〜1918年の第一次世界大戦は日本に好景気をもたらし、鉄道は簡易線も含めて全国津々浦々に延伸。大型機だけでなく、使いやすい小型機も製造され、鉄道は一段と国力増進の原動力となって行った。

　また、1928年9月に函館本線と室蘭本線を一体化する長輪線（現在の室蘭本線長万部—東室蘭間）が開業。その2年後の1930年11月、函館—岩見沢間で「超特急列車」（当時の国鉄の表現）の試運転が行われ、函館本線小樽・札幌経由の急行に比べて所要時間を1時間54分短縮する好結果を得た。

　これをもとに、函館—東室蘭—岩見沢—稚内の急行列車（寝台車連結）のダイヤが作られ、上野から二つの連絡航路（青函、稚泊）を挟んで樺太に至る最速ルートが設定された。北海道の中心地、札幌を通らないのは異例だが、東京と、軍事的拠点でもある樺太を直結することが重要視されたためだった。

　日本も関与した第一次世界大戦をはさみ、和暦でいえば明治末期から大正を経て昭和に目まぐるしく移るころ、軍事拡大にもまれながら、鉄道は急テンポで発展を続けていた。

長寿の「B6」一族

34・2120形　英ダブス、英シャープ・スチュアート、英ノース・ブリティッシュ・ロコモティブ製、国産　0-C-1　タンク　1905〜1950年

　2120形は1898〜1905年に計258両の多くが日本に輸入された。このほか、国産車が10両ある。先輩の2100形（北海道に配置なし）、後輩の2400形（同）、2500形（336頁）と同類で、このグループはまとめて「B6形」と呼ばれた。2120は北海道には1905年、北

1950年代は首都圏でも2120形の姿が見られた＝品川機関区の2291、1958年ごろ

海道鉄道が函館―小樽間の全通をにらみ、勾配区間用として導入したのが始まり。番号は2378～2387の10両で、国有化後は函館、野田追、黒松内などに配置され、黒松内から北の山線でも力を発揮した。

その後、室蘭、深川、旭川、苗穂、手宮などにも散らばり、入れ換えで活躍。進行方向を変える「てこ式逆転機」の操作が容易のうえ、空転も少なかったことから、使いやすかった。太平洋戦争中は道内で最大15両を数えた。戦後、苗穂に現役機として残っていた2381が1950年に廃車になり、北海道の国鉄から消滅。2381はその後、釧路臨港鉄道に譲渡された。

2120は1950年代でも東京・品川など首都圏でも入れ換え用として使われ、「現役の明治のSL」として貴重な存在だった。B6グループ全部を合わせると、約530両製造されたが、多数が60年近い寿命を全うしたとされる。

戦地を生き延びる

35・2500形　米ボールドウィン製
O－C－1　タンク　1906～1949年

1904年に16両、1905年には150両が作られた米国製で、前項と同じ「B6」グループに入れられる。B6タイプの大量製造には、ロシアとの戦争に活用することの他に、高額な機関車を米国、英国、ドイツに大量注文することで、戦争遂行や戦後の交渉において各国を日本側に引き付けておきたい、との政治的思惑もあった。

2500形は完成すると、次々と中国大陸に運ばれ、激戦となった満州で兵員や兵器の輸送に明け暮れた。北海道炭礦鉄道からも3両が供出された。

日露戦争後、1906年には北海道に集められ、追分、岩見沢、夕張、札幌、野田追など、拠点の機関区に配属された。1907年から1931年までには最大29両を数え、当時タンク機としては道内で最も多い勢力となっていた。

1923年12月10日、長万部―静狩間が開通したとき、2500形が長万部発8時45分の一番列車を静狩まで牽引したことが長万部町史に記録されている。当時、最寄りの機関庫は黒松内で、2646と2657が配置されており、どちらかが大役を務めたと思われる。

太平洋戦争後も10両以上が現役を務め、順次廃車になったものの、一部は使い続けられ、苗穂の2653が1950年、廃車になったことで国鉄在籍にピリオドを打った。使い勝手が良く、40年以上に渡って北海道で地道に働いた。

廃車後、私鉄に譲渡されたものもあった。1935年廃車になった2649は明治製糖を経て1964年三菱鉱業美唄鉄道に入り、1973年まで石炭輸送に当たった。最後の1両だった2653は1950年に廃止後、十勝鉄道に譲渡され、10年間、砂糖の原料となるビート輸送に使われた。

本州では牛除け無用

36・8150形　米ボールドウィン製
1－C－O　テンダー　1906～1927年

鉄道作業局（当時の逓信省外局で現業部門を担当する部局）が初めて米国から輸入した機関車。計6両を順次、急勾配区間の御殿場線と信越線に投入した。いかにも米国製らしく、最初の2両は煙突が太いパイプ型、それに7100形同様、カウキャッチャーや警鐘が付いていた。北海道ではおなじみだが、初めて目にする本州の人々は、さぞかし驚いたことだろう。もっとも、本州では牛が線路に出てくることはなかったようで、カウキャッチャーなどは不要と判断され、後に撤去されてしまった。

このうち8150と8154の2両が1906年、北海道に転属し、道東の池田、釧路に配属された。北海道には米国製SLが多く、「義経」以来の技術が根付いていた。その後、残りの4両も1917年、一斉に釧路、池田に入り、米国グループとして活躍。一部は野付牛に移った。

私鉄でも名を残す

37・8100形　米ボールドウィン社
1－C－O　テンダー　1907～1950年

1897年、鉄道作業局が20両輸入。本州では英国製が多かったが、8150とともに米国勢が加わることで、より多彩な顔触れに。ただ、横から見ると、英国製に比べてスマートさに欠けているのは否めない。

国鉄から寿都鉄道に移った8100形8105＝黒松内駅、1962年

当初、8150形同様難所が続く御殿場線、信越線の列車を担当したが1907年、その中の8112ら2両が北海道入り。8112は落合に配属され、狩勝峠のシェルパとして力を発揮した。1920年まで20両全機が北海道に渡り、主に旭川、下富良野、稚内、野付牛、渚滑など、道東・道北に散らばった後、函館、深川、遠軽などでも客貨両用で活躍。想像するに、やはり米国車両は、北海道の大平原が走りやすかったのではないか。全機健在で太平洋戦争を乗り越え、戦後を迎えたが、1950年までに全機廃車となった。

しかし、一部は定山渓鉄道や炭鉱鉄道に譲渡され、第二の働き場所を得る。この中で8105と8108は定山渓鉄道からさらに寿都鉄道に渡って、函館本線黒松内と漁業が盛んな寿都を結ぶ同鉄道の大黒柱となった。両機は廃車後、解体され、新たに茅沼炭化鉱業から導入された8111と8119に番号を譲った。2代目となった両機は1972年まで寿都鉄道に在籍し、「昭和に生きる明治の機関車」として全国の注目を集めた。

全車そろい踏み

38・7950形　米ロジャーズ製
1－C－0　テンダー　1907〜1933年

鉄道作業局が勾配線や貨物用に18両輸入した機関車で、煙突に飾りが無く、やや付け根が細い円筒形。運転席が大きく、米国製の特色を出している。輸入後1897年から第一線に配置となり、御殿場線や信越線で大いに活躍した。

その後、新鋭に押し出される形で1907年から順次道内に渡り、1913年には全機18両がそろい踏みとなった。函館のほか、旭川、下富良野、音威子府、釧路、池田など、道東北の主要基地で20年に渡って存分に能力を発揮したが、1933年11月、一斉に廃車となった。

大陸に "出兵"、中国籍に

39・9050形　米アメリカン・ロコモティブ製
1－D－0　1907〜1937年

明治も末期になると、貨物用大型機関車が多く輸入されるようになり、9050形もそのひとつ。元の発注者は北海道炭礦鉄道、あるいは石狩石炭会社とも言われ、はっきりしていない。ともあれ、国有化によって9050形と命名され、1907年から全26両が北海道を活躍の場とした。牽引力が強く、黒松内、岩見沢、夕張などに配置され、勾配区間や石炭列車に活用された。

日露戦争後、日本は好景気に支えられ、石炭需要も伸びて産炭地は増産に追われた。そうした情勢の中、

9050は頼りになる存在として脚光を浴び、上砂川や幾春別など、炭鉱直結の枝線でも使用された。

しかし、その性能の良さが仇となる。大陸支配を進める軍の目に止まり、全機に対して中国北部への供出命令が出たのだ。苗穂工場と釧路工場など（他は本州の工場）で、日本より狭い1,000ミリ軌間用に走行部を改装され、1937年から翌年に渡って大陸に "出兵"。D形では唯一の1,000ミリ軌間への改装だったといわれる。そのまま戦後、中国式にKD51と称され、1両も帰還することなく、中国の大地で果てた。当時の国策の結果とはいえ、運命に翻弄された米国生まれの機関車であった。

日ソ国境に死す

40・7010形　英キットソン製
0－C－0　テンダー　1909〜1914年

貨物用テンダー機として整ったスタイルを持つ。1873〜1874年にかけて製造され（他に英バルカン製の同形式も存在する）、当初、大阪―神戸間などで使用されたが、7010と7011の2両が1909年に北海道に移動。その後は北海道建設局に貸し出され、鉄道建設に使用されたとみられる。

5年後の1914年11月、2両とも夕張と美唄で炭鉱開発を手掛ける石狩石炭会社に譲渡され、美唄鉄道専用線で働いた。7011は太平洋戦争末期の1944年、樺太に貸し出され、そのまま日ソ国境で放置されたという。

祖国帰還の "大コン"

41・9200形　米ボールドウィン製
1－D－0　テンダー　1909〜1950年

戦争に翻弄された数奇な運命と、国鉄だけでなく、道内有力私鉄でも主力として長年活躍したことで、多くのファンに愛された大型貨物用機。北海道鉄道部がボールドウィンに50両という破格の台数を注文し、1905年に完成した。実はこの裏には日露戦争（1904〜1905年）で鉄道を使って有利に立とうとする軍部の思惑があり、完成後、軍部が所有権を持ち、半数以上を満州（中国東北部）に持ち去ってしまった。

それでも戦争が終結し、情勢が落ち着くと、全機が日本に送り返され、1909年から続々、本来の仕事場である北海道に戻ってきた。1915年には39両、1925年には47両を数えるに至った。ちなみに1917年の配置表を見ると、函館3両、黒松内7両、倶知安3両、中央小樽6両、追分15両、新得5両、野付牛2両と、幹線の拠点に配置されている。それだけ性能が良く、信

頼された機関車なのだろう。

先に触れたように、1－D－0の軸配置はコンソリデーション型というが、9200は「大型コンソリデーション」略して「大コン」と愛された。そのためか、

国鉄廃車後も、例えば9201が美唄鉄道、大夕張炭鉱鉄道でも活躍するなど、老いてなお明治生まれの「大コン」パワーを見せつけた。

力強く"大コン"と呼ばれた9200形＝鉄道博物館所蔵

名前、変えられました

42・9040（旧9000）形　米ボールドウィン製
1－D－0　1912〜1949年

北海道炭礦鉄道が1893年に導入した9000形の項で理由を書いた通り、この形式は1912年、9000形から9040形に変更された（9000〜9007が9040〜9047に）

その後も使用状況は変わらず、8両全機が道内で働き続けた。配置されていたのは倶知安、旭川、下富良野、野付牛、稚内、釧路、池田など広域にわたり、主に入れ換え用として重宝された。このうち、4両は定山渓鉄道、雄別炭礦鉄道、寿都鉄道に譲渡され、地方住民の生活を担った。9046が1949年、寿都鉄道に譲渡されたことで、全機が国鉄から姿を消した。

トレビシックの血筋引く

43・9150形　国産
1－D－0　テンダー　1913〜1915年

これも同じ「コンソリデーション型」だが、特筆されるのは国産初のコンソリデーションという点だ。奥羽本線福島―米沢間の25〜30パーミルの板谷峠を上るため、鉄道作業局神戸工場で製造された。従来の動

輪3軸に比べ、一つ多いことから力感があり、それでいて正面が丸みを帯びるなど典型的な英国スタイルとなっている。

北海道には9151〜9153の3両が1913年、帯広近くの池田に配置され、根室本線などの貨物を中心に働いたとみられる。しかし、3両ともわずかの期間で常磐線の平に移動し、北海道を去った。

9150形は英国人技師リチャード・F・トレビシックが設計し、部品も英国から輸入されていた。トレビシックは、1802年、世界で初めて蒸気機関車を作った英国人技術者リチャード・トレビシック（1771〜1833年）の孫にあたる人物で、当時、訪日して機関車製造を日本人に教えていた。初の国産機関車860形（230形の項参照）の製造を指導するなど、日本のSL史に名を残した人物でもある。

至る所にトレビシックの個性が出ているが、外観で目立つのはボイラー両横に設けられた水槽だ。テンダー機は通常、水はテンダーの内部に積まれるが、こちらは水タンクを本体に積むことによって粘着力を強める工夫をした。この形式は4両のみだったとはいえ、こうした独創性は後の国産機につながる道を切り開き、トレビシックの名前とともに記憶されている。

不遇の兄、奇跡の復活

44・9580 形　国産

1 − D − 0　テンダー　1915 ～ 1949 年

　1912 年、日本の川崎造船所で製造された初の過熱式蒸気機関車である。ただ、後述するように、一度 9600 形と付けられたものの、後に 9580 形に変更された「訳あり」の機関車だ。

　蒸気機関車は蒸気の圧力を利用してピストンを動かすが、その圧力が車体に影響しないよう、普及当時から低圧に抑えざるを得なかった。しかし、技術の進歩で車体が頑丈になり、飽和蒸気をボイラー内部の過熱管を通すことで、さらに高温・高圧の蒸気（過熱蒸気）を作り、効率を上げることが可能に。世界ではドイツが先行していたが、その技術が日本でも取り入れられることになった。それを生かして設計されたのが 9580 形だった。

　しかし──。結果は思惑通りに仕上がらなかったようだ。重量がさほど軽くならないなど試作機の域を出ず、12 両で製造が中止され、完成形は次に託されることになった。

　その後を受けた設計機が大量生産も視野に入ったことから、そちらを切りのいい 9600 形とし、いったん 9600 形と命名された先行機は、9580 形と小グループに格下げ（？）された。"弟分"が優れものだったため、名前を無理やり変えられた"不遇の兄貴"の感もする気の毒な仕打ちである。

　ところが一転、9580 は北海道に渡って実力を思う存分発揮した。1914 年から順次道内入りし、函館、倶知安、岩見沢などに集結。間もなく 9600 が全道各地に配属されたものの、負けじと函館本線の難所や石炭列車の牽引に精を出した。

　その後、もう一度、運命が急転する。廃車や休車が出始めた 1937 年、日中戦争が始まると、国内輸送の強化が叫ばれ出し、9580 の「永眠」に「待った」が入った。そうして 10 両が復活し、稚内、名寄、池田など幹線を中心に戦争中も働くことに。戦後まで生き延びた名寄の 9584 などが 1949 年に廃車となり、地味ながら波乱にとんだ一生を終えた。

在職 60 年、煙の幕を引く

45・9600 形　国産

1 − D − 0　テンダー　1916 ～ 1976 年

　1913 年新造の 9600 形は日本の蒸気機関車史上、D51 形に次ぐ 770 両という大量生産を成し遂げた代表的機関車のひとつに挙げられる。愛称は「キューロク」。9580 形の"試作"を経て進化した過熱式は、9600 をもって実用化に至り、貨物用として四国を除く全国津々浦々に配置された。

　改善のポイントは、石炭を燃やす火床を全部動輪上に置いて長さを抑え、重量も従来とほぼ同じ程度にできたことだ。重心は高くなり、見た感じは「ずんぐり」だが、思惑通りの性能が得られ、大量生産への可能性が開けた。

　北海道には 1916 年 12 月、19608 が道内第 1 号として函館に配置。さらに 19613、19614、19615、19616 の続きナンバー 4 両が黒松内に配置され、函館本線の山線で活躍を始めた。黒松内には第 2 陣として 39630、39632、39635 を追加投入。順次、全道各地にも配置され、石炭列車をはじめ重量貨物列車を牽引。急勾配でも持ち味のパワーを存分に発揮した。

　翌 1918 年には室蘭本線で石炭専用貨車 2,700 トンを牽引する試験を実施。延長 640 メートルに達する特大列車だったが、見事期待に応え、1 本の列車で石炭の大量輸送を実現するパイオニア役を果たした。

　戦後も本線運用の他、入れ換えやローカル線で活躍。国鉄の本線での SL 列車が消えた 1975 年 12 月以降も追分区の 3 両が入れ換え用として残り、全国唯一の SL グループとして注目された。しかし、翌 1976 年 3 月、ついに廃車が宣告され、新橋─横浜間開業以来 104 年に及ぶ SL の歴史の幕引き役を務めた。

現在、京都鉄道博物館に保存されている 9600 形 9633 ＝小樽築港機関区、1971 年 8 月

大正ロマン香る急客機

46・8620形　国産
1－C－0　テンダー　1917～1970年

　国力の発展に伴い、鉄道輸送も急速に伸びたことから、高速旅客用の機関車が必要となり、1913年、大量生産を視野に入れた新型機関車の設計が始まった。その結果、1914年に汽車会社で第1号が完成し、本州から九州に至るまで配置され、急行はもちろん、貨物列車にも使われた。形式の8と6をとって「ハチロク」の愛称で呼ばれた。

　672両が製造され、同時期に作られた9600形と双璧をなす存在に。北海道には9600の翌年、第1号となる18649が追分に配置された。9600の「ずんぐり」に比べると、こちらは「ほっそり」。スマートなボイラー、花開くような化粧煙突は、大正ロマンの香りさえ感じさせる。

　その後、全道各地に増備され、1925年には全道で47両を数えるに至る。戦前は代表的な急行をはじめ、長距離列車の牽引機として活躍。しかし、戦後は老朽化が進んで淘汰され、1965年ごろは帯広・釧路方面にあって客貨混合や駅構内での入れ換えに使われた。

　道内最後の1両は帯広の68678で、1970年7月31日の広尾線貨物牽引が花道となった。磨き上げられたボイラー前面に日章旗2本が飾られ、悠々帯広を出発。折り返して14時46分、帯広駅4番ホームに帰着し、惜別の拍手を浴びた。同機は1914年池田に配置以来、約217万キロを走行。そのまま廃車の予定だったが、翌8月、急きょ東北本線の盛岡に転属となった。機関車のやり繰りの関係で、余剰機が呼ばれたのだろう。これを最後に北海道における8620は半世紀余の活躍にピリオドを打った。

8620形。五能線の18674＝川部、1964年4月

現在、鉄道博物館で保存されている8630の現役時代＝弘前、1970年7月

遅かりし、「飛竜」かな

47・5450形　英ダブス製
2－B－0　テンダー　1917～1922年

　同一形式は5450と5451の2両のみ。製造は1890年で最初、関西鉄道で使われ、当時の形式は「飛竜」という勇ましい名がつけられていた。横から見ると、動輪の上部が覆われ、ランニングボード（歩み板）の前方と、シリンダーが斜めになっていた。英ダブス社製の当時の特徴で、ちょっとおしゃれな感じがする。

　製造から27年後の1917年、2両そろって北海道に転属になり、5450は札幌を経て函館へ、5451は札幌にとどまった。しかし、もはや時代遅れのタイプとなり、営業用ではなく、入れ換えなどもっぱら雑務に使われたようだ。1922年、そろって廃車となった。

ドイツ機、狩勝に挑むも

48・4100形　ドイツ・マッファイ製
0－E－0　タンク　1918～1919年

　1912年製造の急坂用E形（動輪5軸）のタンク機。写真を見ると、足回りは比較的小づくりで、全体が整った印象を受ける。奥羽本線庭坂に全4両が配置され、庭坂から米沢への板谷峠越えに起用された。この峠は日本有数の33.3パーミルもの勾配で、列車に補機が付けられたが、少しでも輸送力を向上させるため、強力なE形タンク機を必要としたわけだ。

　それでは北海道の難所、狩勝峠でも使ってみようと、1918年にはるばる新得に移動。しかし、期待の割には評価は芳しくなかった。他機に比べて運転速度が極端に低く、使いづらかったという。このため、成果を出せずに、わずか1年で庭坂に戻って行った。以後、北海道の国鉄にE形が入ることはなく、この4100が唯一の足跡となった。（美唄鉄道にはその後、国産E形の4110形が導入された）

4100形をモデルに国内生産された4110形。E形で急勾配に強かった＝三菱美唄鉄道美唄駅、1970年11月

関西育ち、岩見沢で活躍

49・3350形　米ブルックス製
1－C－1　タンク　1919～1923年

　元は、1180形の項で取り上げた高野鉄道が1897年に購入した機関車。その後、1905年に関西の尼崎—舞鶴間を結ぶ阪鶴鉄道に譲渡され、国有化後の1919年、岩見沢に転属してきた。ボイラー両側には大きな水タンクが付き、運転台屋根や下部、さらにテンダー後方部は曲線を成しており、力強さの中にも優美な印象を与えている。岩見沢ではもっぱら入れ換え用として使われた。

死んだはずなのに…

50・5860形　米ブルックス製
2－B－0　テンダー　1919～1923年

　阪鶴鉄道が輸入した機関車で、当時としては大きい直径1,524ミリの動輪を持ち、高速用の脚が長い機関車だった。1918年、宇都宮や小山に移り、翌1919年、3両とも北海道に渡り、石炭の集約地、追分に配置された。1923年廃車となったが、5861は解体されることなく、札幌市内の北海道大学構内に標本教材として保管された。

　ただ、保管といっても屋根がなく、傷みが進んでかなり荒れ果てた。もはやここまでと思われたが1941年、突然、羽幌炭礦鉄道から現役復帰の話が持ち込まれる。おそらく、太平洋戦争に伴う、石炭輸送強化のためだろう。急きょ車体の修繕が行われ、死んだはずの機関車がよみがえった。再び煙を吹き上げると、同鉄道で石炭列車を牽引し、太平洋戦争中も生き延びた。しかし1951年、8100形に道を譲り、"奇跡の復活"を遂げた機関車も生涯を終えた。

5860形。5861が廃車から現役復帰した＝鉄道博物館所蔵

新天地でも実力発揮できず

51・8300形　米アメリカン・ロコモティブ製
1－C－0　1919～1925年

　1906年製造。5860形同様、需要増大に対応するため、阪鶴鉄道が3両購入した、当時としては最大級の機関車。しかし、急曲線に弱いなど、大きさが裏目に出た面があり、1918年、3両そろって仙台に移された。

　翌1919年には旭川に転属。北海道で大型機の真価発揮が期待されたが、やはり持て余されたらしく、1925年、一斉に廃車になった。それにしても、関西から東北、北海道と活躍機会を得ながらも実力を出せず、ほとほと運に恵まれなかった機関車だった。

図体大きくも短命に

52・9300形　米ボールドウィン製
1−D−0　1919〜1922年

　東北線などを経営していた日本鉄道が12両発注したが、到着したときはすでに国有化されており、国鉄機関車としてデビューした。太いボイラーの上に長めの煙突、砂箱などを備え、いかにも貨物用の逞しさを感じさせる。

　当初は福島、平、田端に配属され、貨物用機として活躍。その後、勾配区間や入れ換えに回された。北海道には1919年、9309、9310が池田に配置され、さらにもう1両（機番不明）加わり、根室本線や入れ換えに使われたが、あまり記録に残ることもなく、1922年には廃車になったとみられる。

　なお、北海道とは関係ないが、9301が1926年、房総線で行われた「過走車両制止試験」に使われた。線路に盛り上げた砂利に機関車を突っ込ませて停止するまでの距離を測ったというが、なんとも乱暴な試験に引っ張り出されたものだ。それにしても「房総」線で「暴走」させるとは、偶然だったのだろうか。その後、1929年までに全機廃車となったが、大き過ぎたためなのか、私鉄からの引き取り手はなかった。

遅れてきた力持ち

53・9550形　国産
1−D−0　テンダー　1919〜1933年

　先輩の9200形を上回り、国産で当時の最大機に匹敵する高性能を実現した。貨物用として1912年から12両製造され、水戸、平を基地に常磐線で活躍を始めた。ただ、間もなく後継機に追われ、東北本線の黒磯で勾配区間の補機に転用。さらに1919年には余された形で北海道に転属してきた。

　9550〜9554、9561の6両が岩見沢に配置され、9050や9600とともに貨物牽引を担当。その後、分散され、例えば9550は下富良野を経て浜釧路へ。また9561は下富良野、名寄を経て最北の稚内まで北上した。北海道に来た頃にはすでに9600形が第一線で活躍していて後塵を拝するしかなく、1931年には5両が東京周辺に戻された。ただ、入れ換え用としても重視されなかったのか、1933年には全車廃止の運命をたどった。

マレーの恐竜、吠える

54・9850形　ドイツ・ヘンシェル・ウント・ゾーン製
0−C−C−0　テンダー　1919〜1930年

　北海道では4510形に次ぐマレー式機関車。両方ともドイツ製で、同国のマレー式への執着が見て取れる。4510はタンクだったが、9850は大型テンダー機と進化した。駆動装置が2組あるため、テンダーを含む全長は18.8メートルあり、9600より2メートル以上長い。当時の機関車の中では群を抜く大きさだった。まるで恐竜サイズ？

　1913年に輸入され、急勾配の御殿場線や信越線に投入された。1919年には9850〜9854、9861の6両が北海道入りし、岩見沢と追分に3両ずつ配置された。この、どでかい機関車が石炭列車を牽引する様子は、さぞかし迫力があったことだろう。一度でも目にしたかった。

　ただ、過熱式機関車の普及により、特別な駆動装置をつけなくても、マレー式と同等の性能が得られるようになった。このため、1930年には廃車となり、後継機にバトンを託した。このうち、名古屋局管内にあった9856だけは保存され、現在でも鉄道博物館でその巨体と、一部切開したマレー式の構造を見ることができる。

駆動部分を2組持ち、勾配に強かった9850形＝鉄道博物館所蔵

島流し？のうわさも

55・3380形　国産
1−C−1　タンク　1919〜1925年

　山陽鉄道が米国風に設計、製造した機関車で、日本的デザインも盛り込まれ、1906年に4両完成した。このうち3382が神戸機関庫時代、乗務員が加減弁（シリンダーに送り込む蒸気を加減する弁）を開けたまま、ブレーキもかけ忘れて離れたことから無人で動き出し、他

の機関車に衝突して海中転落させた。大事故である。

　その後、事故機は復旧したが、間もなく４両とも北海道に転属。真偽は不明だが、この事故をうやむやにするため、「島流しにされた」との風説も出た。なんと

も気の毒な機関車である。1919 年に札幌鉄道局内に配置されたのは判明しているが、入れ換え用らしく、どこの所属か判然としない。北海道でも不遇のうちに終わったようだ。

神戸から北海道に渡ってきた3380形＝鉄道博物館所蔵

東海道・山陽から道内入り

56・5400形　英ネルソン製
２－Ｂ－０　テンダー　1919 ～ 1926 年

　山陽鉄道が 1891 年、７両輸入したのが始まりで、その後、鉄道作業局も７両輸入し、計 14 両となった。ボイラーと駆動部の間にあるランボードが先頭の方で上向きになっているのが特徴だ。東海道線、山陰線などで使われた後、４両が北海道に渡った。道内では入れ換えに使われたと思われるが、1920 年度の営業機関車配置表では札幌に 5400 と 5403 の２両が配置されている。

最新改造が裏目に

57・3500形　米ボールドウィン製
１－Ｃ－２　タンク　1919 ～ 1922 年

　日露戦争の輸送力増強のため、米国から輸入した 2500 形（０－Ｃ－１）は、170 両近くの大量緊急注文だったためか「粗製乱造」と不評も聞かれ、そのうち５両を鉄道工場で改造することになった。燃費効率を上げるため、最新の４気筒複式機関を採用したほか、新たに先輪を付け、後部の従輪を２軸に増やすなど、安定性と軸重の軽減を図った。同時に両側の水槽、背

部の石炭庫を大型化し、長距離運転を可能にした。

　当初、大宮や敦賀で使われたが、金沢などで入れ換え用になると、複式機関などせっかくの新機軸が裏目に出た。現場での保守が難しく、遠ざけられるようになり、1919 年に 3502 と 3503 が岩見沢に転属。ここでも入れ換え専用で使われたようだが、わずか３年の現役で廃車となった。

伝説の名馬、イナヅマに追われて

58・7650形　米ブルックス製
１－Ｃ－０　テンダー　1919 ～ 1927 年

　1897 年製造で関西鉄道が 7650 ～ 7652 の３両輸入、「鬼鹿毛」と呼ばれた。何やらおどろおどろしい名前だが、江戸時代、急ぐ主人を乗せ、途中で息絶えたものの、霊となって駆け抜けた伝説の名馬の名を取ったそう。使命感に燃えることを期待された３両は早速、鈴鹿山脈を横断する急勾配の加太越えに投入され、伝説の名馬に恥じない（？）力をいかんなく発揮した。

　しかし、それもつかの間、後輩に「電光」と名が付いた英国製 7850 形が入ってくる。これもすごい名前だ。さすがの「鬼鹿毛」も「カミナリ様」には太刀打ちできず、押し出される形で３両そろって北海道に渡ることになった。北方の名寄、音威子府に配置され、

宗谷線や入れ換えに使われたと推察されるが、1927年、さすがの「鬼鹿毛」も寄る年波には勝てず、あえなく北の地に果てた。

お尻でっかち?に

59・2700形　米ボールドウィン製
O-C-2　タンク　1923 ～ 1949 年

　3500形同様、2500形を改造した形式。先輪なしの動輪3、従輪2という国鉄唯一のタイプとして記録されている。これは従輪を2軸新設して軸重を下げ、軌条が弱い路線にも入れるためだ。これに付随して水槽や石炭庫を後方に延長したこともあり、重心が随分後ろに寄り、お尻が大きくなった印象を受ける。

　北海道には1923年、2710を皮切りに札幌、追分、室蘭、名寄、野付牛、夕張、池田などに最大時10両配置され、入れ換え用に使われた。その後、青森など本州にUターンしたナンバーもあり、道内では1949年に全機消滅した。

パシフィック、さっそうと

60・18900（C51）形　国産
2-C-1　テンダー　1923 ～ 1964 年

　1919年、日本の鉄道界が待ちに待った高速旅客用新型機関車が登場した。2-C-1、国産初の「パシフィック型」と称される18900形である。米アメリカン・ロコモティブ社から輸入した同型の8900形を参考に、国鉄技術陣の威信をかけて狭軌最高時速の100キロを目指して設計。動輪直径は1,750ミリで先輩の8620形の1,600ミリを150ミリ上回り、広軌の機関車にひけを取らない性能を生み出した。1930年からは一部の性能良好の機関車が「指名」されて東海道本線の特急「燕」を牽引するなど、絵葉書や広告にも登場し、「高速時代到来」と社会的にも注目された。

「大正時代の名機」と称されたC51形。全国各地で特急や急行を牽引した＝小樽築港機関区とみられる、1960年ごろ

北海道にはやや遅れて1923年、第1陣の3両が岩見沢に配置。翌年にはさらに3両増えて6両になった。これらのグループは、28957（形式改称後C51 158）～28962（同163）の続き番号で、いずれも新製配置された。比較的平坦な小樽―旭川間の函館本線の寝台車・食堂車付きの急行列車などを牽引し、札幌圏の鉄道に新風を吹き込んだ。

　その後、はるばる鹿児島本線出水から転属してきた23、24、下関からの38、139、あるいは形式最終機の289が旭川に新製配置。函館にも13、158、159、287などが置かれ、本州接続の急行列車を重連で牽引することもあった。

　戦後間もない1947年には全道で27両が現役だったが、C55形やC57形に押され、さすがの名機も旧型となった。このため、もっぱら室蘭本線の長万部―室蘭間や札幌近郊の普通列車に格落ち。1950年代からは廃車が出始め、1964年1月、残っていた160、183、286、288の4両の用途廃止をもって道内から消え去った。

大正のマンモス機

61・9900形（D50）形　国産
1-D-1　テンダー　1924 ～ 1968 年

　9600形を上回る強力貨物用機関車として1923年から製造開始。第1次世界大戦が終結後、日本経済は落ち込んだが、1921年ごろから再び上昇基調となり、貨物輸送が増え始めた。そこで、9700形（北海道への配置なし）以来の1-D-1 "ミカド型"（※）が採用され、1,000トン牽引を目指した。称号改正でD50形となったが、合計380両の多くが製造された。

　石炭輸送の基地である北海道は優先配備地区となり、1924年3月、第1陣として函館に9908（D50 9）～9911（D50 12）の4両を配備。太平洋戦争終結直後の1945年9月の配置表では、長万部8両、倶知安9両、小樽築港19両、追分18両の計54両を数え、その後も増えて70両を超えるほどの勢力となった。

　軸重が重く、道内で使用できるのは函館本線と室蘭本線など高規格の路線に限られたこともあるが、両線は本州に石炭を送る主要ルートであり、D50は後輩のD51形、D52形とともにフル稼働した。

　戦後も1960年代まで追分、岩見沢、鷲別などを基地に、室蘭本線で石炭列車を元気に牽引する姿も見られた。しかし、多くは老朽化してD60形に改造されたり、D51にバトンタッチし、急速に淘汰されて行く。1968年9月30日、すなわち「ヨン・サン・トウ（昭和43年10月1日のダイヤ白紙大改正）」の前日だが、

追分の 25 が廃車となり、これをもって D50 の北海道での活躍にピリオドを打った。戦前・戦中・戦後を生き抜き、常に貨物の先頭に立ち、幹線物資輸送で頼りにされた存在だった。

※ミカド型　1897 年、私鉄の日本鉄道が米ボールドウィン社に貨物用として 1 − D − 1 の機関車（後の 9700 形）を発注したことから、天皇を意味する「ミカド（帝）」と呼び名を付けた。当時、世界を見ても本格的な 1 − D − 1 機関車は無かった。

ミカド型の大量生産機D50形。貨物牽引に力を発揮した＝苗穂機関区、1964年9月

"一時移住" の高速機

62・6760 形　国産
2 − B − 0　テンダー　1927 〜 1932 年

　国内メーカーで 1914 年から 88 両が製造された。20 世紀を迎える 1900 年ごろ、欧米では高速旅客用として先輪 2 軸、動輪 2 軸、従輪 1 軸の機関車が盛んに開発され、各国、各社がしのぎを削っていた。日本もそれらに刺激され、関西鉄道が米国から 6500 形を輸入。同形の動輪直径は 1,575 ミリの大型で、名古屋―大阪間の直通列車に充てられた。

　6760 形は国産でそれらを発展させたもので、東京―横須賀間などで使用され、速度向上に貢献。軸配置は異なるが、外観は同時期の 8620 形と似た感じがする。1927 年から 6772 など 8 両が渡道し、浜釧路や野付牛、渚滑などに配置された。北海道ではせっかくの脚力も持て余したと思うが、1932 年ごろには一斉に新小岩などに引き揚げた。おそらく釧路、網走付近の新線建設に伴って一時的に本州から貸し出されたのではないか。「北海道鉄道百年史」にも記載されていない形式だ。

札幌圏の準エース

63・C50 形　国産
1 − C − 0　テンダー　1929 〜 1955 年

　8620 形とほぼ同じスタイルで、四国を除いて全国的に配備され、本線の区間列車や快速列車などを受け持った。北海道には製造開始年の 1929 年 8 月、68 〜 73 の 6 両が小樽築港に配置され、札幌圏の旅客列車を牽引した。当時はすでに C51 形や C55 形が急行などを引いていたので、C50 は地味だったかもしれない。それでも軽快なフットワークが買われたのか、戦時中に 18 両に増強され、1945 年終戦時には苗穂に 10 両まとめられていた。

　戦後は岩見沢、五稜郭、室蘭、滝川などに分散し、入れ換えやボイラー代用に使われたが、1954 年〜 1955 年にかけて田端、宇都宮、沼津などに一斉に転属し、北海道から消えた。C50 より古い 8620 や 9600 が長く北海道にとどまったのに比べ、両数も少なかったせいか、比較的なじみの薄い機関車である。

戦前の区間列車に活躍したC50形＝糸崎、1970年3月

【第3期】 激動期 (1931〜1945年)

1931年9月、関東軍は南満州鉄道の線路を爆破し（柳条湖事件）、中国東北部の満州を占領。これを足掛かりに翌年、清国最後の皇帝を元首において「満州国」を建国した。ドイツではヒトラーが首相に就任し、排他主義のもと軍備強化を進めるなど、アジア、欧州の情勢は一気に緊迫の度を高めた。

1937年、盧溝橋事件を機に日本軍は中国への攻勢を本格化させた。1939年9月の第2次世界大戦勃発を経て、日本が1941年12月、米英連合軍を相手に太平洋戦争に突入すると、鉄道も戦時体制に組み入れられる。現地での輸送効率を高めるため、中国や朝鮮半島はもちろん、日本軍が占領したタイ、ビルマ（現ミャンマー）などに多数の機関車が送り込まれる事態となった。

軍事供出は1938年から始まり、北海道から第1陣（2月）として9600形が19両、第2陣（3月）はC12形が4両、9600形が3両、9050形が26両と続いた。送り先の軌道に合わせて、9600は標準軌の1,435ミリに、C12と9050はそれぞれ1,000ミリに狭く改造された。供出は1942年2月まで続き、北海道から合計112両（他に気動車2両）が船に積まれて戦地に向かったが、海戦は激烈さを増し、輸送船もろとも撃沈されたものも少なくなかった。

C56形は北海道で使われていた34両を含め、1〜90の90両が一挙に戦地に送られた。製造された160両の半分以上になる。小型で逆向き運転が容易で、改造も短期で済むことから着目された。これは250両を超えた9600に次ぐ供出両数である。

終戦1カ月前の1945年7月14、15両日、北海道全域は米軍艦載機による無差別攻撃を受けた。鉄道の被害に限れば、青函連絡船がほぼ壊滅、函館本線、室蘭本線などでも鉄道施設、車両が集中的に狙われた。石炭をはじめとする軍需物資の輸送路を断つためである。

14日朝、空襲警報のため室蘭本線稀府駅で避難中の函館発稚内行き307レが機銃掃射を浴び、乗客7人と職員1人が死亡。牽引機はC51 54だった。また15日早朝には、函館本線森から上り勾配を函館に向かっていた8620補機＋D51本務機＋貨物＋D51補機の列車がロケット弾の攻撃を受けて走行不能になった。全国各地と同様、北海道の鉄道も甚大な被害を受け、8月15日の終戦を迎えた。

日・英機、仲良く渡道

64・8700形　英ノース・ブリティッシュ製
1−C−0　1931〜1950年

1905年終結した日露戦争の講和条約で、日本とロシアの間を鉄道で連絡する協定が結ばれた。これを受けて、東京と下関の間に欧州にもひけを取らない特急列車を走らせる構想が浮上。しかし、当時の日本にはそれを牽引するSLはまだなく、作ることも容易ではない。そこで、英、米、ドイツに高速・強力な機関車を発注。1911年に完成し、英国製は8700形、ドイツ製は8800形と8850形、米国製は8900形と名付けられた。

第一弾となるのがこの8700で、外観はスマートで、いかにも英国製らしさを出している。発注した12両が到着し、1912年から東海道本線で試運転を始め、期待通りの性能を披歴した。そこで、これをモデルに国内製造会社で18両の"そっくりさん"を製造し、これを組み込んで日英合計30両を数えるに至った。日本が最新の機関車製造技術を習得するのに大いに貢献した。

デビューから20年後の1931〜1932年にかけて、英国機、国産機が入り混じった8両が北海道に渡来し、倶知安に4両（8719〜8722）、池田に2両（8706、8707）、恵比島に8710、深川に8718の計8両が配置された。その後、本州からの転属が増え、函館や滝川、帯広などにも分散し、太平洋戦争末期の1945年3月末には20両を数えた。しかし、このころは老朽化が進み、大半は入れ換え専用となった。

1949〜1950年にかけて、残ったものの用途廃止が続き、1950年、函館の8721が廃車となり、道内から消滅した。同機はその後、雄別炭礦鉄道に譲渡され、8722とともに石炭輸送の大黒柱に。うち8721は同炭鉱が閉山になった1970年まで働いた。

簡易線の万能機

65・C12形　国産
1−C−1　タンク　1932〜1974年

C12形は先輩のC11形（350頁）の車体をより軽くし、簡易線にも使えるように設計され、1932年登場した。当時は第1次、第2次世界大戦の合間だったが、鉄道への需要は高く、安上がりで短い簡易線が全国に建設されていた。そのために、C12は水タンクを小型化、従輪を1軸に減らし、後方の見通しも良くして転車台（ターンテーブル）が無くても逆行運転が容易になるよう設計された。これが功を奏し、地方での客貨両用、入れ換えに使われ、"小型万能機関車"として注

北海道のローカル線で重宝されたC12形＝手宮、1970年8月

目された。

　当然、そうした路線が多い北海道にも配置され、瀬棚線が全通した翌月の1932年12月、新造の4が長万部に到着。早速、同線開通を祝うように軽やかに走り始めた。その後、全道に30両、1938年には43両と増え続け、長万部以外では札幌、苫小牧、滝川、深川、幌延、厚床、野付牛、渚滑、雄武など簡易線を抱える機関区に万遍なく配置。戦時中の小規模路線での住民生活を支え続けた。

　戦後は次第に減少し、小樽築港に残った6、38、64は手宮線の貨物、小樽築港での入れ換えに使われたが、最後に残った64と225が1974年5月、小樽築港から九州・山野線の吉松に大移動。これは吉松のC56の廃車に伴う穴埋めで、同線の臨時貨物を牽引した。だが、それも束の間で1975年に廃車。64は運よく解体は免れ、現在、旧志布志線の今町駅跡に保存展示されている。1934年以来、道内で働き続け、最後は九州南部に行って保存されるという、数奇な運命をたどったSLだ。

美機、宗谷に花道

66・C55形　国産
2－C－1　テンダー　1935～1974年

　急行用パシフィック型でC51形、C53形と続いた系統は、C54形を経て1935年完成のC55形に引き継がれて行った。1937年まで62両製造されるが、20～40の21両は当時世界的流行を見せた流線型としてデビューした。車体にすっぽりカバーをかぶせ、スピード感あふれるイメージを強調した。

　北海道には1935年、ファーストナンバーの1が小樽築港に配属となった。次いで1936年に同区に流線型の30と31が追加。同型の32は函館に配置になった（半年で小樽築港に転属）。その後も増備が続き、1963～1965年にかけては17両を数えるに至った。老朽化したC51に代わり、函館本線や室蘭本線の急行、普通列車を担当。動輪は水かきのような補強付きで、独特の機能美を生み出した。

　流線型については、狭軌での速度ではそれほど効果が期待できず、保守も困難であったことから、戦後外され、普通型に戻った。ただ、運転席屋根のカーブの曲がりが大きく、往時の特徴を残したため、ひと目でそれと分かった。

　SL末期にC55が注目されたのは、全機が旭川に集められ、最果ての宗谷本線に起用されたためだ。札幌―稚内間の寝台車付き夜行急行「利尻」と、小樽方面と稚内を結ぶ普通列車などを受け持った。四季それぞれ、素朴な風景の中を走る光景は美しく、特に極寒の季節、塩狩峠で、あるいは天塩川に沿って雪を被りながら走る雄姿は、SL全廃が目前に迫った状況もあって、強烈な印象を残した。新製配置以来、生涯、北海道で走り続けた1は京都鉄道博物館に保存され、今でもその美しい姿を見ることができる。

スポーク動輪が美しいC55形。晩年は宗谷本線で活躍した＝旭川機関区、1972年5月

流線型で登場したC55 21＝鉄道博物館所蔵

ポニーは牧場を駆ける

67・C56形　国産

1－C－1　テンダー　1935～1965年

　C12形の登場から3年後の1935年、ボイラーはC12とそっくりだが、テンダーを連接したC56形が完成した。C12はタンク機のため長距離運転には無理がある。そこで、テンダーを付けて水や石炭の量を増やし、また逆向き運転も容易にできるようテンダー側面の上部を切り、機関士が後ろを向いても視界を確保できるよう設計された。

　1935年2月、苫小牧にファーストナンバーの1、続いて2が配属された。当時、苫小牧は夕張など産炭地と鉄鋼の街室蘭を結ぶ通過点であると同時に、木材や魚類、さらに馬産地でもある日高地方を結ぶ拠点でもあった。

　C56は苫小牧から様似への途中、浦河まで完成間近だった日高本線に投入され、太平洋沿岸の潮風を受けながら毎日走った。ファンから「ポニー」と呼ばれるほど愛らしいC56は、牧場が多い日高の風土にぴったりだったろう。

　以後、仲間が急増し、太平洋戦争前夜の1940年には道内で54両を数えるに至った。所属区も岩見沢、帯広、静内、木古内、標茶など全道に拡大。簡易線が多かった北海道にはうってつけの機関車だった。

　戦争中、軍への供出で大陸に渡るなどしてひと桁に減り、1960年代になると、苫穂に残る112と137の2両のみとなった。このころまだ札幌駅構内で入れ換えする姿も見られたが、112は上諏訪に移動、137は1965年、廃車となり、"ポニー"の道内での足跡は消え失せた。

C56形。テンダーの側面上部が一段低くなっているのが特徴だ＝苫穂機関区、1964年10月

仲間千両、日本一誇る

68・D51形　国産

1－D－1　テンダー　1936～1976年

　いうまでもなく、D51形は日本を代表する機関車で「デゴイチ（またはデコイチ）」と愛され、もっとも有名な蒸気機関車となっている。軸配置は先輩貨物機D50形と同じミカド型。性能はあまり変わらないが、ボイラー圧力を上げ、動輪をボックス型にするなど、戦時体制での酷使も視野に入れて設計された。

　1935年から製造開始され、北海道には同年3月、早速6と7が小樽築港で運転開始。D50形とともに函館本線の重量貨物列車を牽引し、実力を発揮した。メー

カーだけでは追い付かなくなり、全国の主要国鉄工場でも製造。これには苫穂工場も加わり、237～242、489、559～563の12両を製造した。これらは地元の追分など各機関区で貨物輸送を受け持った。本州に移ったナンバーもあった。

　戦争の激化とともに、資材不足で簡易な作りになりながらも、戦争終結の1945年まで生産が続いた。その数は1,115両に及び、日本の機関車としては同一形式最多記録を誇っている。四国を除いて、日本全国にくまなく配置された。国鉄以外でも北海道内では胆振縦貫鉄道（後に国鉄が買収）が導入。外国では台湾のほか、戦後の1949年にはソビエト連邦のサハリン州（旧樺太庁）の鉄道向けにも製造された。

道内のD51の両数はうなぎ上りとなり、戦争直後には100両を突破。本州からの移転組も加わり、1967年には全道で240両のピークに達した。全国のD51のほぼ4分の1が北海道に集結していたことになる。

北海道のD51は貨物だけでなく、函館本線長万部—小樽間の山線において、重連で急行「まりも」を引くなど、勾配での脚力も買われた。数が多いだけに外観、装備も多彩で、初期型は給水温め機を煙突と砂箱の間に線路方向に付け、カバーで覆って半流線型に仕様し、"ナメクジ"のニックネームが付いた。

また、北海道独自の寒地対策として運転台にドアを取り付けたほか、追分所属機は燃焼効率を上げるため、煙突を角型のギースルエジェクターに変更するなど、さまざまな改良も見られた。

電化やディーゼル化が遅れた北海道では、1970年になっても全道各地にSLは200両以上が生き残り、活躍を続けたが、1975年12月24日、日本の定期貨物列車の最後となる夕張発追分行き6788レを苗穂工場製のD51 241が牽引。力強く汽笛を吹鳴して走り、1世紀近くに及んだ国鉄蒸気機関車のフィナーレを飾った。

"ナメクジ"と言われた初期の半流線型。北海道に多く見られた＝小樽築港機関区、1971年8月

煙突に回転火の粉止めを付けた標準型＝桑園、1964年9月

戦後型のD51。除煙板は切り取りの北海道式に改められている＝鷲別機関区、1970年4月

戦時買収で胆振縦貫鉄道から国鉄入りしたD51形953（旧D51 03）＝神居古潭、1969年8月

最後の炎、オホーツクで

69・C58形　国産

1－C－1　テンダー　1938～1975年

性能は旅客用8620形と貨物用9600形の長所を取り入れ、外観はD51形とC57形の折衷とし、地方線の客貨両用で使用することを狙った。軸配置1－C－1はプレーリー型と称し、タンク機には古くからあったが、テンダー機としては初めて採用。1938年から戦後の1947年まで427両製造された。

北海道への一番乗りは製造年の1938年9月、82と

83で、合わせて釧路に配属された。釧路を中心とした道東地区の輸送力増強のためで、路盤が弱い根室本線や釧網本線で混合列車も含めて牽引。戦後はC11形の後継として江差線で活躍したほか、千歳線では貨物の補機なども務めた。SLブームのころは、釧網本線のオホーツク沿いの原生花園や流氷との組み合わせ、あるいは雄大な釧路湿原を走る姿が人気を呼んだ。

生き残った33など7両は北見に集められ、1975年5月末まで寝台車付きの普通列車（札幌—網走間の急行「大雪5号」が北見—網走間のみ普通列車で運行）を引くなど、最後の炎を燃やしたが、無煙化により同年6

客貨両用としてSL末期まで残ったC58形（写真は戦後型）＝苗穂機関区、1971年4月

月から8月にかけて一斉に廃車。ただ33、98、119、139の4両は北見などで保存されている。ファーストナンバーの1は1949年、千葉から北見に転属し、以後、北見をベースに活躍したが、1972年、京都・梅小路蒸気機関車館（現京都鉄道博物館）での保存が決まって移動。その後、現役復帰し、山口線の「SLやまぐち号」でC57 1と重連を組んだりしたことも。現在も京都鉄道博物館で同じ北海道で活躍したC55 1などと共に展示されている。

地方で活躍、現役機も

70・C11形　国産

1－C－2　タンク　1939～1975年

1930年、旧来の性能に甘んじていたタンク機を近代化するため、都市近郊の旅客列車用としてC10形（1－C－2）が23両製造された。しかし、軸重が重く、ローカル線には向かない。そこで、1932年から改良機C11形が製造され、全国で使用されることになった。高速運転を想定してC10にはなかった除煙板も付けられた。

北海道には後輩のC12形より遅れて1939年、第1陣の2と9が深川に配置された。太平洋戦争が始まると、ローカル線の輸送にも力を入れるためか、一気に40両以上に増え、ほぼ全道に行き渡った。戦争末期には道南では函館、木古内、長万部、道央では苗穂、静内、深川、朱鞠内、道東では北見に配置されている。戦後も江差線、瀬棚線、日高本線、札沼線、標津線などで短編成の貨物や混合列車を引いて小まめに働いた。

SL末期まで現役で残った6両は全機、釧路に集められ、最後の踏ん張りを見せたが、1975年6月、一斉に廃車となった。番号は171、176、209、224、227、274。この中から227が静岡県の大井川鉄道に譲渡され、現役復帰したほか、標茶町に保存展示されていた171は1999年、JR北海道の手で走行可能に復元された。同機は同年、留萌本線の「SLすずらん号」を皮切りに現役復帰。現在も釧路―標茶間の「SL冬の湿原号」を牽引し、人気を博している。（※2022年は故障のためDLを使用）

同じC11の仲間では静内町（現・新ひだか町）に保存されていた前照灯2個の207も復活。一時は171との重連運転も行われたが、2016年に東武鉄道に移り、翌年から鬼怒川線で「SL大樹号」を引いて地元の観光に一役買っている。同機は国鉄時代、長年、日高本線で活躍し、苫小牧から長万部に転属後の1974年6月、「瀬棚線SLさよなら列車」を引いた機関車だった。

ローカル線の貴重な戦力だったC11形＝長万部機関区、1964年7月

血筋違うのに同族に

71・7200形（新）　米ボールドウィン製
1－C－0　テンダー　1943 ～ 1948 年

　戦時輸送を効率的にするため、国鉄は 1943 年、私鉄の北海道鉄道を戦時買収した。北海道鉄道と言っても前述の函館─小樽間の北海道鉄道ではなく（これはすでに国有化されていた）、札幌から沼ノ端を経て、日高山脈の麓、辺富内（後の富内）に至る千歳線・日高本線西部・富内線の原型を作った新しい北海道鉄道である。以後、2 代目北海道鉄道と記述する。

　国鉄は買収の際、機関車 4 形式を編入し、新たな形式を付与した。ここで紹介する 7200 形 3 両は、1890 年幌内鉄道が購入した初代 7200 形とはまったく関係ないのに、無理やり同じ形式にさせられた逸話が残るグループだ。

　初代 7200 形と新 7200 形は米ボールドウィン製という共通項はあるものの、製造に 30 年以上の差があり、当然、新 7200 形のほうが性能は優れていた。しかし、管理の簡便さを狙ったのか、あるいは勘違いなのか、北鉄からの機関車に初代から続き番号となる 7225 ～ 7227 の番号を振ってしまった。それで何か不都合があったという話は聞かないが、苗字とも言うべき形式が軽く扱われたのは間違いない。

　ともかく 3 両は晴れて国鉄入りし、いずれも小樽築港に配置され、戦争末期から戦後にかけて入れ換えに従事。1948 年に同時に廃車となり、7225 だけは日本曹達天塩鉱業所に譲渡された。

最後?の米製タンク機

72・1310形　米ボールドウィン製
0－C－0　タンク　1943 ～ 1949 年

　1922 年の製造で、2 代目北海道鉄道の前身北海道鉱業鉄道が 2 両輸入した。当時、辺富内付近には豊富な木材資源があるほか、鵡川流域には石炭、クロムなど、鉱物資源が期待された。同鉄道はそれを札幌に運ぶ目的で 1922 年、営業を開始。それに向けて導入したのが 1310 形で、この時期、全国的に輸入機はドイツ製が主流だったが、米国製が幅を利かせる北海道だけあって、その流れに乗ったようだ。日本が米国から輸入した小型機としては最後の方とされる。

　戦争中の 1943 年、札幌線（現千歳線）も含めて同鉄道全線が国有化され、この 2 両も国鉄に編入される。1310 は 1947 年、富良野で廃車となり、富山鉄道に譲渡され北陸の新天地へ。1311 は 1949 年、滝川区で廃車され、雄別炭礦鉄道に移り、石炭を運んでひと花咲かせたが、1957 年、命運が尽きた。

控えから再起果たすも

73・3025形　米ボールドウィン製
1－C－1　タンク　1943 ～ 1949 年

　1921 年製造で、2 代目北海道鉄道が営業用に買い入れた第 1 号機。1 両限りだが、戦時買収で国鉄に入り、苗穂機関区でボイラーを使ってガソリンカーのエンジンを予熱するために使われていたとされる。

　ガソリンカーは同鉄道で使用され、同時に編入されたもので、同鉄道札幌線から国鉄千歳線に名前を変えた路線を引き続き走っていた。そのための補助役だったのだろうか。3025 はその後再起し、苗穂で入れ換えを受け持ったが、目立つ存在ではなかったようだ。1948 年には小樽築港に移り、翌年、ひっそりと廃車になった。

ちょっと「チェコ風」だとか

74・3045形　ドイツ・コッペル製
1－C－1　タンク　1943 ～ 1948 年

　1310 形などと同様、戦時買収で 2 代目北海道鉄道から国鉄に編入され、5 と 6 が 3045 形と改名された。同鉄道が 1925 年、札幌の隣駅苗穂と沼ノ端間の延伸区間開業を目前に控え、新車で 2 両導入した日本で最大のコッペル製機関車。熱効率をよくするためボイラーを長く取り、これによってシリンダーが後方にずれ、力強く見えたという。こうした外観について臼井茂信氏は『国鉄蒸気機関車小史』の中で「東欧の色彩が強く、チェコ・シュコダ製の機関車を連想させる」と書いており、日本では特異なスタイルだったようだ。

　北海道鉄道ではドイツ製の大型タンク機として期待され、風を切って走ったことだろう。現在の高速列車とは比べものにならないが、勾配区間ではドイツ生まれの底力をいかんなく発揮したのではないか。

　国鉄編入後、両機はとりあえず苗穂に配置されたが、翌年 3045 は帯広へ、3046 は同時期、釧路に転属した。しかし、この当時、すでに大型量産機が主力となっており、本線での出番はなく、それぞれ入れ換え専用で 1948 年、道東で同時に姿を消した。

筑波からの渡り鳥

75・3425　国産
1－C－1　タンク　1944 ～ 1948 年

　旧国鉄胆振線の前身、胆振縦貫鉄道を戦時買収した際、他の車両とともに国有化された中の1両。元は筑波鉄道が発注した1922年製で、1939年ごろ、胆振鉄道に移り、1940年、胆振縦貫鉄道との合併で今度は胆振縦貫鉄道の車両となった。

　胆振、胆振縦貫両鉄道は両方合わせて、函館本線の倶知安と室蘭本線の伊達紋別を結ぶ私鉄路線（83.0キロ、他に枝線の京極―脇方間7.5キロ）で、縦貫鉄道は1941年、国鉄D51形と同形のD51 01 ～ 05（国鉄編入後はD51 950 ～ 954）も導入しており、なかなか野心的な鉄道会社だった。3425は国鉄編入後、伊達紋別に配置されたが、間もなく苗穂に移動。入れ換え専用機として働いた。

急ごしらえの "決戦機関車"

76・D52 形　国産
1－D－1　テンダー　1944 ～ 1950 年、
1960 ～ 1973 年

　太平洋戦争が激化する中、戦争遂行のための石炭、資材の輸送力増強が計画され、1943年、D51形を上回る巨大ミカド型、D52形の製造が始まった。日本が崖っぷちに追い込まれる中で、戦局打開の切り札としての期待を込め「決戦機関車」と喧伝された。超大型ボイラーを乗せたためD51より一回り大きく、ボイラー前部が突き出し、力強く見えるのが特徴。D51の牽引定数は1,050トンだが、これを1,200トンに引き上げるのを目標にした。しかし、金属材料の不足は深刻で、除煙板やボイラー下部のランニングボードなど

D52形。除煙板を北海道式に変えられた204＝五稜郭機関区、1970年6月

ランボードに白線を入れたD52 142。苗穂工場で検修を終えた直後の試運転＝桑園、1969年4月

は木製で代用するなど極力切り詰め、外観は簡素な作りになった。

　東海道、山陽両本線のほか、鉄鋼に必要な石炭輸送の本拠地、北海道は当然、集中配置の対象となり、1944年12月、函館本線と室蘭本線の分岐点、長万部に21を先頭に一気に30両が集中配置された。ここでは、青函連絡船に接続して本州ルートになる長万部―函館（五稜郭操車場）間のほか、長万部―倶知安間、長万部―岩見沢間などで長編成石炭列車の牽引を担ったとされる。

　しかし、あまりにも簡素な戦時設計・製造に加え、ベテラン乗務員が応召で不足したうえ、石炭も粗悪化して故障や事故が多発。次第に稼働率は低くなり、現場では持て余し気味となってD51との共通運用も見られるようになった。1945年8月終戦後も、長万部に残ったが、D52全体の再起を図るため、1950年までに全機が本州に引き揚げられた。その後、国鉄工場で戦時設計のボイラーの強化改善や補修が行われ、自動給炭機（ストーカー）も装備されて再び前線に復帰する。1960年からの再配置については後述する。

【第4期】　黄金期 (1946 ～ 1965 年)

　1945年8月15日、北海道の鉄道はどん底の状況で終戦を迎えた。営業用蒸気機関車は約700両在籍していたが、石炭は粗悪炭、部品や油も十分に無い。職員も長年の無理がたたり、疲弊し切っていた。

　それでもSLは動いていた。国鉄の蒸気機関車の数は、1946年の5,967両が過去最大両数で、うち北海道は697両、翌年には701両とピークを迎えていた。SLは休む間もなく、外地からの帰還兵、樺太からの引揚者、食料を求める人々の輸送に酷使された。戦時中の貨物優先のツケで客車が不足し、乗客が機関車のデッ

キにしがみつく光景も珍しくなかった。戦後の復興は、まさにSLとともに始まったと言える。

　北海道では1951年、函館―網走間の急行が「大雪」、函館―釧路間の急行には「まりも」の愛称が付けられて登場。さらに、次々と愛称付きの急行・準急が生まれた。1956年には、東海道・山陽本線の電化で余剰となったC62形（D52形改造）7両が小樽築港機関区に配置され、函館本線の長万部―小樽間では重連で運転。スピードアップとともに、2等車（後のグリーン車）や食堂車などを連結してサービス向上が図られた。

　1960年には装備が一新された貨物用D52形が、今度は五稜郭機関区に配置（終戦前後は長万部に配置）され、貨物輸送の牽引力向上を実現。同年にはD61形（D51形改造）6両全機が、老朽化した9600形の代替として羽幌線用に配置された。1961年10月ダイヤ改正で、北海道初の特急「おおぞら」がデビューするなど、ディーゼル化が進み始めたが、1960年代はまだSLの黄金時代だったと言えよう。

　国鉄車両配置表によると、1965年3月末現在、北海道のSLは26機関区（2車両管理所、1車両区、2機関支区を含む）で合計550両が稼働。全国の2割近くが北海道に集結していた。もっともそれは、北海道の車両近代化が遅れている証でもある。ともあれ、入れ換え・近距離用のDD13、DE10など、SLに代わる新鋭ディーゼル機や、電化による電気機関車の配置も進み、SLは次第に働き場所を失って行った。

SL旅客の最後飾る

77・C57形　国産
2－C－1　テンダー　1947〜1975年

　1930年代に作られたC55形は62両で生産が打ち切られ、その後は改良型で増備することになり、1937

戦後の客車急行を引いたC57形＝小樽築港機関区、1971年4月

C57形の戦後型。より軽快な外観となった＝苗穂機関区、1964年10月

年、新たにC57形が誕生した。従来のボイラー使用圧力を引き上げ、引張力はC51形やC55形を上回ることに成功。直径1,750ミリの動輪も従来のスポークではなく、より頑丈なボックス型が採用された。

　製造中は日中戦争から太平洋戦争に拡大する時期で、この間は本来の旅客用としての性能は十分発揮されなかったが、戦後、急行が復活すると、全国の地方路線で活躍するようになった。

　北海道への配置は戦後のことで1947年、小樽築港に戦後型の200と最終番号の201が配置された。以後、戦前型も含め、ピーク時の1960年代には最多27両を数えるに至った。函館、室蘭両本線の急行、普通列車に多く見られたが、中には小樽を出て滝川から根室本線に入り、難所の狩勝峠を越え、釧路まで走り抜くロングラン運用もあった。

　1970年代に入り、いよいよSLの最後が見えて来ると、C57は残った5両全機が岩見沢第一機関区に集められ、岩見沢―室蘭間の普通列車牽引に充てられた。そして1975年12月14日、C57 135が国鉄最後のSL牽引定期旅客列車となる室蘭発岩見沢行き225レを引き、歴史の大きな幕を閉じる役割を担った。同機は現在、鉄道博物館に保存され、転車台で方向転換するデモンストレーションを行うなど、往時の姿を再現している。

築港のアイドル機

78・B20形　国産
0－B－0　タンク　1949〜1967年

　太平洋戦争中、国内の輸送が増える一方、戦火が拡大する大陸に多くの機関車が供出された。その中で、D51形やD52形など大型機の製造は拍車がかかったものの、入れ換え用の小型機の不足が深刻化。そこで、応急措置として国鉄郡山工場でB20形の製造を開始し

た。1が完成したのは1944年2月だった。

ただ、作るとしても資材不足のため、例えばボイラー上の丸型のドームを角型にするとか、仕上げを省略するとか、極端な話、「動けばいい」との徹底した節約設計が貫かれた。重量は20.3トンでD51に比べて約4分の1。全部で15両製造されたが、出そろったのは1946年で、戦争終結後だった。

北海道には1949年、1が盛岡から小樽築港に転属してきた。入れ換え専用となったが、並みいる大型機の

陰に隠れてしまう。それがまたファンには人気で、B20見たさに撮影に訪れる人も多かった。ちょっとしたアイドルだったかもしれない。北海道に配置されたのはこの1だけで、15両製造されたうち、このころ残っていたのは1と鹿児島の10だけだった。「戦争の申し子」とも言える当時希な小型タンク機が、北と南に分かれて最後の時を待っていたことになる。1は1967年に廃車後、一時保管されていたが、現在は岩見沢市内で保存、10は京都鉄道博物館で保存されている。

戦時中に製造されたB20形。入れ換え専用だった＝小樽築港機関区、1960年ごろ

足元軽くても、歳には勝てず

79・D60形　国産改造
1－D－2　テンダー　1953～1966年

戦後の復興が始まると、再び貨物需要が伸び、戦前に作られた機関車の疲弊も目立ってきた。また、D50形やD51形は軸重が大きく、基盤が弱い地方線に入れない弱みがある。そこで従輪を増やして軸重を軽くし、使用範囲を広げることになった。

まず、9600形に代わる貨物機として、D50形をD60形に改造することに着手した。1951年から国鉄浜松工場で始まり、1956年まで78両が完成。北海道は1953年8月、池田に41はじめ計3両配置され、根室本線の貨物を受け持った。1950年代後半には16両に増え、池田は北海道におけるD60の基地となった。道内でD60が配置されたのは池田だけである。なお、41に改造されたのは追分に配属されていたD50 333で、形式を変えて2度、北海道で働いたことになる。

しかし、それもつかの間だった。根室本線の無煙化

のテンポは早く、1960年代、ディーゼル機DD51形の投入が本格化するにつれ、D60は順次廃車に。最後は36、37、39、41、42、44、45の7両を残すのみとなり、これらも1968年をもって全機姿を消した。もとより老朽化したD50を改造したのだから、やむを得ない運命だった。

九州のD60形。北海道同様、地方線で使われた＝鳥栖機関区、1970年4月

D60 58の運転台下には「ボイラ　D50 97」と改造前のナンバーが書かれていた＝同

最大最速、ハドソン登場

80・C62形　国産改造
2－C－2　テンダー　1956～1976年

　戦争が終わり、平和の到来とともに、日本は復興に向けて動き出した。国鉄は戦時中、旅客列車を廃止し、貨物最優先で動かしていたが、今度は物だけでなく、人の流れも活発になる。当時日本を支配していたGHQ（連合軍最高司令部）は機関車や船舶の新造を認めず、不便を強いられていたところ、「では改造するならいいだろう」と、国鉄は旧来の機関車を新車同様に高度化するプロジェクトに乗り出した。

　その第1号が余剰となったD52形の巨大ボイラーを利用し、足回りを旅客用に作り替えたC62形だった。「改造」と称してGHQの目を逃れたといってよい。軸配置は2－C－2という日本初の「ハドソン型」。D52のボイラーに急行用C59形と同じ直径1,750ミリのボックス動輪を付け、狭軌では最大、最速級の機関車

を実現させた。1954年の速度試験では、C62 17が時速129キロを記録し、「狭軌鉄道における蒸気機関車の最高速度」と歴史にも刻まれた。

　大きな期待を受けて1950年代、東海道・山陽両本線で特急「つばめ」「はと」「かもめ」など、当時の優等列車を牽引し、日本復興のシンボルともなった。しかし、急速な電化の進展により、常磐線など地方に回されることになり、1956年、北海道の線路規格でも走れるように軸重軽減されたC62形7両が小樽築港に転属してきた。当時、急行は函館本線長万部―小樽間の山線を経由しており、D51が重連で引いていたが、それに代えてC62重連を投入し、乗客増と所要時間を短縮する狙いだった。

　7両は2、3、27、30、32、42、44で、このうち27はD52 49から、30は同152からの改造で、いずれもD52時代は長万部に所属しており、ボイラーだけとはいえ、形式を変えて北海道に復帰したことになる。

　東海道・山陽本線という日本屈指の幹線から北海道に来たC62は「都落ち」などと言われたが、函館―小樽間、あるいは旭川まで急行などを牽引。特に山線での重連運転は、単独での特急牽引とは様相を変えながらも、C62の強力・高速の持ち味を十二分に発揮してファンを熱狂させた。なかでも2は除煙板にステンレス製の「つばめマーク」が付けられていることから、「スワローエンゼル」とも呼ばれ、人気を博した。

　しかし、C62重連の唯一の列車となった急行「ニセコ」が、時代を経てDD51重連にバトンタッチすることになり、1971年9月15日、小樽―長万部間で上下とも迫力満点の三重連運転が挙行された。上り「ニセコ1号」は2＋3＋15で鈴なりのファンの前を力強く走行。長年コンビを組んだ2と3は長万部で折り返し

最大・最速を誇ったC62形。"陸の王者"にふさわしい威厳を持っていた＝五稜郭、1968年

て下り「ニセコ３号」に付き、2＋3＋16の組み合わせで勇壮な響きを轟かせ、小樽への最後の道のりを一気に走り抜いた。15と16は廃車機の代替として、1年前に山陽本線糸崎から渡ってきていた。

DD51に交代後、15と16は廃車。2はその後、小樽—長万部間の普通列車を引いていたが1972年、保存のため京都・梅小路蒸気機関車館（現京都鉄道博物館）に移動し、現在も人気を誇っている。また、3は1976年廃車となったが、国鉄民営化後の1988年、多くの人々の支援で復活し、行楽時期に「C62ニセコ号」として山線を運転。「奇跡の復活」と称賛された。1995年に最終運行となり、煙を止めたC62 3は現在、苗穂工場の一角に保存され、静かに栄光の歴史を伝えている。

マンモス、再び現わる

・D52形　（再配置）　1960 ～ 1973年

前述したように、戦争末期に長万部に配置されたD52形30両は、1950年までに本州に引き揚げられ、ボイラーなどの補強修繕を施したのち、再び東海道・山陽本線などの第一線で働き始めた。「マンモス貨物機」は、今度こそ本来の実力を発揮。しかし、電化が急ピッチで進展し、多くのD52は転属を余儀なくされた。大型機ゆえ、入線できる路線は限られたが、ディーゼル化が遅れている函館・室蘭両本線における輸送力増強のため、1960年、五稜郭に13両まとまって再配置された。

番号は56、136、138、140、201、202、204、217、235、400、404、414、468（形式最終番号）で、このうち56、136、201、235の4両は寒さ対策のため密閉式運転台に改装された。後に28、89、142、418、422の5両も本州から移って加わったが、いずれも半年余りで廃車になった。SLの先行きを見て、これ以上、D52に頼る必要はないと判断されたためだ。

D52は五稜郭操車場—東室蘭操車場間の重量貨物列車牽引が主要な役割となったが、函館近くの渡島大野（現・新函館北斗）—大沼間の「仁山越え」の補機としても活躍した。最大20パーミルの急勾配を重連あるいは後補機で上る姿は迫力満点。急行「まりも」などでは本務機C62と最強コンビを組み、轟音をとどろかせて急坂を越えた。

1960年代後半になると、DD51形が本格導入され、移行期はDD51＋D52の慣らし運転も出始めた。本州で唯一、D52が残っていた御殿場線も電化された後、全国でD52が見られるのは、函館・室蘭両本線だけに。それも1970年代に入ると、順次廃車となり、最後に残った202も1973年、無煙化により姿を消した。最終ナンバー468は現在、京都鉄道博物館で保存されており、迫力ある巨大さを実感できる。

ラストSL、日本海を走る

81・D61形　国産改造
1－D－2　テンダー　1960 ～ 1975年

地方線用9600形の代替機として、D51形を改造して登場した。日本の蒸気機関車の歴史を締めくくる最後の

D51形を改造したD61形。外観はそっくりだが、運転席下の従台車が2軸となっている＝深川機関区、1971年3月

形式で、D50 形を D60 形に改造したのと同様、従輪 1 軸を 2 軸に増やし、D51 が入線できない線区でも走行可能にした。製造は 6 両で、1960 年、全機留萌に配属され、日本海に沿って南北に走る羽幌線の貨物を受け持った。

希少価値のため注目されたが、軸重を軽くしたことが裏目に出て空転が多く、乗務員泣かせの一面もあった。その後、沿線の羽幌炭鉱が閉山したため貨物が急減し、改造目的を失った D61 は全機深川に移動。留萌本線で D51 と共通運用となり、しぶとく生き残ったものの、1975 年、最後に残った 4 が廃車となり、形式全機が消滅した。D61 3 は留萌市内の公園に保存されている。

【第 5 期】 終焉期（1966 ～ 1976 年）

もはや新形式の導入はなくなり、"蒸気王国"と言われた北海道でも、1960 年代後半から淘汰のテンポが加速した。ディーゼル機 DD13 形や DD51 形、さらに電化により ED76 形など新型電機機関車も増加中の 1970 年 3 月末の SL 両数は、20 機関区（1 運転区、2 機関支区を含む）の合計が 444 両で、この 10 年間で約 2 割減った。

一方、本州・四国・九州を見ると、1965 年の 2,765 両が 1970 年は 1,447 両となり、ほぼ半減。こうした "SL 全廃計画"が進む中、検査切れまで時間がある機関車の一部は、北海道に渡って生き延びた。全国各地では「SL さよなら運転」が繰り広げられ、SL ブームはピークに達していた。

1975 年 3 月末には、北海道も 15 機関区（1 運転区を含む）、159 両に減少し、その運命は風前の灯火に。道外では同時期までに四国は全廃、本州は 19 両だが、うち 16 両は保存を前提として全国から集めた京都・梅小

路機関区の SL で、辛うじて現役として在籍するのは本州は吹田第一の D51 形 1 両、浜田の同形 2 両のみ。九州は人吉の 8620 形 1 両のみとなっていた。

そして同年 12 月 14 日、室蘭本線で C57 牽引の国鉄最後の旅客列車、同 24 日には夕張線で D51 による最後の貨物列車が運転され、SL の営業列車牽引の幕が下りた。その後、現役で残ったのは追分の 39679、49648、79602 の 9600 形 3 両だけで、駅構内で入れ換えを受け持っていた。

しかし、それも 1976 年 3 月 2 日、一斉に引退し、日本の蒸気機関車の最後の火が消えた。なお前年 7 月、一足先に廃車となった 19673 は 1918 年、追分に新製配置以来、全く移動することなく、追分一筋に務め上げた稀有な機関車だった。

長い歴史の中には、本線の急行を引く "エース級"の機関車もあれば、事故に遭遇したり、あるいは力不足であっけなく姿を消した不遇の機関車もあった。しかし、老朽化した入れ換え機関車であっても、客車を編成したり、貨車を行き先別に並べ替えたり、縁の下で重要な役割を果たした。彼らが存在しなければ、華やかな急行列車も走れなかった。

そうしたことに思いをはせると、たとえ「鉄の塊」であっても、それぞれが 2 本のレールを舞台に生涯を全うしたといえよう。SL の活躍を振り返ると、人の一生と重なるように私には思えてならない。

天を焦がす黒煙。あたりを震撼させる汽笛。レールを踏みつける大動輪――。北海道から蒸気機関車の姿が失せてほぼ半世紀の時が流れた。しかし、悠久の大地はすべてを覚えている。

北海道内　主な SL さよなら運転

「SL 王国」と言われた北海道も 1960 年代末期になると、ディーゼル機関車や電気機関車、気動車、電車が台頭し、SL の出番は次第に限られてきた。このため、名残を惜しむ「SL さよなら運転」が各地で企画され、大勢の人に見送られて花道を去っていった。当時の主な「さよなら運転」と、有終の美を飾った機関車を紹介したい。

■北海道内　主な「SL さよなら運転」一覧

年月日	線名	区間		列車番号	機関車番号
1969・9・30	函館本線	旭川―滝川	客	122	C57 201
1971・9・15	函館本線	小樽―長万部	急客	104	C62 2 + C62 3 + C62 15
			急客	103	C62 2 + C62 3 + C62 16
1974・6・30	瀬棚線	長万部―瀬棚	臨	9891	C11 207
			臨	8992	C11 207
1974・7・21	釧網本線	釧路―弟子屈	客	636	C58 418
1975・5・3	広尾線	帯広―広尾	臨	9823	19671 + 9654
			臨	9824	
1975・5・5	宗谷本線	旭川―名寄	臨	8321	49648 + 39679
1975・5・6	名寄本線	名寄―上興部	臨	8627	49648 + 39679 + 79642
			臨	8626	
1975・5・18	宗谷本線	稚内―幌延	準混	8396	29613
1975・5・31	石北本線	北見―網走	準混	575	C58 417
1975・12・14	室蘭本線	室蘭―岩見沢	客	225	C57 135
1975・12・24	夕張線	夕張―追分	貨	6788	D51 241

※準混＝準混合列車の略。貨物列車に客車を連結した列車を指す

北海道　国鉄在籍蒸気機関車形式一覧

　幌内鉄道から始まった北海道の国鉄在籍蒸気機関車は、『北海道鉄道百年史』などによると、最初の7100形から最後のD61形まで81形式（軽便用を除く）を数えている。ここでは、それらの在籍期間が一目で分かるようにグラフで示してみた。最短は4100形の1

年、最長は9600形の60年である。なお7200形は元来のものと、2代目北海道鉄道から編入され、新たに同形式とされたものとがあるが、仕様がまったく異なるため、後者に（新）を付けて別形式として扱った。

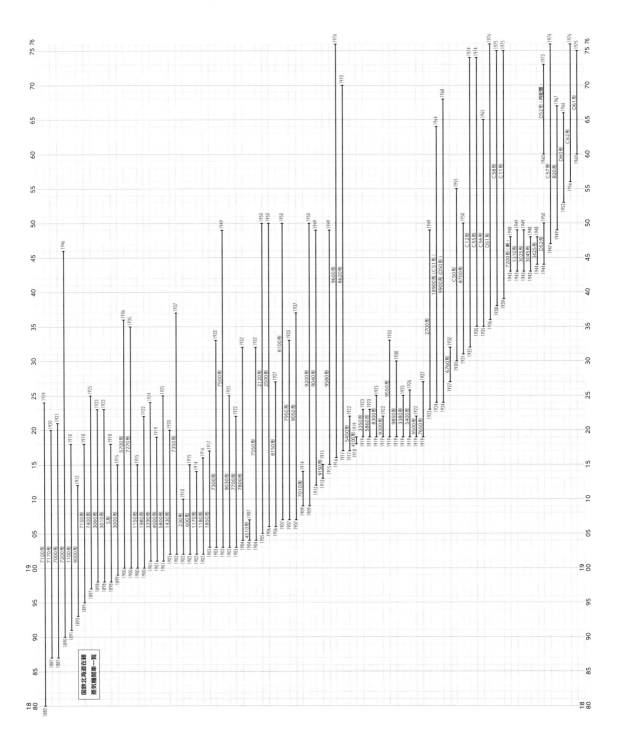

機関車配置表

機関車は線路を走るのが仕事だが、1両ごとに所属が定められている。創業間もないころ、主役の蒸気機関車（SL）を管理するのは機関庫と呼ばれ、運転・整備に当たるほか、石炭や水を補給し、列車を安全運転する司令塔の役割を担った。

北海道で初めて機関庫の役割を持ったのは、1880年11月、開拓使による幌内鉄道が開業した際、小樽側の起点である手宮に建設された手宮鉄道工場だった。ここには米国から輸入した「義経」や「弁慶」などが配属され、米国人技師の指導を受けながら機関車の運転や修繕、同時に機関車組み立ての技術を学ぶ場にもなった。

経営が幌内鉄道から民営の北有社、その後、北海道炭礦鉄道に受け継がれ、鉄道は岩見沢など産炭地、さらには全道に急速に延伸された。それに伴い、各拠点に機関庫（1936年に機関区と改称）が設置され、全道でSLが縦横無尽に走行するシステムが構築された。太平洋戦争時は石炭や木材、食料、さらには兵員輸送などのため、旧型、新型を問わず機関車が総動員され、全道で700両を超える陣容に至った。

戦後、しばらくはSLの天下が続き、1957年には全道32機関区（支区、駐泊所などを含む）で約600両のSLが客車や貨車輸送、さらには入れ換えにも従事していた。しかし、1960年代からディーゼル機関車（DL）が続々投入され、新旧交代が急速に進んだ結果、1973年ごろにはDLがSLに代わって道内機関車の代表の座を占めるようになった。また、小樽—旭川間の電化により、電気機関車（EL）も投入された。

今回、北海道の国鉄機関区に在籍したSLのほか、DL、ELを含めてその番号を記録にとどめたいとの思いが募り、手元にある資料を基に1912年から1975年まで、飛び飛びながら、18カ年分の北海道限定の機関車配置表を作ってみた。SL全廃からすでに半世紀近くを経ており、これらの機関車はほんの一部を除いてスクラップされた。その意味で、ここに羅列したアルファベットと数字は、彼らの存在の証となる「墓碑銘」と言ってよい。

作業に当たっては『北海道鉄道百年史（上・中・下）』（国鉄北海道総局）の中の「営業列車用機関車配置表」、『国鉄車両配置表』（鉄道図書刊行会）のほか、『SL No.2』（交友社）、『全国蒸気機関車配置表』（イカロス出版）、ウェブ上の「機関車データベース」などを参考にさせていただいた。

配置表の機関庫・機関区の項で（支）は支区、（分）は分区または分庫、（管）は管理所、（駐）は駐泊所、（転）は運転区または運転所の略。また（1休）は第1種休車、（2休）は第2種休車の略。これらは判明する範囲で入れた。なお、「営業列車用機関車配置表」には入れ換え専用機は入っておらず、実数はこれより多いと推測される。軽便用機は除いた。各資料は、記載された時点が年度初め、あるいは年度末、または6月や9月の月末であったり、バラバラなところがあり、資料間で番号や両数に違いが生じている場合がある。資料の明らかな誤植等は確認できる範囲で修正した。

五稜郭機関区全景。D52、D51、9600がびっしり並んでいる。中央にガントリークレーンと給炭台。その下に2両、石炭補給のため入っている。その奥が扇形庫。左にD52 136、中央右にD52 56、右隅に39655などが見える=1968年9月

1912 年

　鉄道国有化法により、政府は 1906 年に北海道炭礦鉄道を、翌年には北海道鉄道を買収、さらに 1908 年には青森―函館間に青函連絡船が就航して、北海道と本州との一体化が図られた。1912 年の配置表はそうした「明治の勢い」が全道に行き渡りつつある状況が映し出されている。

　もともと米国製のテンダー機が主流の北海道は、その後も 9050 形、9200 形など最新鋭のテンダー機が函館、黒松内、中央小樽、札幌、室蘭、夕張など拠点区に配置され、石炭をはじめとする資源の輸送、増え続ける本州からの開拓民を現地に送り込む牽引役となった。またタンク型で小回りが利き、入れ換えにも力を発揮する大量生産機 2120 形も中央小樽はじめ各地に顔を見せ始めた。

　しかし、稚内や根室など道北や道東は先端まで開通しておらず、支線も少ないことから、旭川運輸事務所や釧路同の配置は、道央、道南に比べればまだ手薄の感がする。最北端の機関庫は名寄で、冬は極寒の地だが、ここには強力機 7500 形が 3 両配置されており、「雪との戦い」の最前線に立っていた。

■ 1912 年（明治 45 年）3 月 1 日現在

運輸事務所	機関庫	形式	機関車番号	両数
函館	函館	2120	2383	1
		7800	7803・7804・7806	3
		9200	9210・9222・9224	1
	野田追	2120	2378・2387	2
	黒松内	9050	9050・9052・9053・9054	4
		9200	9212・9236	2
	倶知安	9200	9210・9222・9224	3
北海道局直轄	中央小樽	1150	1158	1
		2120	2382・2385・2386	3
		9200	9234・9239	2
	手宮	2500	2650	1
		3010	3010	1
		5700	5749・5752	2
	札幌	3390	3392	1
		7200	7209	1
		9050	9071・9072・9073	3
	岩見沢	2500	2613・2658	2
		3060	3061・3062	2
		5700	5745・5746・5747・5753	4
		5800	5801	1
		9000	9006・9036	2
		9050	9064	1
	歌志内（分庫）	3060	3060	1
		7200	7222	1
	追分	2500	2617・2623・2657	3
		9050	9050・9061・9063・9067	4
		9200	9220・9221	2
	夕張	7200	7214	1
		9030	9030・9031	2
		9050	9066・9075	2
	室蘭	2500	2621・2622	2
		5700	5745・5750	2
		5800	5800	1
		9200	9233・9237	2
旭川	旭川	5700	5756	1
		7200	7202・7206	2
		7500	7500・7502	2
		7650	7650	1
		7950	7952・7954・7955・7960	4
	落合	7350	7350・7352・7353・7354・7355	5
		8100	8112	1
	名寄	7500	7501・7503・7505	3
	留萌（分）	7200	7207	1
釧路	池田	7270	7270・7272	2
		8150	8150・8154	2

運輸事務所	機関庫	形式	機関車番号	両数
釧路	池田	9000	9004	1
	釧路	7270	7273	1
		7950	7956	1
		9000	9000	1
		9050	9062	1
	野付牛	7270	7274・7275	2
合計				97

1914年

先の配置表の2年後だが、SL両数はほぼ倍の200両に迫る規模となった。日露戦争終結後、樺太（現サハリン）の南半分を日本の領土としたことから、経済的にも軍事的にも北海道の鉄道の重要性は増大し、7950形や8100形、9200形などの大型テンダー機が増備された。

急勾配、急曲線の難所がいくつもある函館本線長万部—小樽間には9200形が多く投入された。途中の黒松内に7両、倶知安には5両を重点配置。1915年の時刻表を見ると、この区間は普通列車3本、函館—釧路間の急行1本が走っており、貨物用機9200がそれらの牽引や補機も務めたのだろう。

また、産炭地と直結する追分、夕張、室蘭の増強も目覚ましく、網走方面の拠点、野付牛（現北見）も2両から9両に強化された。これは帯広に近い池田と網走を結ぶ網走本線（後の池北線）が全線開通し、道央からオホーツクに至る輸送量が増えたことによる。

■ 1914年（大正3年）6月1日現在

運輸事務所	機関庫	形式	機関車番号	両数
函館	函館	7170	7171	1
		7700	7712・7713	2
		7800	7802・7803・7804・7806	4
		9050	9050・9052	2
		9200	9236	1
	黒松内	2120	2361・2363・2379	3
		9200	9208・9219・9223・9227・9228・9234・9240	7
札幌	倶知安	3010	3010・3011	2
		7200	7209	1
		9200	9212・9222・9224・9226・9238	5
	中央小樽	2120	2365・2385	2
		8100	8104・8116・8117	3
		9200	9220・9239	2
	手宮	2120	2381・2382・2383・2384・2386・2387	6
		2500	2658	1
		3390	3391	1
	札幌	600	647	1
		2500	2613・2648・2649・2651・2654	5
		3390	3390	1
		9050	9071・9072・9074	3
	岩見沢	1980	1980・1981・1982	3
		2500	2625・2653	2
		3390	3392	1
		5700	5745・5746・5747・5749・5752・5753・5755	7
		5800	5802	1
		8100	8109	1
		9050	9056・9057・9064・9069	4
	滝川（分）	3060	3062	1
		7200	7200・7212	2
		9030	9045・9046・9047	3
室蘭	追分	2500	2616・2617・2618・2619・2620・2621・2623・2624・2626・2629・2646	11
		9050	9058・9059	2
		9200	9221・9225・9233・9235・9241	5
	夕張	9000	9030・9031	2
		9050	9061・9063・9065・9066・9067・9068・9075	7
	室蘭	2500	2649・2652・2655・2656・2657・2659・2660・2661	8
		5700	5748・5750	2
		5800	5800	1

運輸事務所	機関庫	形式	機関車番号	両数
旭川	旭川	3060	3060・3061	2
		5700	5754・5756・5757	3
		7500	7510・7551・7552	3
		7900	7952・7954・7955・7956	4
		9050	9053・9054・9055	3
	下富良野（分）	7950	7951・7961・7962・7963・7964・7965・7966・7967	8
	落合	7350	7351・7352・7353・7354・7355	5
		8100	8102・8118・8119	3
	名寄	7300	7300	1
		7500	7501・7502・7503・7504・7505	5
	留萌（分）	7300	7301・7302・7303	3
釧路	釧路	7950	7957・7958	2
		8150	8150・8151	2
		9050	9060・9062・9073	3
	池田	7200	7216・7218	2
		7400	7409・7402	2
		7950	7950・7959・7960	3
		8150	8152・8153・8154・8155	4
		9030	9043・9044	2
		9150	9150・9151	2
	野付牛	7200	7201・7203	2
		7270	7270・7273・7374・7275	4
		7400	7400	1
		9040	9041・9042	2
合計				187

1917 年

　1914 年に第 1 次世界大戦が勃発し、長期化する中で 1917 年にはロシア革命が起きるなど、欧州を中心に世界は大揺れとなった。日本はロシア革命を機にシベリアに出兵したほか、中国大陸への進出も強め、鉄道の軍事利用も活発になってきた。

　鉄道の高速化、大型化が進む中、1914 年デビューした新型国産機 2 形式が北海道に姿を現した。旅客用 8620 形（通称ハチロク）と貨物用 9600 形（同キューロク）で、開業以来、国鉄設計陣が積み重ねた技術力が結実し、欧米にひけを取らない量産可能な機関車を作り上げた。スマートで女性的なハチロク、力強く鈍牛を思わせるキューロク。どちらも本州の幹線で期待通りの実績を上げ、北海道での輸送力向上のため相次いで津軽海峡を渡ってきた。

　8620 は室蘭本線の拠点、追分に 18649 ～ 18655 の続き番号 7 両がそろい踏み。9600 はそのパワーを買われて函館と黒松内に計 7 両が配置された。両形式はその後も増備を重ね、北海道には欠かせない名機となった。

　一方で、19 世紀の雰囲気を残し、古株となったタンク機の 1100 形、3060 形なども、なお現役で活躍しているのが散見される。ただ、これらはそろそろ寿命を迎え、この後順次配置表から姿を消して行く。1 形式がせいぜい数十両の時代から、大型機が数百両単位で製造される大量生産の時代への転換期だった。

■ 1917 年（大正 6 年）6 月 1 日現在

運輸事務所	機関庫	形式	機関車番号	両数
函館	函館	7170	7171	1
		7200	7221・7204	2
		9200	9206・9208・9234	3
		9580	9580・9581・9582・9583・9584・9585	6
		9600	19608・19609・19612	3
	黒松内	9200	9214・9218・9219・9223・9228・9243・9207	7
		9600	19613・19614・19615・19616	4
札幌	倶知安	7400	7400・7401	2
		9200	9236・9238・9242	3
		9580	9587・9588・9589	3
	中央小樽	1100	1113	1
		2500	2626	1
		9200	9204・9205・9209・9212・9222・9232	6
		9580	9590・9591	2
	手宮	8100	8109・8112・8114・8116・8117・8118	6

札幌	札幌	3390	3391・3392	2
		7200	7210	1
		7700	7712・7713	2
		7800	7802・7803・7804・7805・7806・7807	6
	岩見沢	1980	1980・1981・1982	3
		2500	2627・2646・2649・2651・2660・2661	6
		5700	5745・5746・5747・5748・5749・5750	6
		5800	5800・5801・5802	3
		7200	7215	1
		9050	9051・9052・9059・9060・9063・9065・9071	7
	滝川（分）	3060	3062	1
		9050	9055・9056・9057・9066・9067・9068・9075	7
室蘭	追分	2500	2613・2616・2617・2618・2619・2620・2621・2622・2623・2624・2653・2654・2655	13
		9200	9200・9201・9202・9203・9210・9211・9213・9215・9216・9221・9229・9230・9231・9233・9237	15
		8620	18649・18650・18651・18652・18653・18654・18655	7
	夕張	9030	9030・9031・9032	3
	室蘭	2120	2361・2381・2382・2383・2384・2385・2386	7
		2500	2656・2657・2659	3
旭川	旭川	3060	3060・3061	2
		5700	5751・5752・5753・5754・5755・5756・5757	7
		7000	7001	1
		7200	7208	1
		7350	7352・7353・7354・7355	4
		7500	7550・7551・7552	3
		7900	7952・7953・7954・7955・7956	5
	深川（分）	7300	7300・7301・7302・7303	4
	下富良野（分）	7200	7203	1
		7950	7951・7961・7962・7963・7964・7965・7966	7
	新得	2120	2356・2363・2365・2378・23279・2380	6
		9200	9224・9235・9240・9241・9244	5
	名寄	7500	7500・7501・7502・7503・7504・7505	6
釧路	釧路	7200	7224	1
		8150	8150・8151・8152・8153・8154・8155	6
		9050	9064	1
	池田	7950	7950・7957・7958・7959・7960・7967	6
		9040	9040・9041・9042・9043・9044・9045・9046・9047・9053・9054	10
	野付牛	7200	7201・7216	2
		7270	7270・7272・7273・7274	4
		8100	8104・8110	2
		9050	9060・9061・9062・9069・9070・9072・9073	7
		9200	9225・9239	2
	中湧別（分）	7200	7271	1
		7350	7350・7351	2
		7400	7402	1
合計				240

明治末期に北海道に配置された米国ボールドウィン製の8100形。同形は広く道内で活躍し、国鉄廃車後も私鉄に移って地方住民の足となった。写真は寿都鉄道の8105＝黒松内、1962年（原田一夫）

1920 年

　1917 年には道内で 7 両ずつだった 9600 形、8620 形は 1920 年にはそれぞれ 35 両、14 両に増え、うち 18649 が初めて道東の浜釧路機関庫に配属となった。同庫は同年、釧路駅の移転に伴い釧路機関庫から改称されたもので、1932 年に釧路機関庫に戻るまで、浜釧路の名称が使われた。

　また滝川と釧路を結ぶ釧路本線（現根室本線）は新得の滝川寄りに急坂の狩勝峠があり、これを乗り切るため、新得機関庫の 9200 形が 13 両に増強された。同庫は同形式のみの配置で、乗務員をも苦しめる狩勝越えに全力で当たった。

　また道北では名寄の北方に名寄機関庫音威子府分庫が設置され、7350、7500、7550 形の 5 両が配置された。分庫とはいえ、宗谷線（後の天北線）の延伸に伴い、最果ての輸送を一手に引き受ける。いずれも米国生まれの強力機だった。

　注目されるのは 1919 年、追分と岩見沢に 3 両ずつ配備されたドイツ製マレー式 9850 形だ。動輪 3 軸の駆動部を 2 組持つ大型機で、北海道でのマレー式はタンク機 4510 形に続く 2 形式目。全長は 9600 を上回り、長編成の石炭列車牽引が期待された。しかし保守が難しく、優れた国産機が続々投入されたことから、間もなく第一線を退いた。

■ 1920 年（大正 9 年）6 月 30 日現在

運輸事務所	機関庫	形式	機関車番号	両数
函館	函館	5450	5450・5451	2
		9600	19609・19610・19611・19612・19613・29630・29631・39633	8
	黒松内	9200	9209・9218・9219・9223・9228・9234・9242・9243	8
		9580	9580	1
		9600	19614・19615・19616・19617・39630・39632・39635	7
札幌	倶知安	7400	7400・7401・7402	3
		9580	9581・9582・9583・9584・9585・9586・9588・9589・9590・9591	10
	中央小樽	8620	18692・18693・18694・18695・18696	5
		9600	19665・19666・19667・19668・19669・39631・39634	7
	手宮	9600	19675・39636・39637・39686・39687・39688・39690	7
	札幌	2500	2646・2648・2649	3
		3380	3381・3383	2
		5400	5400・5403	2
	岩見沢	1980	1980・1981・1982	3
		5700	5700・5745・5746・5747・5748・5749・5750	7
		9050	9051・9058・9059・9060・9063・9065・9066	7
		9550	9550・9551・9552・9553・9554・9561	6
		9600	39629・49614	2
		9850	9851・9853・9854	3
	滝川（分）	3060	3060・3061・3062	3
		9050	9055・9056・9057・9067・9071・9074・9075	7
	下富良野	7950	7951・7954・7955・7956・7961・7962・7963・7964・7965	9
		8100	8117	1
		9500	9556・9558・9560	3
室蘭	追分	2500	2624・2652・2653・2655・2656	5
		5860	5860・5861・5862	3
		9200	9200・9201・9203・9204・9205・9211	6
		9600	19671・19672・19674	3
		9850	9850・9852・9861	3
	夕張	2500	2618・2619・2621・2650	4
	室蘭	5700	5702・5703・5704・5705・5706・5707・5708	7
		5800	5800・5801・5802	3
		8620	18650・18651・18652・18653・18654・18655・18656・18657	8
		9600	39628	1
旭川	旭川	5700	5751・5752・5753・5754・5755・5756・5757	7
		8100	8104・8109・8110・8113・8115・8118・8119	7
		8150	8150・8151・8152・8153	4
		8300	8300・8301	2
		9200	9213	1
	深川	2120	2386・2387	2
		2500	2625・2647	2
		7550	7550・7551	2

旭川	名寄	2500	2617	1
		7500	7503・7504・7505	3
		7650	7650・7651・7652	3
		8150	8154・8155	2
	音威子府（分）	7350	7355	1
		7500	7500・7501・7502	3
		7550	7552	1
釧路	新得	9200	9210・9212・9215・9220・9224・9227・9231・9232・9235・9237・9241・9244・9245	13
	池田	7200	7207	1
		7950	7950・7952・7953・7957・7958・7959・7960・7967	8
		9200	9202・9217・9222・9229・9230・9233・9236・9240	8
		9300	9309・9310	2
	浜釧路	7200	7272・7274・7275	3
		7350	7353	1
		7800	7804・7805・7806	3
		8620	18649	1
		9050	9050・9054・9064・9068	4
野付牛	野付牛	7700	7712・7713	2
		7800	7803	1
		7950	7966	1
		8100	8112・8114	2
		9040	9042	1
		9050	9052・9061・9062・9072・9073	5
		9200	9206・9208・9214・9216・9239・9246	6
	中湧別（分）	7350	7350・7351・7352	3
		9040	9044	1
	陸別（分）	9050	9069・9070	2
		9200	9238	1
合計				269

1924 年

　1924 年の配置表には、当時の"ビッグ2"が顔を出した。9900 形と 18900 形である。前者は 9600 形を上回るパワーを備えた貨物用"ミカド型"、後者は 8620 形を改良した旅客用"パシフィック型"である。1928 年の称号改正によってそれぞれ D50 形、C51 形と名付けられた。

　9900 は 9908 ～ 9911 の連番 4 両が函館に配置された。青函航路の取り扱いが増え、輸送力増強が急がれる中、函館—森間の急勾配にも対応するため、新鋭の 9900 が投入されたのだろう。18900 は道央の拠点、岩見沢に 28957 ～ 28962 の連番 6 両が配置され、札幌周辺の急行をはじめ、長距離列車などの運用に充てられた。

　また、9600 の量産に伴い、これまで空白だった道東、道北方面にも配置され始めた。機関庫は下富良野、新得、名寄、池田、野付牛、渚滑などで、それぞれ旧型機に代わって大量輸送の主役となった。8620 も 9600 同様、道東・道北に広く展開していった。

　1922 年には北海道の最北地である稚内にも機関庫が置かれ、7800 形 3 両と 8100 形 3 両が配置された。現在の宗谷本線が全通するのは 1926 年だが、すでに稚内と樺太・大泊間に稚泊航路が開設されており、これら SL は北海道と樺太を結ぶ重要な役割を担った。

■ 1924 年（大正 13 年）5 月 31 日現在

運輸事務所	機関庫	形式	機関車番号	両数
函館	函館	9900	9908・9909・9910・9911	4
		9600	19611・19612・19613・19614・19615・19616・59658・59659・69694	9
	黒松内	2500	2646・2657	2
		9600	29630・29631・39628・39629・39630・39631・49677・49668・49669・49670・49671・49672・59655・59656・59657	15
札幌	倶知安	9040	9040・9042・9043・9044・9045	5
		9600	49644・49645・49646・49647・49648・49649・49650・49651・49652・49653・49695・49696	12
	中央小樽	9600	19665・19666・19669・19670・39635・39637・39686・39690・49697・59689・69620	11
	手宮	9600	19667・39632・39633・39634・39687・39688・39689・69689・69690	9

札幌	札幌	2500	2648・2649・2656・2659・2660・2661	6
		2700	2710	1
		5700	5700・5747・5748・5749・5750	5
	岩見沢	9050	9050・9051・9052・9053・9054・9057・9058・9059・9064・9065・9073	11
		8620	18657・18692・18693・18694	4
		9600	19668・49612・49614・49615・49616・49617・49698・49699・59695・69627	10
		18900	28957・28958・28959・28960・28961・28962	6
室蘭	追分	2500	2613・2619・2620・2621・2623・2624・2626・2650・2652	9
		9200	9200・9201・9203・9204・9205・9206	6
		9620	19671・19672・19673・19674・19675・59610・79613・79615・79619	9
	室蘭	5700	5701・5702・5703・5704・5705・5706・5707・5708・5755・5756・5757	11
		5800	5800・5801	2
		8620	68673	1
		9600	59602・59691・69610・69618・69695・69696・69697・79612	8
旭川	旭川	8100	8109・8110・8111・8112	4
		8620	8633・8634・8635・8637・18696・58655・58656・58657・58658・58659・58670・58671・58672・58673・58674・68672	16
		9200	9208・9210・9211・9215	4
		9580	9586	1
	深川（分）	2500	2617・2618・2625・2627・2647	5
	滝川（分）	9050	9062・9063・9066・9068・9069・9070・9072・9074・9075	9
		9200	9213	1
	下富良野	8100	8105・8107・8108	3
		9550	9556・9557・9558・9559・9560・9561	6
		9600	59603・59604・59616・59617・69621	5
	新得	9200	9222・9227・9231・9232	4
		9600	59618・59619・59690・59692・59693・59694	6
稚内	名寄	8620	68677	1
		9600	19608・19610・39636・59600・59601・59611・59612・59688・69619・69623・69624・69625・69626	13
	上興部（分）	9200	9223・9224・9237・9241・9245	5
	音威子府	7500	7501	1
		7650	7650・7652	2
		7950	7950・7951・7952・7954・7955・7956・7958・7959	8
	稚内	7800	7803・7804・7806	3
		8100	8100・8101・8102	3
	鬼志別（分）	7800	7802	1
		9200	9236	1
釧路	池田	8620	68674・68675・68676	3
		9580	9580・9581・9582・9583・9584・9585・9587・9589・9590	9
		9600	59696・59697・69622	3
	浜釧路	5700	5751・5752・5753・5754	4
		7950	7953	1
		8620	8636・18649・18650・18651・18652・18695	6
		9200	9217・9218・9219	3
		9550	9551・9552・9553・9555	4
	厚岸（分）	5700	5745・5746	2
野付牛	野付牛	7950	7960・7961・7962・7963・7964・7965・7967	7
		8100	8103・8113・8114・8115・8116・8117・8118・8119	8
		8150	8150・8151・8152・8153	4
		9600	69688・79611・79616・79618	4
	渚滑	8100	8104	1
		8150	8154・8155	2
		9200	9230・9233・9234	3
		8620	18653・18654・18655・18656・68671・68679・78620	7
		9600	59613・59614・69691・69692・69693・79614	6
	中湧別（分）	9700	9701	1
合計				336

1927 年

1926 年 12 月、大正天皇の逝去により、元号は大正から昭和に変わった。国鉄の旅客輸送人員は 1920 年代前半に増加の一途をたどったが、後半は「昭和恐慌」につながる景気不振が深刻化し、鉄道輸送も打撃を受けた。

その中でも、北海道の鉄道は幹線網を広げ 1928 年、長輪線長万部—輪西（現東室蘭）間が開通。同年、同線経由で函館—稚内間に食堂車・寝台車付きの急行列車が新設され（札幌は経由せず）、青函航路と稚泊航路を挟んで東京と樺太との所要時間が大幅に短縮された。

長輪線は長万部で結ばれる函館本線と合わせて、産炭地と函館とを直結することにもなった。その結果、石炭を海路で運ぶ時間が短縮され、防衛上の観点も含め、貨物輸送の重要路となった。そのために、9900 形や 9600 形の大型機が拠点機関庫に増備され、輸送力のさらなる向上が図られた。

名寄本線のオホーツク沿いに設置された渚滑機関庫にも 9600 が 9 両配備され、冬は厳寒の中、開拓地の住民生活を支えた。このころになると、小型タンク機は廃車か入れ換え専用となり、使い勝手が良い 2120 形、2500 形など限られた形式しか見られなくなった。

■ 1927 年（昭和 2 年）3 月 31 日現在

運輸事務所	機関庫	形式	機関車番号	両数
函館	函館	9900	9911・9940・9941・9996・9997・9999・19909・19910・19913・19914	10
		9600	39628・39629・69694	3
	黒松内	2500	2646・2657	2
		9900	9910・9994・9995・9998	4
		9600	39630・39631・49666・49667・49668・49670・49671・49672	9
札幌	倶知安	7950	7958・7960・7963・7965	4
		8100	8115	1
		9040	9045	1
		9900	9933・9934・9935・9936・9937・9938・9939・19907・19908	9
		9600	19610・49651	2
	小樽	9900	9908・9909・9915・9917・9918・9919・9929・9930・9932	9
		9600	39637・39687・59693・69620・79610	5
	手宮	9600	39686・39688・49647・69688・69689・79611・79616・79618	8
	札幌	2500	2624・2648・2651・2655・2656・2659・2660	7
		5700	5705・5745・5746・5747・5748・5750・5752	7
	岩見沢	9050	9051・9052・9053・9054・9057・9058・9059・9064・9065・9071・9073	11
		8620	18692・18693・18694・68677・68678・68679・88645	7
		9600	49612・49613・49614・49615・49617・49650・49698・49699・59695・69627	10
		18900	28957・28958・28959・28960・28961・28962	6
室蘭	追分	2500	2623・2650・2652	3
		9200	9200・9203・9206・9231・9232	5
		9600	19671・19672・19673・19674・19675・49652・69618・79615・79617	9
	室蘭	2120	2381・2382	2
		5700	5702	1
		8620	18654・18655・18656・68657・68671・68674・88644・88648・88649	9
		9600	39635・59602・59658・69695・69696・69697・79612	7
旭川	旭川	8620	8633・8634・8635・8637・18653・58655・58656・58657・58658・58659・58670・58671・58672・58673・58674・68672・68673・78670	18
		9580	9581・9584・9586・9590・9591	5
	深川	2500	2616・2617・2618・2625・2627・2647	6
	滝川（分）	9050	9056・9062・9063・9066・9068・9069・9070・9071・9075	9
	下富良野	9600	19665・19666・19667・19668・19670・39632・59603・59604・59616・59617・69621	11
	新得	9600	19696・39633・59618・59619・59689・59690・59692・59694・69690	9
稚内	名寄	9600	19608・19609・49653・59600・59601・59611・59612・59688・69619・69623・69624・69625・69626	13
	上興部（分）	9550	9558・9560・9561	3
	音威子府	7950	7950・7951・7952・7953・7954・7955・7956	7
		8100	8116・8117・8118・8119	4
		9580	9585・9587	2
		9600	59655・59656	2
	稚内	8100	8100・8105・8106・8107・8108・8109・8110・8111・8112・8113・8114	11
		9550	9556	1

釧路	池田	9580	9580・9582・9583	3
		9600	19611・19612・19615・19616・19617・29630・29631・49644・49645・49646・49695・59696・69622・79619	14
	帯広（分）	2120	2365・2378	2
	浜釧路	5700	5753・5754	2
		8620	8636・18649・18650・18651・18652・18695・18696・68680・78671	9
野付牛	野付牛	7950	7966・7967	2
		8100	8101・8102・8103・8104	4
		8620	68675・68676・78620・78621・78623・78624・78672・88646・88647	9
		9600	39634・39689・39690・49648・49649・59691	6
	渚滑	7950	7961・7964	2
		9050	9060・9061・9067	3
		9600	39636・49697・59613・59615・59659・69691・69692・69693・79614	9
合計				317

1933 年

幌内鉄道が開業して 50 年余。近代的な国産機関車が続々誕生し、北海道の鉄道も華やかな時代を迎えた。形式称号にアルファベットが用いられることになり、9900 形は D50 形に、18900 形は C51 形となり、分かりやすくなった。長輪線の開通で長万部が函館本線と室蘭本線の接点になり、長万部に機関庫が置かれ、黒松内は分庫に格下げされた。

長万部の C12 は 1932 年 11 月に開業した瀬棚線（国縫―瀬棚間）用で、オホーツク方面の野付牛、渚滑にも近距離用として配置された。C12 は簡易線用に軸重が抑えられたため、先輩の C11 形が入線できない路線でも走行可能。そうした路線が多い北海道では、C11 に先立って配備された。

C50 形も初登場だ。外観は 8620 形そっくりだが、都市圏の区間列車用を想定して製造され、札幌圏を受け持つ小樽築港、札幌、岩見沢の 3 機関庫に集中配置された。なお、初登場の小樽築港は 1927 年 7 月、小樽機関庫から名称変更された。

なお、この配置表は『SL No.2』から引用したため、休車中や入れ換え専用機を含んでおり、前後の『北海道鉄道百年史』の「営業列車用機関車配置表」より両数が多くなっている。

■ 1933 年（昭和 8 年）9 月末現在

	機関庫	形式	機関車番号	両数
札幌鉄道局	函館	7500	7500・7502・7503・7504・7505	5
		8100	8103・8104・8118	3
		9200	9226	1
		9600	19646・39695・49666・59639	4
		D50	41・48・96・98・100・111・217・280・281・282・283・284・331・332	14
		2500	（1 休）2653	1
		9580	（2 休）9580	1
	長万部	2500	2646・2650	2
		C12	4・15・16・33	4
		9600	39637・69690・79610・79611・79612	5
		D50	19・20・95・109・215・218・278・279	8
	黒松内（分）	2500	（1 休）2657	1
		7950	（2 休）7954・7956・7957・7958・7962・7963・7965	7
		9580	（1 休）9584	1
	倶知安	8700	8719・8720・8721・8722	4
		2500	（1 休）2651	1
	小樽築港	9200	9204・9209・9210・9211・9239・9241・9242	7
		9600	9610・9617	2
		C50	68・69	2
		C51	119・139・140・158・159・160・161・162・163	9
		D50	9・10・11・16・17・18・30・31・33・36・37・38・39・40・42・99・108・216	18
		2500	（1 休）2618	1
		DB10	（1 休）5	1
	手宮（分）	7350	7350・7351・7352・7353・7354・7355	6
	札幌	7200	7216・7219	2
		9050	9051・9067・9069	3
		C50	72・73・98・99・100・101・145・146・147・148・149・150・151・152	14

札幌鉄道局	苗穂工場	2500	（1休）2659	1
		7200	（2休）7210・7212・7213	3
		9040	（2休）9043・9044	2
		9580	（2休）9589	1
	岩見沢	8620	68644・68672	2
		9050	9052・9053・9054・9057・9058・9059・9061・9064・9071・9073	10
		9200	9207・9218・9222・9224・9238・9244・9245	7
		9600	19681・49612・49613・49614・49615・49616・49617・49670・49671・59656・69620・79616・79618	14
		C50	70・71	2
		D50	12・32・34・219	4
		9200	（1休）9203・9240	2
		9580	（1休）9586	1
	追分	9200	9219・9231・9232	3
		9600	19608・19615・19671・19672・19673・19674・19675・19686・39634・39635・39649・39650・59655・59659・59697・69618・69624・69692・79613・79615・79617	21
		2500	2661（1休）	1
		9200	9206（1休）	1
	苫小牧（分）	2700	2712・2721	2
		8100	8100・8101・8102・8707・8715	5
	室蘭	2120	2378・2380・2382	3
		8620	18654・18655・18656・18657・58658・58659・68645・88648・88649	9
		9050	9055・9056・9060・9063・9065・9070	6
		9200	9205・9214	2
		9600	49668・49695・49696・59602・59658・69688・69695・69696・69697	9
	輪西工場	2500	2617・2619・2647・2652（以上2休）	4
		2700	2708（1休）	1
		7270	（2休）7270・7271・7272・7273・7274・7275	6
		7300	（2休）7300・7301・7302・7303	4
		7950	（2休）7952・7967	2
		9550	（2休）9554・9555	2
	旭川	8100	8108・8109・8112・8113・8114	5
		8620	58672・58673・58674	3
		9600	19616・19620・19668・19682・29631・39643・39675・39688・39696・49611・49653・49697・49698	13
		C51	13・16・17・23・24・138・286・287・288・289	10
	旭川工場	2500	（2休）2649	1
		7500	（1休）7501	1
	深川（分）	2120	2365・2379	2
		8100	8110・8111・8116・8117・8119	5
		8620	58629・58630・78622・78623・88645・88647	6
		9600	49647・49672・59614・59615・59637	5
	増毛	9580	（2休）9581	1
		9600	（1休）49652・59613	2
	恵比島（駐）	8620	78621	1
	留萌（駐）	2120	2381	1
		2500	2660	1
	滝川（分）	9050	9062・9066・9068・9072・9074・9075	6
	下富良野	9040	9042	1
		9050	9050	1
		9600	19613・19619・19667・19669・19670・39644・59603・59604・59616・59617	10
		9040	（2休）9040	1
	新得	9600	19617・19666・39633・59610・59689・59690・59692・59693	8
		2700	（2休）2723	1
		9580	（2休）9590	1
	名寄	2500	2622・2623	2
		9600	19609・19651・39630・39631・49648・49669・59600・59601・59611・59612・59618・59688・69625・79644	14
	上興部	2500	（2休）2654	1
		9550	（2休）9557・9558・9559・9560	4
		9580	（1休）9587	1
	音威子府（分）	9600	9654・39632・39689・59691・59695・59696	6

札幌鉄道局	音威子府（分）	7950	（2休）7950・7960	2
		9550	（2休）9552・9556	2
		9580	（2休）9582・（1休）9585	2
	稚内	8620	58655・58676・68673・68677・68679・78670・78672	7
		9200	9200・9243	2
		9600	19687・39628・39687	3
		9600	（1休）59694	1
	池田	2700	2716・2719	2
		9600	19611・19612・29603・29630・39612・39647・39651・39686・49646・59672・69616・69622・69694・79619	14
		2700	（1休）2718	1
	帯広（分）	2700	2717	1
		8620	58670・58671	2
		8700	8706・8707・8710・8718	4
	釧路	8620	18649・18650・18651・18652・18653・18695・18696・28642・48624・48625・78624・88646	12
		9040	9041・9045・9046・9047	4
	根室	9550	（2休）9550・9551・9553	3
	厚岸（分）	9580	（2休）9583	2
		9580	（1休）9591	
	弟子屈（駐）	8620	8633	1
	野付牛	2700	2710・2720	2
		C12	23・24	2
		8620	8626・8634・8635・8636・8637・28659・58657・68675・88644	9
		9600	19610・19622・19655・29675・49644・49645・49653・59640・69693	9
		7950	（2休）7951・7953・7955・7959・7964	5
	斜里（分）	8620	8627・18692・18693・18694・68671・68676・68678	7
	遠軽	8100	8105	1
		9600	39636・39690・39698・49650・49651・49667・49674・49684・49699・69643・79614	11
	渚滑（分）	C12	9・10	2
		8620	38667・38668・58656・68666・68674・68680・78671	7
		7950	（2休）7961・7966	2
		9600	（1休）69691	1
	中湧別（分）	8100	8106	1
	白滝	9600	49649・59619	2
合計				496

1935 年

　函館に初めて C51 形が 4 両入った。このころ函館―稚内間は急行 1 往復のほか普通列車 1 往復も増発。函館―札幌間の急行は 2 往復となった。C51 はこれらに充てられた。函館―森間の急勾配区間は C51 の重連運転が見られた。

　この年、C12 形をテンダー化した C56 形の 1 と 2 が苫小牧に配置された。C56 は簡易線での長距離転が可能なことから、日高線苫小牧―様似間の全通に対応した。

　また、狩勝峠越えの拠点、新得は 9200 形の独壇場だったが、次第に 9600 形が多くなり、この配置表では9600 一色に染められた。それだけではなく、9600 は全道で 185 両を数え、全車 395 両のうち 47 パーセントを占めるほどになった。まさに〝キューロク天下〟で、全道の幹線でその遅い姿を目にすることができたはずだ。

　目新しいのは、名寄線中湧別に蒸気動車キハニ 6453が配置されたことだ。見かけは客車だが、一端の台車に B 型蒸気機関車相当のシリンダーとロッド、動輪が付いている。石炭を燃やして蒸気をつくるため、蒸気動車と分類された。前後進が容易で気動車の先祖と言える。門司鉄道管理局から移動してきたが、北海道のローカル線に適合するかどうか、実験的な意味合いがあったのだろう。

運輸事務所	機関庫	形式	機関車番号	両数
函館	函館	8100	8102・8103・8104・8118	4
		9600	9611・9656・19646・39695	4
		D50	100・101・111・215・217・218・278・279・280・281・282・283・284・331・332	15
		C51	13・158・159・287	4
	長万部	9600	9630・39637・49631・69690・79610・79611・79612	7
		C12	33・63・64・65	4
		D50	19・20・35・41・95・96・97・98・109	9
札幌	倶知安	8700	8719・8720・8721・8722	4
		8100	8105	1
	小樽築港	8620	38667・38668	2
		9600	9610・9612・9617・59683・69663	5
		C50	68・69・70・71・72・73	6
		C51	139・140・160・161・162・163	6
		D50	9・10・11・16・17・18・30・31・33・36・37・38・39・40・42・99・108	17
	札幌	C50	98・99・100・101・145・146・147・148・149・150・151・152	12
		8620	68674	1
		C12	78・79	2
	岩見沢	9050	9052・9053・9054・9057・9058・9059・9064	7
		9600	9613・19618・49604・49612・49613・49614・49615・49616・49617・49670・49671・59656・59657・69603・69620・79616・79618	17
		8620	68644・68672	2
		D50	12・32・34・216・219	5
室蘭	追分	9600	19608・19615・19671・19672・19673・19674・19675・19686・39634・39635・39649・49650・49689・59655・59659・59697・69618・69624・69692・79613・79615・79617	22
	苫小牧（分）	C12	41・42・43	3
		C56	1・2	2
	室蘭	8620	18654・18655・18656・18657・58658・58659・68645・68673・78620・88648・88649	11
		9600	49668・49695・49696・59602・59658・69666・69688・69691・69695・69696・69697	11
旭川	旭川	8620	58656・58672・58673・58674・88645	5
		9600	9602・19605・19616・19620・19668・19682・39643・39675・39688・39696・49611・49658・49647・49698・59619・69649	16
		C51	16・17・23・24・119・138・286・288・289	9
	深川	C12	15	1
		8100	8110・8111・8116・8117・8119	5
		8620	58630・68680	2
		9600	9616・49622・49647・49672・59613・59614・59615・59637・69644	9
	恵比島（駐）	8620	58629	1
	留萌（支）	8620	78621・78622・78623・88647	4
		9600	9647・59687	2
	滝川（分）	9050	9050・9061・9062・9066・9068・9071・9072・9073・9074・9075	10
	下富良野	9600	19613・19619・19667・19669・19670・39644・59603・59604・59616・59617・69602	11
	新得	9600	19617・19666・39633・49652・59609・59610・59689・59690・59692・59693	10
稚内	名寄	9600	19609・19611・19645・19651・39630・39631・39632・39639・49699・59601・59612・59618・59691・59695・59696・69625・79644	17
	稚内	8620	58655・58676・68677・68679・78670・78672	6
		9600	9660・19687・39628・39687	4
	幌延（支）	C12	44・45	2
釧路	池田	9600	29603・29630・39612・39647・39651・39686・49603・49606・49646・59600・59672・59694・69619・69622・79637	15
		8620	68666	1
	帯広（分）	8700	8706・8707・8710・8718	4
		8620	58670・58671・78671	3
	釧路	8620	8634・18649・18650・18651・18652・18653・18695・18696・28642・48624・48625・78624・88646	13
		9600	19612・29642・79619	3
	厚床（駐）	C12	9・10・80	3
	弟子屈（駐）	8620	8633	1

野付牛	野付牛	C12	4・23	2
		8620	8627・8636・8637・28659・58657・68675・88644	7
		9600	9614・19610・19622・19655・29675・29686・49644・49645・49658・59639・59640・69693・69694	13
	斜里（分）	8620	8626・8635・18692・18693・18694・68671・68676・68678	8
	遠軽（分）	8100	8100・8106	2
		9600	9645・39636・39667・39690・39698・49649・49650・49651・49667・49674・69643	11
	渚滑（分）	C12	24・82	2
		9600	9615・49648・49688・59611・59688・79614	6
	雄武	C12	81	1
	白滝（分）	9600	49684・49699	2
	中湧別	キハニ6450	6453（蒸気動車）	1
合計				395

1938年

　ドイツのヒトラーの台頭で欧州情勢が緊迫の度を高め、日本では1938年国家総動員法が発令された。ソビエト連邦との対立も深まり、北海道でも臨戦態勢が強化された。1936年、機関庫は機関区に改称された。

　日本を代表するSL、D51形が完成し、道内への配置が始まった。小樽築港と岩見沢に各1両、追分に5両充当され、牽引力を強化。6をはじめ若い番号が新製配置されており、待望の"即戦力"だったことが分かる。

　合わせてC51形を改良して近代化を図ったC55形が小樽築港に6両配置された。トップナンバーの1と2、30〜32、59で、30〜32の3両は当時世界的流行となっていた流線型だった。C55は宗谷本線でSL末期まで生き延びることになる。

　また、江差線の開業により、木古内に支区が設けられ、C56形が一気に9両投入された。江差は江戸時代には北前船も往来した漁業の町で、C56は函館まで豊富な農水産物を運んだことだろう。C56は帯広にも配備され、8620形とともに広尾線、士幌線など近距離用に使われた。配置表は『原版復刻　全国蒸気機関車配置表』から引用した。

■1938年（昭和13年）4月30日現在

運輸事務所	機関区	形式	機関車番号	両数
函館	函館	8100	8102・8103	2
		8620	58672	1
		C12	17・157・158・159	4
		C51	17	1
		D50	39・40・100・110・111・113・215・217・218・278・279・280・281・282・283・284・331・332	18
		7500	7500・7503・7504	3
		9200	9226	1
	木古内（支）	C56	68・69・97・102・103・112・113・114・115	9
	長万部	9600	39637・49606・49631・59637・59683・69690・79610・79611	8
		C12	33・63・64・65	4
		D50	20・35・41・95・96・97・98・99・108・109	10
		2500	2651・2646・2657	3
札幌	倶知安	8700	8706・8719・8720・8721・8722	5
		9600	9654	1
	小樽築港	9600	59639	1
		C50	68・69・70・72・73・98・100	7
		C51	13・158・159・160・161・162・163	7
		C55	1・2・30・31・32・59	6
		D50	9・10・11・16・17・18・30・31・33・36・37・38・42	13
		D51	6	1
		8100	8100・8101・8107	3
		9200	9204・9209・9210・9211・9219・9239・9241・9242	8
	手宮（支）	8100	8105・8106・8115・8117・8119	5
	苗穂	C50	101・145・146・147・148・149・150・151	8
		C56	17・18・19・29・30・42・43・44	8
		7500	7502・7505	2
		C12	5・8・13・14	4

札幌	岩見沢	9580	9585・9587	2
		9600	9613・9616・9617・19612・49612・49613・49615・49616・49617・49650・49670・49671・59619・59656・59657・69602・69603・69620・79616・79618	20
		C12	19・21・28	3
		C50	71	1
		C56	7・9・26・96・126	5
		D50	12・32・34・126・128・141・216・219・314	9
		D51	48	1
		9200	9203・9207・9218・9224・9238・9240・9244・9245	8
室蘭	追分	9600	9644・19608・19615・19671・19672・19673・19674・19675・19686・39634・39635・39644・39650・39696・49666・49698・59655・59658・59659・69618・69624・69688・69692・79613・79615・79617	26
		D51	7・11・12・13・59	5
		D50	60・85・97・98・99	5
		9200	9206・9222・9231	3
	夕張（駐）	9200	9232	1
	苫小牧（支）	9600	19681・49604	2
		2700	2712・2717・2721	3
	静内	C56	1・2・3・4・5・27・28・81・86・87・98	11
	室蘭	8620	18654・18655・18656・18657・58658・58659・68645・78620	8
		9600	9656・19646・29631・49668・49695・49696・59602・59611・69666	9
		C12	1・3・7	3
		C50	99・152	2
		2120	2378・2382	2
		8100	8104・8110・8111・8112・8116・8118	6
		9200	9205・9214	2
旭川	旭川	9580	9588	1
		9600	9643・19605・19611・19616・19620・19668・19682・39643・39675・39688・39696・49652・49653・69649	14
		C51	16・23・24・119・138・139・140・286・287・288・289	11
		8100	8108・8109・8113・8114	4
		C12	12・37	2
	深川	8700	8707	1
		9580	9583	1
		C12	9・10・40・41・79・80・138	7
		9600	9611・49622・59604・59613・59614・59615・59688・79619	8
		2120	2305・2379	2
	恵比島（駐）	8620	58629	1
	留萌（支）	8700	8710・8718	2
		8620	78621・78622・78623	3
		9580	9591	1
		9600	59617	1
		2120	2380・2381	2
	滝川（支）	C12	2・6・29・33・44・45・50・52・122・149・163	11
	下富良野	8620	68674・88648・88649	3
		9600	19613・19619・19667・19669・19670・59616	6
		2500	2659・2660	2
	新得	9600	9660・19617・19660・49672・59603・59609・59610・59689・59690・59692・59693	11
稚内	名寄	9580	9584	1
		9600	19609・19645・19651・39630・39631・39632・39689・49669・49674・59601・59612・59618・59691・59695・59696	15
		C12	148・160	2
		2500	2622・2623・2653	3
	音威子府（支）	9580	9590	1
	稚内	8620	58655・58674・68677・68679・78670・78672	6
		9580	9586	1
		9600	9615・19687・39628・39687	4
		9200	9200・9243	2
	幌延（支）	9580	9589	1
		C12	130・131	2
	浜頓別（支）	9580	9582	1
		C12	136・137	2

管理部	機関区	形式	機関車番号	両数
釧路	池田	9600	29603・29630・29642・39612・39647・39686・49603・49667・59600・59672・59694・69619・69622	13
		2700	2716・2718・2719	3
	帯広（支）	8620	38667・58630・58671・68666・68672	5
		C56	20・21・22・48	4
		2500	2650・2661	2
	釧路	8620	8634・18649・18650・18651・18652・18653・18695・18696・28642・38668・48624・48625・58670・78624・88646	15
		9040	9041・9042・9046・9047	4
	厚岸（駐）	DB10	2	1
	標茶（支）	C56	49・50・51	3
	厚床（支）	C56	45・46・47・88	4
	弟子屈（駐）	8620	8633	1
	根室（駐）	2500	2618	1
野付牛	野付牛	8620	8637・28659・58657・58676・68680・88644・88645	7
		9600	9614・19610・19622・19665・29675・49644・49645・49658・59640・69644・69693・69694	12
		C12	15・23	2
		2700	2710・2720	2
	浜網走（駐）	C12	4・16・43	3
	斜里（支）	8620	18692・18693・18694・68671・68675・68676・68678	7
	遠軽	9600	9645・39636・39667・39690・49648・49649・49651・69625・69643・69663	10
		C12	42	1
	中湧別（駐）	C12	24・132・133	3
	渚滑（支）	8620	58656・58673・68644・68673・78671・88647	6
		C12	82	1
	雄武（駐）	C12	78・81	2
	白滝（支）	9600	49699	1
合計				528

1945 年

　太平洋戦争中（1941 年 12 月〜 1945 年 8 月）の間の配置表は手元にないが、『北海道鉄道百年史』の機関車形式別両数を見ると、全形式の合計は 600 両を超え、1944 年度には入れ換え用も含めると 702 両を数えた。

　この間、C56 形が 1940 年の 54 両から翌年は 14 両に激減した。これは拡大する南方戦線で軍事用に使うため、1,000 ミリ軌間に合うよう足回りを改造したうえ、タイなどに送られたことによる。他に C12 形や 9600 形も海を渡った。それらの代わりに、C11 形を投入する動きが広がった。供出機関車については別記する。

　一方で、戦局打開に向け、貨物輸送を強化するため、新鋭 D52 形が 1944 年後半から長万部に一気に 30 両投入された。D51 形を上回る最強の貨物機で、函館本線、室蘭本線のピストン輸送を任された。合わせて、道央と道南の接点、東室蘭操車場が操業を始めたほか、本州輸送の玄関口である函館を補完するため五稜郭操車場と有川岸壁が開設され、それに伴って五稜郭機関区が作られた。

　戦時中は機関車製造が需要に追いつかなくなったのか、古くなった 2120、2500、8100、9200、9040 形などは、そのまま使われた。この間、私鉄の胆振縦貫鉄道や北海道鉄道（2 代目）が買収され、D51 や小型タンク機も国鉄に移管された。この時代、乗務員も戦地に赴き、経験不足の若い機関士らが懸命に運行を支えた。しかし、石炭が粗悪化したうえ、油も不足がちで、並みいる機関車も消耗したまま終戦を迎えた。

■ 1945 年（昭和 20 年）9 月 30 日現在

管理部	機関区	形式	機関車番号	両数
函館	函館	C11	134・188	2
		D51	136・137・147・149・150・202・237・240・285・286・287・303・308・309・332・365・367・397423・424・559・560・561・562・563・569・596・710・711・734・864	31
		8620	38644	1
	木古内（支）	C11	21・70・71・81・82・83・128・129・229	9
	五稜郭	D51	156・320・346・368・394・566・575・741・917	9
		C11	286	1
	森	C11	287・288	2

374

函館	長万部	9580	9583	1
		C11	121・122・123・124	4
		D50	41・100・103・108・109・110・113・219・248・278	10
		D51	146・148・574・941・942	5
		D52	21・31・46・47・48・49・50・51・52・94・95・96・97・111・112・113・146・151・152・205・206・207・208・220・221・222・345・346・347・348	30
札幌	倶知安	9600	9633・9654・9682・19612・19640・19650・39670・59619	8
		D50	128・215・216・217・218・279・280・284・331	9
	小樽築港	D51	159・160	2
		C51	161・162	2
		C55	1・16・17・30・31・32・42・43・59	9
		D50	9・10・11・16・17・18・30・31・32・33・36・37・38・93・96・111・126・141・265・314	20
	苗穂	9580	9587	1
		C11	227・228	2
		C50	68・69・72・73・98・99・101・145・149・151	10
		C56	96・97・98・113・115・151	6
	岩見沢	9600	9613・9614・9616・9658・9688・39615・49615・49616・49617・49655・49670・59656・59657・69624・69656・79616・79618	17
		C58	143・332・333・334	4
		D51	11・13・14・15・16・26・47・48・85・99・117・116・120・126・1008・1009・1072・1074	18
室蘭	追分	9600	19608・19671・19672・19673・19674・29642	6
		D50	12・20・34・35・39・40・42・48・78・95・96・97・98・99・281・282・283・332	18
		D51	6・7・27・59・60・97・98・119・138・157・241・347・398・425・865・943・1009・1073・1095・1120・1121	21
	苫小牧（支）	C11	2・5・14	3
	静内	C11	176・182・183・184・201・202・206・207・208・209・210	11
	室蘭	9600	49604・49645・49694・49696・49698・59602・59611・59615・59658・59659・59694・69621	12
		C11	2・109	2
		C51	13・16・29・54・143・148・163・166・169・183・184・235	12
	伊達紋別	D51	01・02・03・04・05（旧胆振縦貫鉄道から買収。後の950・951・952・953・954）・369	6
旭川	旭川	9600	9643・19605・19611・19620・19668・29634・39688・39696・49631・49653・49665・49686・49695・69649	14
		C51	24・119・138・139・140・158・266・285・286・287・288	11
	深川	9580	9588・19675・49602・49604・49606・49622・59614・59655	8
		C11	132・133・218	3
	朱鞠内（支）	C11	170・171・172・181・205・226	6
	恵比島（駐）	8620	58629	1
	留萌（支）	9580	9591	1
		8620	8637・18651・58699・68677・78621・78622・78623・88649	8
	滝川	C12	10・29・38・93	4
		9600	19686・39624・39637・39655・49601・59683・69658・69600・69685・79605・79610・79611・79615	13
	富良野	9600	19619・19667・19669・19670・59613・59616・59617・59635・69692・69693・79604	11
	新得	9600	9660・19616・19617・19666・39690・49652・49658・59603・59609・59610・59688・59689・59690・59692・59693・79613・79619	17
稚内	名寄	9580	9585	1
		9600	19609・19645・19651・29694・39602・39630・39631・39632・39689・49644・49669・59601・59612・59618・59691・59695・59696・69618	18
	音威子府	9580	9589・9590	2
		9600	9615	1
	稚内	C12	12	1
		9580	9582・9586	2
		8620	58655・58674・68674・68679・68680・78670・78672	7
		9600	19687・29631・39628・39674・39687・79617	6
	幌延（支）	9580	9589	1
		C12	15・65	2
釧路	池田	8620	18649・18650・28642・48624	4
		9600	19615・19638・29630・39647・39686・39695・49603・49612・59600・59672・69601・69619・69622・69694	14

釧路	帯広（支）	8620	38667・58630・58671・68666・68672	5
		C56	112・114・137・138	4
	釧路	8620	18652・18653・18656・18696・38668・88648	6
		C58	62・82・83・84・106・119・126・127・313・331・338・339・348	13
	標茶（支）	C12	1・6・17・64	4
	弟子屈（駐）	8620	88646	1
	厚床（支）	C12	13・21・33・45・63	5
北見	北見	8620	8622・8634・8681・58657・78620・78624・88614	7
		C11	93・94	2
		9600	19661・29607・29627・29633・29634・39677・49634・49636・49643・49651・79667	11
	浜網走（駐）	C12	13・43	2
	斜里（支）	8620	18693・18694・58656・58673・68675・68676・68678	7
	遠軽	9600	19610・19665・29601・29626・39636・39667・49648・49649・49666・69620・69625・69644・69663	13
	中湧別（駐）	C12	19・28・40	3
	渚滑（支）	8620	68644・68671・68673・78671・88645・88647	6
		C12	24・78・81	3
	白滝（支）	9600	9645・39635・49699	3
合計				555

1954年

　戦後復興を鉄道輸送の面で支えたのは、戦禍をくぐり抜けた500両余りのSLたちだった。「決戦機関車」として長万部に投入された30両のD52形は、一部木材を使った簡易設計が弱みとなり、事故も多発したことから、1950年までにすべて本州に引き揚げられた。

　戦後の混乱も落ち着き始めた1954年の配置表では、幹線の貨物の主役は再びD51形とD50形に戻り、D52の穴を埋めている。旅客はC51形、C55形に新たにC57形が加わり、急行も復活するなど、輸送力は急速に改善されて行った。戦時中に配置が始まった客貨両用のC58形は、D51などが入れない釧網本線などローカル線で、混合列車を含めて地域住民の足となった。また、D50の本体を使い、軸重を軽くする改造を行ったD60形が完成し、根室本線の帯広側拠点である池田に集中配置された。老朽化した9600形に代わり、ディーゼル機関車配置まで貨物を受け持たせるのが狙いだった。

■ 1954年（昭和29年）4月1日現在

管理局	機関区	形式	機関車番号	両数
青函船舶	函館	D51	114・240・285・286・287・309・332・333・343・365・413・423・449・560・561・562・569・596・605・710・711・733・734・802	24
		9600	29601・29638・39656・49601・59619・59658	6
	木古内（支）	C11	171・180・188・229・286・287・357	7
	五稜郭	D51	7・68・70・368・394・566・575・741・872・894	10
	森	C12	78・228	2
札幌	長万部	D51	146・147・148・150・156・193・237・293・320・346・359・367・539・564・593・604・935・941・942	19
		C11	121・122・123・124	4
	倶知安	D50	68・69・95・215・280・284・331	7
		9600	9633・19612・19640・19650・39670	5
	小樽築港	D51	138・149・163・202・219・277・295・419・439・465・483・492・600・622・638・659・662・887・943	19
		C57	3・57・118・135・141・177・200・201	8
		C55	30・31・32・43	4
		C51	24・29・286・287・288	5
	苗穂	C58	405・406・407・408・409・410・411・414・415・416・421・422・425	13
		C11	32・109・115・202・203・227・228	7
		9600	39634・49652・69624・69656	4
	岩見沢	D51	11・13・15・16・26・33・47・48・85・99・117・118・120・126・342・916・929	17
		D50	13・19・20・30・32・33・74・78・91・97・110・111・210・218・265・277・286・307	18
		9600	49653・59610・59657	3
	滝川	D50	16・18・49・51・67・93・143・217・232・332	10

札幌	滝川	9600	39637・49606・49658・59627・59683・59694・69658・69693・79604・79610	10
	富良野	D50	36・37・38・96・157・179・219・228・322	9
		9600	59613・59635・79619	3
	追分	D51	6・27・55・59・97・98・119・241	8
		D50	31・34・35・99・103・139・159・281・308・343・345	11
		9600	19674・29633	2
	苫小牧	C11	70・210・288	3
	鷲別	D50	17・26・40・72・278・279・283・314	8
		9600	19669・59615・59659・69621	4
	室蘭	C51	13・16・54・143・153・159・160・161・166・169・183・184・285	13
	伊達紋別	9600	79613・79615・79616・79618	4
	静内	C11	76・182・183・184・206・207・209・210	8
旭川	旭川	D51	167・311・347・398・399・484・511・543・608・660・738・828・952・953・954・1008・1009	17
		C51	19・139・140	3
		C55	1・16・17・42・47・48・49・50・59	9
		9600	19611・49631・49655・49686・69649	5
	深川	9600	19695・19699・29615・29642・49600・49622・49672・59604・59614・59655	10
	恵比島	9600	59695	1
	留萌（支）	9600	19686・29631・39642・39686・39696・59612	6
	名寄	D51	14・54・60・337・897・950・951	7
		9600	19645・19666・29694・39630・39631・39632・39689・49644・49648・49669・49670・59601・59618・59691・69618	15
		8620	58655・58673・68674・68677・68680・78670・78623・88647	8
	稚内	9600	19616・29607・29613・29631・29634・39602・39628・39687・59603・59648・59688・59689・69648・79617	14
	幌延（支）	C12	15・65	2
	浜頓別（支）	C12	12・170	2
	北見	D51	157・312・318	3
		C58	1・2・82・83・98・126・173・334・389・390・391・392・395・417	14
		9600	19661・29627・39636・49634・49636・49643・79667	7
		8620	58657・58676・78624	3
		C12	16・17	2
	遠軽	D51	425・678・859・1074	4
		9600	49649・49651・49666・49673・49699・69620・69625・69644	8
	中湧別（駐）	C11	81・132・172・181・218・226	6
	渚滑（支）	8620	68644・68645・68671・68673・68675・78620・88645	7
	雄武	C12	28・81	2
	白滝（支）	9600	39635・39667	2
釧路	新得	D51	136・137・221・314・574・811・864・865・1069・1072・1120・1153・1160	13
		9600	59690	1
	池田	9600	9688・19615・19638・29630・39647・39688・49603・49612・59600・59609・59672・59693・69601・69619	14
		D60	36・37・38・39・41・42・43	7
	帯広（支）	8620	28642・48624・58671・58674・68666・68672	6
	釧路	C57	64・91・104・149	4
		C58	62・84・106・119・127・331・348・383・412・413・418・419	12
		8620	8634・18653・18656・18696・78672	5
		9600	9666・49635	2
	斜里（支）	8620	18693・18694・58656・68676	4
	標茶（支）	C11	56・93・94・133	4
	弟子屈	8620	88646	1
	厚床（支）	C12	41・45・63	3
合計				508

1957年

この配置表で特筆すべきは、小樽築港に前年配属された C62 形 7 両だ。C62 は D52 形のボイラーを利用し、足回り等は新製した「ハドソン型」で、東海道、山陽両本線で特急「つばめ」「はと」を牽引するなど、戦後復興のシンボル的存在となった。

しかし、両本線の電化が進んで余剰となり、1956年、7 両が函館本線で急行列車を受け持つことになった。長万部―小樽間の急勾配区間は史上初の C62 重連運転が実施され、特に除煙板に"ツバメマーク"を付けた 2 が注目を集めた。

狩勝越えの基地、新得は 9600 形がほぼ D51 形に入

れ代わった。D51 2 両が列車の前後についてうねりながら峠を上る雄姿は、日本有数の雄大な景色と相まって、観光客にも知られるようになった。池田のみ配置の D60 形はその後も増備が進み、この時点では 16 両を数えている。石炭列車を受け持つ追分、鷲別、滝川、岩見沢などはまだ D50 形が健在で、C51 形も苗穂、岩見沢、室蘭などにあって普通列車を受け持っていた。

道東・道北では 9600 形が多く見受けられる。デビューから 30 年以上経過しているとはいえ、本線にも入れ換えにも十分活用できるため、D51 が入線できない線区では主力として重宝された。また、このころからディーゼル機関車の開発が進み、DD11 形が 1 両、室蘭に配置され、"脱 SL"の先駆者となった。

■ 1957年（昭和 32 年）11 月 1 日現在

管理局	機関区	形式	機関車番号	両数
青函船舶	函館	D51	114・240・285・286・287・308・332・333・343・365・413・423・449・560・561・562・569・596・605・710・711・733・734	23
		9600	9645・19619・19675・29601・39655・39656・49601・59658・39688（1 休）	9
	木古内（支）	9600	59619	1
		C58	126・406・407・411・417	5
		C11	229（1 休）	1
	五稜郭	D51	68・70・368・394・397・566・575・601・741・802・872・894	12
		C12	78・（1 休）228	2
		9600	9687・19665・19670・29603・49671・49674・49698・79666	8
	長万部	D51	146・147・148・150・193・237・293・320・346・359・367・539・564・593・604・935・941・942・（1 休）156	19
		C11	171・188・180	3
		9600	9658・19638	2
札幌	倶知安	D51	27・204・297・664・673・804・857	7
		9600	19612・19640・19650・（1 休）69624	4
		C11	2・24・115・（1 休）82	4
	小樽築港	D51	138・149・219・277・419・439・465・483・600・622・638・659・662・943	14
		C62	2・3・27・30・32・42・44	7
		C57	3・50・57・64・91・104・118・135・138・141・142・149・177・200・201	15
		9600	9633・9654・9661・29675・39612・39637・49652・69690・69692・（1 休）9644・69656	11
		C12	6・38・（1 休）64	3
		B20	1（専検用）	1
	苗穂	C58	405・415・416・425	4
		C51	13・29・139・159・287・288・（1 休）162	7
		9600	19669・49603・59609・（1 休）29638	4
		C56	112・137・147	3
		C11	109・202・208・226・228・357・（1 休）122・227	8
	岩見沢	D51	11・13・15・16・26・33・47・48・53・85・99・117・120・126・342・916・929	17
		D50	25・55・277・307・335・365・（1 休）179	7
		9600	39615・39634・49615・49616・49617・49645・49653・59610・59656・（1 休）49655・59657	11
		C51	16・24・140・163・233・（1 休）138・286	7
		C11	128・134・181・218	4
	滝川	D50	68・74・110・218・233・276・280・285・286・375	10
		C58	414・421・422	3
		9600	49606・49658・59627・59633・59694・59696・69658・69660・69685・69693・79604・79610	12
		C11	81・132・172	3
		8620	58699・78621・（1 休）88649	3
	富良野	D51	118・202・295・355・440・492・887	7
		D50	235・284・322	3

札幌	富良野	9600	59613・59635・79619	3
	追分	D51	6・55・59・84・97・98・119・241・1042・1052	10
		D50	30・37・49・52・69・139・149・197・215・230・281・308・331・343・345・（1休）38	16
		9600	19608・19671・19672・19674・29633	5
		C11	99・123	2
	夕張（駐）	9600	19673	1
	苫小牧（支）	C11	201・286・287	3
	鷲別	D50	26・72・89・118・187・217・279・294・314・332・78・（1休）143・195・210・212	15
		9600	49604・49694・49696・59602・59611・59615・59659・69621	8
	室蘭	C51	54・158・160・161・165・166・169・183・184・285	10
		C55	31・32	2
		9600	9617・19603・19622・19651・19667・59617・79611	7
		8620	（1休）58659	1
		DD11	3	1
	伊達紋別	9600	39670・79613・79615・79616・79618	5
	静内	C11	176・182・183・184・206・207・209・210・288	9
旭川	旭川	C55	1・16・17・30・42・43・47・48・49・50・59	11
		D51	167・309・311・347・398・399・484・511・543・608・660・738・828・952・953・954・1008・1009	18
		9600	19611・19666・19668・29634・39636・39677・49631・49655・49686・69649	10
		8620	8637・8681・58676	3
	旭川工場	C12	10	1
	深川	9600	19605・19609・29615・29626・29642・29642・39628・49600・49622・49672・59604・59614・59655・59695	13
		8620	18650・78620	2
	留萌（支）	9600	19686・29681・39624・39686・39696・59612	6
	名寄	D51	14・54・60・337・897・950・951	7
		9600	29694・39630・39631・39632・39687・49644・49648・49669・49670・59601・59618・59691・69618	13
		8620	58655・58673・68674・68677・68680・78623	6
	稚内	9600	19616・29607・29613・29631・39602・59603・59648・59688・59689・69648・79617	11
	北見	C58	1・2・82・83・98・173・390・391・392・395	10
		D51	7・157・312・318	4
		9600	19661・39689・49634・49643・79667	5
		8620	58629・58657・78624・78670	4
	遠軽	D51	425・678・859・1074	4
		9600	19610・49626・49651・49666・49673・49699・69620・69625・69644	9
		8620	68644・68645・68671・68673・68675・88645・88647	7
	白滝（支）	9600	39635・39667	2
釧路	新得	D51	136・137・163・221・314・574・811・864・865・1069・1072・1120・1153・1160	14
		9600	39690・（1休）59690	2
	池田	D60	36・37・38・39・41・42・43・44・45・46・56・57・69・70・71・72	16
		9600	29630・59600・59693・69601・69619・69622・（1休）59672	7
	帯広	8620	28642・38667・58630・58671・58674・68666・68672・68679・（1休）48624	9
	釧路	C58	62・84・106・119・127・331・334・348・383・408・409・410・412・413・418・419	16
		9600	9688・49612・49635	3
		8620	18652・18653・18656・18657・18696・58672・88646・88648・（1休）8634・39668・78672	11
	斜里（支）	8620	18693・18694・58656・68676・（1休）68678	5
	標茶（支）	C11	56・83・93・133・（1休）129	5
	厚床（支）		（配置なし）	0
合計				SL＝595・DL＝1

1962年

1960年代に入ると、本州では電化が進み、電気機関車や電車が主流となりつつあった。北海道は電化計画が遅れたものの、その分、新鋭気動車の導入が急がれた。1961年にはキハ80系が導入され、特急「おおぞら」がデビューするなど、"無煙化"が進むことになる。

戦後、長万部から一斉に引き揚げられたD52形は、戦時設計を改め、本来の力を発揮して山陽本線などで活躍していたが、余剰のため1960年、再び北海道に送り込まれて来た。今度の配属は五稜郭で、ここでのD51形の牽引定数1,000トンを1,100トンに引き上げるのが目的だった。五稜郭操車場—東室蘭操車場間のほか、渡島大野（現・新函館北斗）—大沼間の"仁山越え"では、C62形牽引の急行列車の後補機も務めた。

1960年からは留萌にD61形6両すべてが配置された。D51の軸重を軽くした形式で、D60形同様、老朽化した9600形の後継を目的とした。しかし、間もなく炭鉱が閉山して貨物量が激減し、期待された活躍は全うできなかった。

地方の無煙化を急ぐ国鉄は、非電化区間の主役となるDLの開発を急いだ。まずは入れ換え用のDD13形が完成し、苫小牧、室蘭に入れ換え用として各1両配置。また、冬は大型除雪車になるDD14形が苗穂に配置され、"DL新時代"の幕が上がろうとしていた。

■ 1962年（昭和37年）4月1日現在

管理局	機関区	形式	機関車番号	両数
青函船舶	函館	D51	114・240・286・287・332・333・368・397・413・423・560・562・566・575・710・711・734・741・802・894	20
		C58	126・213・406・407・411・417	6
		9600	19619・29601・39655・39656・39688・59619・59658	7
	五稜郭	D52	56・136・138・140・201・202・204・217・235・400・404・414・468	13
		9600	9687・19665・19670・19675・49601・49672・49674・49698・79666	9
	長万部	D51	146・147・148・150・156・193・237・320・346・359・365・367・394・569・593・604・872・941・942	19
		9600	9658・19638	2
		C11	171・180・188	3
札幌	倶知安	D51	27・204・664・673・804・857	6
		9600	19640・19650・69624・79613・79615・79616・79618	7
		C11	115・287	2
	小樽築港	D51	70・138・149・219・419・439・465・483・600・622・638・662・943	13
		C62	2・3・27・30・32・42・44	7
		C57	3・44・50・51・57・64・91・118・135・138・142・149・177・193・194・197・200・201	18
		9600	9633・9644・9654・9661・29675・39612・39637・49603・59617・69656・69692	11
		C12	6・38・64	3
		B20	1	1
	苗穂	C58	405・414・415・416・421	5
		C57	40・104・141	3
		C56	112・137・147	3
		C51	139・287・288	3
		9600	29638・49696	2
		C11	172・208・227・228・357	5
		DD11	3	1
		DD14	1	1
	岩見沢	D51	11・13・15・16・26・47・48・53・85・99・117・120・126・277・342・355・659・916・929・1097	20
		D50	37・55・143・149・195・277・286・307・322・335・365	11
		9600	39615・49615・49616・49617・49645・49653・49655・59609・59610・59656・59657	11
		C11	99・134・181・218	4
	滝川	D51	38・68・297・576・935	5
		D50	74・110・218・276・280・285・375	7
		9600	39634・49606・49658・59613・59627・59683・59694・59696・69658・69660・69685・69693・79604・79610	14
	富良野	D51	80・118・202・295・308・440・492・561・601・887	10
		9600	39670・59635	2
		C11	109	1
	追分	D51	55・97・241・293・539・605・1023・1042・1052・1098	10

札幌	追分	D50	38・69・72・118・139・197・23・233・281・284・308・331・343	13
		9600	19608・19671・19672・19673・19674・29603・29633	7
	苫小牧（支）	C11	82・123・176・201	4
		DD13	52	1
	鷲別	D51	285・444・564・596・1071	5
		D50	187・210・212・217・279・294・314・332・345	9
		C58	422・425	2
		9600	19612・49604・59615・59659・69621・69690	6
	室蘭	C55	1・30・31・32	4
		C51	160・165・166・169・183・184・285・286	8
		9600	19603・19622・19651・19667・49652・59602・79611	7
		DD13	41	1
	静内（分）	C11	182・183・184・206・207・209・210・286	8
旭川	旭川	C55	16・17・42・43・47・48・49・50・59	9
		D51	167・309・347・398・399・484・511・543・660・738・828・897・952・953・954・1008・1009・1101	18
		9600	19611・19666・19668・19686・29634・39636・39677・49631・49665・49686・69649	11
		D50	25・68	2
	深川	9600	19609・29615・29626・39624・39628・39696・59604・59612・59614・59695	10
	留萌（支）	D61	1・2・3・4・5・6	6
		9600	19605・39686・59655	3
	名寄	D51	14・54・60・337・950・951	6
		9600	29694・39630・39631・39632・39687・49644・49648・49669・49670・49672・59601・59618・59691・69618	14
		8620	68674・68680・88645・88647	4
	稚内	9600	19616・29607・29613・29631・39602・49622・59603・59648・59688・59689・69648・79617	12
	北見	D51	7・157・312・318・608	5
		C58	1・2・82・83・173・390・391・392・395	9
		9600	39689・49634・49643・79667	4
		8620	58657・68645・78670	3
	遠軽	D51	311・425・678・869・1074	5
		9600	19610・19661・29681・39635・39667・49600・49651・49666・49673・49699・69620・69625・69644	13
	白滝（支）	9600	29642・49626	2
釧路	新得	D51	136・137・163・221・314・574・811・864・865・1069・1072・1077・1120・1153・1160	15
		9600	39690・59690	2
	池田	D60	36・37・38・39・41・42・43・44・45・56・71・72	12
		D51	159・340・345・733・1012	5
		9600	59611・59672・59693・69601・69622・79619	6
	釧路	C58	62・84・98・106・119・127・331・334・348・383・385・408・409・410・412・413・418・419	18
		9600	9688・49612・49635	3
		8620	18694・18696・38667・48624・68672・68676・68678・78672・88648	9
	斜里（支）	C58	26・139・160	3
	士幌線（管）	9600	59600・69619	2
		8620	18657・28642・58630・68666	4
	標津線（管）	C11	83・93・129・133	4
合計				SL＝555・DL＝4

1965 年

1960 年ごろから日本は高度経済成長が始まり、観光ブームも起きるなど、旅客、貨物ともに輸送量はぐんぐん伸びた。北海道は気動車による特急や急行が増発され、大幅な所要時間の短縮が実現するなど、サービス改善が軌道に乗り始めた。

しかし、依然として主役はSLだった。1965 年 4 月は全道で550両が現役で、うち D51 形は約 210 両、大正生まれの 9600 形は約 160 両が健在。旅客用もさすがに C51 形は姿を消したものの、小樽築港や旭川の

C55、C57 形は函館本線の普通列車を担当。C58 形は北見、釧路に多く配置され、石北、釧網、根室本線の主力を務めていた。

ただ、戦前から活躍していた 8620 形は釧路と士幌線管理所の合計 9 両に、C56 形は苗穂の 1 両のみとなり、どちらも風前の灯火となった。

DL の進出は勢いを増し、函館に航送入れ換え用として DD13 形が導入され、それまで主役だった 9600 を駆逐することになる。SL と違って視野が広い中央キャブ式の DD13 は好評で、その改良型で除雪も可能な DD15 形も苗穂、旭川、名寄、釧路に配置された。

■ 1965 年（昭和 40 年）4 月 1 日現在

管理局	機関区	形式	機関車番号	両数
青函船舶	函館	D51	240・560・562・566・575・710・711・734・741・802・894	11
		9600	19619・29601・39655・39656・39688・59658	6
		DD13	207・209・212	3
	五稜郭	D52	56・136・138・140・201・202・204・217・235・400・404・414・468	13
		D51	189・286・287・332・333・368・397・413・695・1085	10
		C58	126・213・406・407・411・417	6
		9600	9687・19665・19670・49601・49671・49674・49698・79666	8
	長万部	D51	114・146・147・148・150・156・193・237・320・346・359・365・367・394・423・569・593・604・872・941・942	21
		9600	9658・19638	2
		C11	171・180・188	3
札幌	倶知安	D51	27・149・419・673・804・857	6
		9600	19640・19650・69624・79613・79615・79716・79618	7
		C11	208	1
	小樽築港	D51	70・138・204・219・345・349・439・465・483・600・622・662・664・943	14
		C62	2・3・27・30・32・44	6
		C57	3・44・50・57・64・91・104・118・135・138・142・149・177・193・194・197・200・201	18
		9600	9633・9644・9661・29675・39612・39615・39637・49603・59617・69656・69692	11
		C12	6・38・64	3
		B20	1	1
	苗穂	C58	405・414・415・416・421	5
		C57	40・141	2
		C56	112	1
		C55	25・36	2
		9600	9654・29638・49696	3
		C11	227・228・357	3
		DD15	7・25・26	3
		DD14	1	1
		DD11	3	1
	岩見沢	D51	11・13・15・16・26・47・48・53・85・98・99・117・120・126・226・277・342・355・659・916・1097・1102・1118	23
		D50	37・55・143・149・277・286・307・322・335・365	10
		C55	7	1
		9600	49615・49616・49617・49645・49653・49655・59609・59610・59656・59657	10
		C11	99・134・181・218	4
	滝川	D51	38・68・297・561・576・603	6
		D50	74・218・276・280・285・375	6
		9600	39634・49606・49658・59613・59627・59683・59694・59696・69658・69660・69693・79604・79610	14
	富良野	D51	80・118・202・295・308・440・492・601・887・935	10
		9600	39670・59635	2
		C11	172	1

札幌	追分	D51	55・59・84・97・241・293・343・357・539・605・1023・1042・1052・1098・1112	15
		D50	25・38・230・233・281・284・308・343	8
		9600	19608・19671・19672・19673・29603・29633	6
	苫小牧（支）	9600	19674	1
		C11	115	1
		DD13	158・159	2
	鷲別	D51	58・190・285・304・444・564・596・717・929・1071・1119	11
		D50	187・279・294・314・332	5
		C58	422・425	2
		9600	19612・49604・59615・59659・69621・69690	6
	室蘭	C57	29・38・51・140・144・157・168	7
		C55	1・30・31・32・38	5
		9600	19603・19622・19651・19667・49652・59602・79611	7
		DD13	41・52	2
	静内（分）	C11	182・183・184・206・207・209・210・286	8
旭川	旭川	D51	6・62・167・252・309・347・398・399・414・484・543・660・738・828・897・913・952・953・954・1008・1009・1029・1090・1101・1116	25
		C55	16・17・42・43・47・48・49・50・59	9
		9600	19611・19666・19668・19686・29634・39636・49631・49665・49686・69649	10
		DD15	24	1
	深川	9600	19605・19609・29626・39624・39628・39696・59612・59614・59655	9
	留萌（支）	D61	1・2・3・4・5・6	6
		9600	29615・39686・59695	3
	名寄	D51	14・54・60・337・915・950・951	7
		9600	29694・39630・39631・39632・39687・49644・49648・49669・49670・49672・59601・59604・59618・59691・69618	15
		DD15	23	1
		DD14	2	1
	稚内	9600	19616・29607・29613・29631・39602・49622・59603・59648・59688・59689・69648・79617	12
	北見	D51	7・157・312・318・511・608	6
		C58	1・2・82・83・173・390・391・392・395	9
		9600	29642・39689・49634・49643・79667	5
	遠軽	D51	311・425・678・859・1074	5
		9600	19610・19661・29681・39635・39667・39677・49600・49626・49651・49666・49673・49699・69620・69625・69644	15
釧路	新得	D51	24・136・137・163・221・314・574・638・811・864・865・1069・1072・1120・1153・1160	16
		9600	39690・59690	2
	池田	D60	36・37・39・41・42・44・45・56・71・72	10
		D51	159・165・340・650・733・896・1012・1077・1103	9
		9600	59611・59672・59693・69601・69622・79619	6
	釧路	C58	26・62・84・98・106・119・127・139・160・331・334・348・383・385・408・409・410・412・413・418・419	21
		9600	9688・49612・49635	3
		8620	18694・18696・68676・68678・78672	5
		C11	176	1
		DD15	22	1
		DD13	183・184	2
	士幌線（管）	9600	59600・69619	2
		8620	18657・68666・68672・88648	4
	釧網線（管）	C11	93・129・133	3
合計				SL = 550・DL = 18

1968年

1968年は「ヨン・サン・トウ（昭和43年10月）」の全国白紙ダイヤ改正が実施された年である。東北本線全線電化によるスピードアップの実現の他、全国にキハ80系を中心とした特急網が張り巡らされ、本州では無煙化が急速に進んだ。

北海道のSLはD51形を中心に500両台を維持していたが、いよいよ「DLのエース」と称されるDD51形が上陸してきた。1966年、釧路に2両配置されたのを機に、1968年には25両に。国鉄は狩勝越えを擁する根室本線を無煙化のモデルとしてDD51を増強し、釧路―富良野間約250キロの長距離運転が可能になった。

この結果、狩勝越えの拠点だった新得のSLは無用となり、1967年をもって撤退した。D50形は追分に25が残るのみとなったが、間もなく廃車となり、道内からD50は完全に姿を消した。

新鋭DLではDD51の他に旭川にDD53形が置かれた。除雪機の付属を可能にした大型機で、除雪が無い時は本線で補機として活躍した。また、1968年10月の小樽―滝川間の電化開業に備え、試作機として札幌運転所に北海道初の電気機関車ED75形501が配属され、入念な試験運転が始まった。

■ 1968年（昭和43年）3月31日現在

管理局	機関区	形式	機関車番号	両数
青函船舶	函館	DD13	212・515・516・517・518・622・650	7
	五稜郭	D52	56・136・138・140・201・202・204・217・235・400・404・414・468	13
		D51	327・363・480・585・597・695・737・765・1017・1072・1073・1120・1153・1160	14
		C58	126・213・255・406・407・411・417	7
		9600	29601・39655・49601・49603・49671・49674・49698・59658・79666	9
	長万部	D51	64・96・114・146・147・148・150・156・163・221・234・237・240・320・346・365・367・394・593・604・756・864・941・942	24
		9600	9658・19638	2
		C11	171・180・188	3
札幌	倶知安	D51	27・149・419・673・804・857	6
		9600	19640・19650・69624・79613・79615・79616・79618	7
	小樽築港	D51	24・59・70・138・189・193・204・219・286・287・353・465・483・600・622・662・664・943・1057・1149	20
		C62	2・3・30・32・44	5
		C57	50・57・64・91・104・118・135・138・141・142・149・177・193・194・197・200・201	17
		9600	9633・9644・9661・29675・39612・39615・39637・59617・69656・69692	10
		C12	6・38・64	3
	札幌（運）	ED75	501	1
	苗穂	C58	253・347・405・414・415・416・419・421	8
		C57	38・40	2
		C55	25・36・42	3
		C11	227・228	2
		DD15	26・304	2
		DD14	1・4・304	3
		DD13	608・609・610・611	4
		DD11	3	1
	岩見沢	D51	11・13・15・16・26・47・48・53・84・85・98・99・126・226・269・277・332・333・342・355・368・423・439・454・556・557・566・569・659・713・744・872・916・1023・1053・1056・1078・1097・1102・1118	40
		9600	9654・49615・49617・49645・49653・49655・49696・59609・59610・59656	10
		C11	99・134・218・357	4
	滝川	D51	3・38・68・95・97・297・359・397・561・576・603・650・802・1051・1086・1127	16
		9600	39634・49606・49658・59613・59627・59683・59694・59696・69658・69660・69685・69693・79610	13
	富良野	D51	80・118・202・295・440・601・935	7
		9600	39670・59635・59657	3
	追分	D51	83・117・120・241・285・293・308・328・343・345・349・357・413・492・539・605・711・733・742・842・887・1037・1042・1119	24
		D50	25	1
		9600	19608・19671・19672・19673・29603・29633	6
		DD15	7・25	2

札幌	苫小牧（支）	9600	19603・19674	2
		C11	115・182・183・184・206・207・209・210・286	9
		DD13	158・159	2
	鷲別	D51	55・58・165・190・304・444・472・509・560・564・596・629・717・741・764・816・894・929・947・1051・1071・1083・1098	23
		C58	422・425	2
		9600	19612・49604・59615・59659・69621・69690	6
	室蘭	C57	29・44・51・149・144・157・168	7
		C55	1・30・32	3
		9600	19622・19651・19667・29638・49652・59602・79611	7
		DD15	36・25	2
		DD13	41・52	2
旭川	旭川	D51	86・167・252・347・398・399・414・484・660・663・738・828・952・953・954・1008・1009・1029・1090・1101・1116	21
		C55	16・17・43・47・48・49・50・59	8
		9600	19668・29634・39624・39636・39686・49665・49686・69649	8
		DD53	1	1
		DD51	548・549・550・551・552・553	6
		DD15	34・35・303	3
		DD14	2	1
	深川	D51	4・62・467・543・913	5
		9600	19605・19609・29626・39628・39696・49616・59612・59614・59655・59695	10
		DD15	24	1
		DD14	303	1
	留萌（支）	D61	1・2・3・4・5・6	6
	名寄	D51	14・54・60・337・915・951	6
		9600	29694・39630・39631・39677・39687・49644・49648・49669・49670・49672・59601・59604・59618・59691・69618	15
		DE15	1	1
		DD15	23	1
		DD14	302	1
	稚内	9600	19611・19616・19661・29607・29613・39602・49622・59603・59648・59688・59689・79617	12
		DD14	5	1
	北見	D51	6・7・157・312・318・511・608・950	8
		C58	1・2・39・82・83・173・390・391・392・395	10
		9600	19660・39635・39667・49643・79667	5
	遠軽	D51	309・311・425・678・859・897・1074	7
		9600	29681・49600・49626・49634・49651・49666・49673・49699・69620・69625・69644	11
		DD15	33	1
釧路	池田	D51	137・159・314・340・562・574・575・638・710・734・811・865・1012・1077・1085・1103	16
		9600	9688・49612・69601・79619	4
	釧路	D51	136・855・896	3
		C58	26・33・62・84・98・106・119・123・127・139・148・160・197・210・319・331・334・348・383・385・396・404・408・409・410・412・413・418	28
		C11	93・122・129・133・172・176・208	7
		DD51	501・502・503・509・510・521・522・523・524・525・526・527・528・529・530・577・578・579・580・581・582・583・584・585・586	25
		DD15	22	1
		DD13	184・507・508・621	4
	帯広（管）	9600	49635・59611・59672・59690・69622	5
		8620	18694・68678・78672	3
合計				SL＝536・DL＝73・EL＝1

1970年の配置表ではSLは500両台を大きく割り、444両となった。形式別ではD51形が約5割、9600形は約3割で、残り2割はD52、D61、C62、C58、C57、C55、C12、C11形である。

逆にDLはDD51形が釧路のみならず、五稜郭、鷲別、旭川にも進出し、合計68両を数えるに至った。このころから函館、室蘭両本線では貨物列車のSLの前に連結され、盛んに慣熟運転が行われた。また、急行貨物での重連運転、普通列車の牽引にもあたり、本線上で目にする機会がめっきり増えた。DLは全道で130両を超えた。

こうした中、C62の急行「ニセコ」が1971年9月で終了することが決まった。これに先立ち1970年10月、呉線電化で余剰となった15、16が小樽築港に配置され、廃車になった32、44と交替。残った2、3との4両態勢で残り1年足らずの期間、最後の重連運転に臨むことになる。

DLに加えて、小樽—旭川間の電化により、ED75形の改良型ED76形500番代が岩見沢第二機関区(岩見沢機関区を分割)に22両配置となり、函館本線の急行、普通列車、さらに貨物列車の運転をSLから引き継いだ。711系電車と並んで鮮やかな赤い車体は、北海道の鉄道に新風を吹き込んだ。無煙化が遅れていた北海道でも、SLの淘汰のテンポが速まってきた。

■ 1970年(昭和45年)3月31日現在

管理局	機関区	形式	機関車番号	両数
青函船舶	函館(転)	DD13	212・515・516・517・518・622・650	7
	五稜郭	D52	56・136・138・140・202・204・235・404・414・468	10
		D51	695・756・1017・1072・1120・1153・1160	7
		C58	33・126・148・213・406・407・411・417	8
		DD51	610・611・612・655・656・657・658・659	8
		DE10	501・502・503・504・505・513・514・515・555	9
	長万部	D51	64・146・147・148・150・163・221・234・237・320・327・340・346・365・367・394・585・593・597・737・765・864・941・942	24
		9600	9658・49698	2
		C11	171・180・188	3
札幌	倶知安	D51	149・159・804・857	4
		9600	19640・19650・69624・79615・79616・79618	6
	小樽築港	D51	24・27・54・59・70・80・138・193・219・231・286・287・333・353・368・454・460・465・483・556・565・569・598・600・656・662・678・713・744・913・916・943・1023・1057・1078・1149	36
		C62	2・3・32・44	4
		9600	9633・9644・9661・29601・29675・39612・39615・69656・69692	9
		C12	6・38・64	3
	苗穂	C58	414・415・416・419・421	5
		C57	29・38・57・91・138・177	6
		C11	99・228	2
		DD15	26・34・304	3
		DD14	4・304	2
		DD13	608・609・610・611	4
		DD11	3	1
	岩見沢第一	D51	11・13・15・47・48・53・84・85・98・118・136・183・269・277・328・332・342・423・439・467・566・659・811・855・872・887・1056・1085・1103・1118	30
		C57	44・104・135・144・149・168	6
		9600	9654・29605・49615・49645・49653・49655・49696・59609・59610・59656・59674	11
	岩見沢第二	ED76	501・502・503・504・505・506・507・508・509・510・511・512・513・514・515・516・517・518・519・520・521・522	22
		ED75	501	1
		DD14	307	1
	滝川	D51	3・7・38・68・95・96・97・202・297・359・397・561・576・603・802・1051・1086・1127	18
		9600	39634・49606・49658・59613・59627・59669・59694・69658・69660・69693	10
	追分	D51	117・120・226・241・285・293・308・343・345・349・357・413・492・509・539・605・711・733・742・842・1037・1042・1119	23
		9600	19671・19672・19673	3

札幌	追分	DD15	7・25	2
	苫小牧（支）	9600	19603・19674・29603・79613	4
		C11	176・183・206・207・209・210・218・227・286	9
		DD13	158・159	2
	鷲別	D51	55・83・165・190・295・444・472・560・596・629・717・741・764・816・894・896・929・947・1052・1071・1098	21
		C58	422・425	2
		9600	19612・19622・19651・19667・49674・59602・59615・59659・69621・69690・79611	11
		DD51	645・646・647・648・649・650・651・652・653・654・660・675・676・677	14
		DD15	36・37	2
		DD13	41・52	2
旭川	旭川	D51	167・252・399・660・663・828・952・953・954・1008・1009・1090・1101・1116	14
		C55	1・30・47・49・50	5
		9600	29634・29669・39636・39637・39655・49665・49686・59635・59657・79610・79666	11
		DD53	1	1
		DD51	548・549・550・551・552・553	6
		DE15	3	1
		DD15	35・303	2
		DD14	1・2	2
	深川	D51	4・62・86・347・543・738	6
		9600	19605・19609・29626・39628・39696・49616・59612・59614・59655・59695	10
		DD15	24	1
		DD14	303	1
	留萌（支）	D61	1・2・3・4・5・6	6
	名寄	D51	14・60・337・414・574・866・915	7
		9600	39677・39687・49644・49648・49670・49672・59601・59604・59617・59618・59691・69618・79642	13
		DE15	1	1
		DD15	23	1
		DD14	302	1
	稚内	9600	19616・19661・29607・29613・39602・49601・49603・49622・59603・59689・59696・69623	12
		DD14	5	1
	北見	D51	157・312・398・511・608・734・1077	7
		C58	1・82・173・331・390・391・392・395	8
		9600	29694・39631・39635・39667・49613・49671・79667	7
	遠軽	D51	309・311・425・484・859・897・1074	7
		9600	29681・49600・49626・49634・49651・49666・49673・49699・69620・69625・69644	11
		DD15	33	1
釧路	池田	9600	29633・49612・69601・79619	4
	釧路	D51	562・575・710・865	4
		C58	62・84・98・106・119・123・127・139・197・319・348・385・404・408・409・412・413・418	18
		C11	93・129・133・134・172・208・274	7
		DD51	501・502・503・509・510・521・522・523・524・525・526・527・528・529・530・577・578・579・580・581・582・583・584・585・586・630・631・632・633・634・635・636・637・638・639・640・641・642・643・644	40
		DE10	27・28・29・30・31・32・33・34・35・36・37・38	12
		DD15	22	1
		DD13	184・507・508・621	4
	帯広（転）	9600	29683・39670・49604・49635・59611・59672・59683・59690・69622	9
		8620	68678	1
合計				SL＝444・DL＝133・EL＝23

1972 年

1972 年の DL の動向は DD13 形をパワーアップした DE10、DE15 形の進出が目立っている。DE10 は五稜郭、釧路に多く配置され、入れ換えの無煙化を実現。その改良型で、冬はラッセルとして使える DE15 は豪雪地帯の岩見沢第二、旭川、名寄に姿を見せた。DD51 形は 79 両に増え、中でも釧路の 41 両が群を抜いている。

一方、SL は D51 形が小樽築港の 31 両、岩見沢第一の 30 両、長万部、鷲別の各 22 両など、貨物列車の拠点機関区に多数踏みとどまっている。C57 形は岩見沢と苗穂に分かれているが、岩見沢の 6 両は室蘭との間の普通列車、苗穂の 7 両は千歳線の補機などに運用されていた。

宗谷本線の C55 形は旭川の 3 両を残すのみとなったが、D51 と 9600 形の間にあって、貴重な旅客用戦力として稚内までを往復した。タンク機の C11 形は長万部、苗穂、苫小牧、釧路に数両ずつ残り、周辺の貨物牽引と入れ換え用。小型で力があるのが幸いして DL への置き換えは後回しになった。

C62 形は呉線から転属してきた 15 と 16 が 1971 年 9 月 15 日の急行「ニセコ」運転終了後、廃車となり、梅小路機関区で保存予定の 2 と、地元で保存予定の 3 のみが名を残している。全道の SL は 400 両を割り込み、DL は 160 両を超える勢いになっていた。

■ 1972 年（昭和 47 年）3 月現在

管理局	機関区	形式	機関車番号	両数
青函船舶	函館（転）	DD13	99・212・515・516・517・518・622・650	8
	五稜郭	D52	56・136・138・140・202・204・235・404・414・468	10
		C58	126・148・213・406・407・411・417	7
		DD51	612・655・656・657・658・659・710・716・741・742・743・744・745・747・748	15
		DE10	501・502・503・504・505・513・514・515・555（514 が二重記載なので略）	9
	長万部	D51	146・147・148・150・163・221・234・237・327・340・346・365・367・593・597・710・737・765・941・942・1017・1153	22
		C11	171・180・188	3
		DD13	39	1
札幌	倶知安	D51	149・159・804・857	4
		9600	19650・69624・79615・79616・79618	5
	小樽築港	D51	24・54・59・64・70・84・138・193・219・231・286・287・320・333・353・454・465・598・600・659・662・713・744・756・913・916・943・1023・1057・1078・1149	31
		C62	2・3	2
		9600	9633・9661・29601・29675・39612・39615	6
		C12	6・38・64・225	4
	苗穂	C58	414・415・416・419・421	5
		C57	29・38・57・87・91・138・177	7
		C11	99・129・177	3
		DD15	26・34・304	3
		DD14	4・304・314	3
		DD13	50・608・609・610・611	5
		DD11	3	1
	岩見沢第一	D51	11・13・15・47・53・98・118・183・277・328・332・394・414・423・439・467・566・569・811・855・865・872・887・915・1037・1056・1085・1118・1120・1160	30
		C57	44・104・135・144・149・168	6
		9600	19603・49615・49645・49653・49655・49698・59609・59610・69656	9
	岩見沢第二	ED76	501・502・503・504・505・506・507・508・509・510・511・512・513・514・515・516・517・518・519・520・521・522	22
		ED75	501	1
		DE10	1026	1
		DE15	1501	1
		DD14	307	1
		DD11	6	1
	滝川	D51	38・68・95・96・97・297・397・483・561・562・576・603・663・1051・1072・1086・1101・1127	18
		9600	49606・49658・59613・59669・59694・69658・69660・69693	8
	追分	D51	117・120・226・241・285・293・343・345・349・357・413・492・509・539・605・711・733・842・1042・1119	20
		9600	19671・19672・19673	3

札幌	追分	DD15	7・25	2
	苫小牧（支）	9600	19674・79613	2
		C11	176・183・206・207・209・210・218・227	8
		DD13	38・40・89・90・158・159	6
	鷲別	D51	55・83・165・295・308・444・472・556・560・565・596・629・741・742・768・816・894・896・929・1052・1071・1098	22
		C58	422・425	2
		9600	9644・19622・19651・19667・29603・29605・49674・59602・69621・69690・79611	11
		DD51	645・646・647・648・649・650・651・652・653・654・660・675・676・677	14
		DD15	36・37	2
		DD13	41・52	2
旭川	旭川	D51	167・252・660・738・828・952・953・954・1008・1009・1090・1116	12
		C55	30・47・50	3
		9600	29669・39636・39637・49686・59635・59657・68692・79610・79666	9
		DD53	1	1
		DD51	30・36・548・549・550・551・552・553・610	9
		DE15	3・1506	2
		DD15	35・303	2
		DD14	1・2・312	3
		DD13	85・87・88	3
	深川	D51	4・62・86・347・543	5
		9600	19605・19609・29626・39696・49616・59612・59614	7
		DD15	24	1
	留萌（支）	D61	3・4・5・6	4
	名寄	D51	14・60・337・398・399・574・866	7
		9600	19640・39628・39631・39634・39677・39687・49644・49648・49649・49670・59601・59661・69618・79642	14
		DE15	1	1
		DD15	23	1
		DD14	302	1
	稚内	9600	19612・19616・19661・29607・29613・39655・49601・49603・59627・59674・59696・69623	12
		DD14	5	1
	北見	D51	157・312・511・608・734・1077	6
		C58	1・82・173・331・390・391・392・395	8
		9600	29657・29694・39635・39667・49671・79667	6
		DD14	303・313	2
	遠軽	D51	309・311・425・484・859・897・1074	7
		9600	29681・49600・49626・49634・49651・49666・49673・49699・69620・69625・69644	11
		DD15	33	1
釧路	池田	9600	29633・49612・69601・79619	4
	釧路	C58	33・84・98・106・119・139・197・348・355・385・404・408・409・410・412・413・418	17
		C11	93・133・134・172・208・274	6
		DD51	501・502・503・509・510・521・522・523・524・525・526・527・528・529・530・577・578・579・580・581・582・583・584・585・586・611・630・631・632・633・634・635・636・637・638・639・640・641・642・643・644	41
		DE10	3・27・28・29・30・31・32・33・34・35・36・37・38	13
		DD15	22	1
		DD13	184・507・508・621	4
	帯広（転）	9600	9654・29683・39670・49604・49635・59611・59672・59683・59690・69622	10
合計				SL＝396・DL＝162・EL＝23

1975年

　SLはいよいよ終焉の時を迎えた。北海道外では一足早くSLの姿が消え、1975年3月末現在の配置表では、梅小路機関区での保存展示用の18両の他には、吹田第一にD51形が1両、浜田に同形2両、人吉に8620形が1両、計4両が辛うじて残るだけとなった。

　北海道はSLが159両、DLは395両と、両者の立場が完全に逆転。SLはまだ現役走行しているとはいえ、全廃は秒読みとなった。五稜郭のD52形は貨物牽引をDD51形に譲った後、普通列車などを引いていたが、ついに202の1両だけに。長く道東の"エース"だった釧路のC58形も撤退し、C58が残るのは北見だけと

なった。

　新顔のDLとしてはDE10形を軽量化し、使いやすくしたDD16形がある。1972年から導入され、長万部、小樽築港、鷲別、釧路に配置された。また、かつてはSLが大量に配置されていた五稜郭、小樽築港、鷲別、旭川などはDD51に占められ、煙が吹きあがっていた機関区の光景はあっけなく昔話になった。

　1975年12月には室蘭本線と夕張線でSL最終列車が運転された。追分の9600形4両が入れ換え用として生き延びていたが、翌1076年3月、最後の79616が廃車となり、配置表からも現役SLが消滅。1880年の幌内鉄道開業以来、96年間の歳月を経て巡ってきた"終着駅"だった。

■ 1975年（昭和50年）3月31日現在

管理局	機関区	形式	機関車番号	両数
青函船舶	函館（転）	DD13	99・212・214・515・516・517・518・622・650	9
	五稜郭	D52	202	1
		DD51	504・612・655・656・657・658・659・710・716・741・742・743・744・745・747・748・1008・1009・1011・1012・1013・1014・1015	23
		DE15	1006	1
		DE10	3・30・331・501・502・505・513・514・515・1026・1570・1571	12
	長万部	DD51	507・508・511・559・1006・1007・1016	7
		DD16	31・32・33	3
北海道（直轄）	小樽築港	C62	3	1
		DD51	602・603・604・613・615・616・617・618・699・700・701・702・703・704・705・706・718・719・721・722・1045・1046・1047・1048・1049・1050・1051・1072・1073・1077・1078・1082・1098・1099・1100・1101・1102・1103	38
		DE15	1511	1
		DE10	1593・1594・1595・1596・1597・1598・1599・1601・1602・1621・1622・1623・1624	13
		DD16	4・15・17	3
	苗穂	DD15	26・34・304	3
		DD14	4・304・314	3
		DD13	39・46・50・126・608・609・610・611	8
		DD11	3	1
	岩見沢第一	D51	15・53・59・60・146・149・219・260・328・361・367・414・467・566・737・744・855・872・915・953・1085・1118・1120・1149・1160	25
		C57	38・44・57・135・144	5
		9600	19603・29622・39696・49615・59609・59610・69690・69699	8
	岩見沢第二	ED76	501・502・503・504・505・506・507・508・509・510・511・512・513・514・515・516・517・518・519・520・521・522	22
		ED75	501	1
		DD51	1054・1055・1056・1057・1074・1075・1076・1079	8
		DE15	1501・1510	2
		DE10	504	1
		DD15	37	1
		DD14	307	1
		DD11	6	1
	苫小牧	DD15	7・25	2
		DD13	38・40・89・90・158・159	6
	滝川	D51	38・68・88・96・297・397・483・561・603・611・684・1072・1086・1127	14
		9600	19667・29601・49612・59602・59614・59669・69658・69660	8
	追分	D51	4・70・118・231・241・286・320・333・345・349・465・565・597・710・711・733・764・767・815・842・866・916・1119	23
		9600	19650・19673・39697・79616	4
	鷲別	9600	9644・59613・79602	3

北海道 （直轄）	鷲別	DD51	593・594・595・596・597・598・599・600・601・614・645・646・647・648・649・650・651・652・653・654・660・675・676・677・723・786・787・788・789・790・791・1010・1052・1053	34
		DE10	1603・1604・1606・1607・1608・1609・1625・1626・1627・1628・1656	11
		DD16	26・27・28・29・30	5
		DD15	36	1
		DD13	41・52	2
旭川	旭川	9600	29669	1
		DD53	1	1
		DD51	28・29・30・31・32・33・36・45・548・549・550・551・552・553・610・1059・1061・1062・1063・1080・1081・1083・1084・1085・1086・1087・1088・1089・1090・1091・1092・1093・1094・1095・1096・1097	36
		DE15	3・1002・1506	3
		DE10	520・521・522・523・524・1652・1653・1654・1677・1678・1679・1680・1681・1707・1708・1710・1711・1712・1713・1715・1716	21
		DD15	24・35・303	3
		DD14	1・2・312	3
		DD13	85・87・88	3
	深川	D61	4	1
		D51	347	1
		DD13	55	1
	名寄	9600	19640・39628・39631・39679・49644・49648・49651・59659・59691・79642	10
		DE15	1	1
		DE10	57・58・59・62・96・97・1684・1685・1694・1695・1696・1700・1701・1702・1709・1714・1720	17
		DD15	23	1
		DD14	302	1
	稚内	9600	19661・29607・29613・29675・39655・49601・49603・49673	8
		DD14	5	1
	北見	D51	150・444・943・1008・1153	5
		C58	33・98・119・139・390・395・418	7
		9600	29657・29694・49616・49671・69624・79611	6
		DE10	63・64・156・157・1704・1705・1717・1718・1719	9
		DD14	303・313・316	3
	遠軽	D51	165・311・484・828・1116	5
		9600	19680・49600・49666・69620・69625・69644	6
		DE10	4・5・1564・1682・1683・1706	6
		DD15	33	1
釧路	池田	9600	69633・79618・79619	3
	釧路	C11	171・176・209・224・227・274	6
		DD51	501・502・503・509・510・521・522・523・524・525・526・527・528・529・530・577・578・579・580・581・582・583・584・585・586・611・630・631・632・633・634・635・636・637・638・639・640・641・642・643・644	41
		DE10	27・28・29・32・33・34・35・36・37・38・503・555・1569・1600・1605・1620・1629・1630・1655・1657・1658・1659・1660・1661	24
		DD16	44・45・46・47・48	5
		DD15	22	1
		DD14	318	1
		DD13	184・507・508・621	4
	帯広（転）	9600	9654・19671・39670・49604・59611・59672・59683・59690	8
		DE10	1686・1687・1688・1689・1690・1691・1692・1693	8
合計				SL＝159・DL＝395・EL＝23

■同日現在　北海道外蒸気機関車

管理局	機関区	形式	機関車番号　（　）内は道内の直前所属機関区	両数
大阪	梅小路	D52	468（五稜郭）	1
		D51	1・200	2
		D50	140	1
		C62	2（小樽築港）	1
		C61	2	1
		C59	164	1
		C58	1（北見）	1
		C57	1	1
		C56	160	1
		C55	1（旭川）	1
		C53	45	1
		C51	239	1
		9600	9633（小樽築港）	1
		8620	8630	1
		C11	64・311	2
		B20	10	1
	吹田第一	D51	25	1
米子	浜田	D51	488・620	2
熊本	人吉	8620	48679	1
合計				22

SL全廃時に保存のためのSLが集められた旧梅小路機関区。現在は京都鉄道博物館となり、北海道ゆかりのSLなどが展示されている＝2022年6月2日

戦時中の軍事供出車両

"徴兵"された SL たち

　1930 年代、日本軍は中国大陸（華北・華中地区）への進出を本格化し、兵員や物資の輸送のため、鉄道の建設と活用を強化した。このため、本土から機関車を供出させる計画を立て、北海道の SL も車軸の幅を現地の軌間に改造の上、海を渡った。車両に対する"召集令状"である。

　北海道から供出された SL は 9600 形 39 両、9050 形 26 両、C12 形 13 両、C56 形 34 両、キハ 42000 形 2 両の計 114 両となっている。9600 とキハ 42000 は広軌の 1,435 ミリに改造されて中国へ。その他は狭軌の 1,000 ミリに改造されて、タイやビルマ（現ミャンマー）に送られた。

　9600 は強力さが買われ、中国大陸で広く活用された。米国製の 9050 形は性能が良いため、26 両全車が供出された。C12 や C56 は建設線や簡易線の走行が可能なうえ、小回りが利くことで着目された。特に C56 は全車 160 両のうち、全国でナンバー 1 〜 90 の 90 両が供出対象となり、うち道内の 34 両は苗穂工場などで改造された。

　しかし、戦局が厳しさを増す中、軍事路線は敵の攻撃目標となり、不安定な鉄橋で脱線転覆するなど、兵士同様、苛酷な状況に置かれた。敵軍に渡さないため、日本軍の手で破壊されることもあった。そもそも輸送の途中、洋上で船もろとも沈没して、現地に届かないケースも少なくなかった。生き延びても戦後、現地に置き去りにされた。

　その中で苗穂機関区からタイに渡った C56 44 は戦後、現地で使われていたが、帰国運動が実を結び、1979 年、38 年ぶりに日本に戻ることができた。同機は修復を得て現在、静岡県の大井川鉄道で「戦場から帰った SL」として非情な歴史を伝える"語り部"となっている。

■太平洋戦争に関わる軍事供出車両

年・月・日	形式	機関車番号					計
1938・2・4	9600	39633（得）	39649（追）	39651（池）	39698（遠）	49611（追）	19
		49614（岩）	49646（池）	49647（深）	49684（遠）	49689（追）	
		49697（旭）	59687（深）	59697（追）	69696（室）	69697（室）	
		79612（万）	79614（遠）	79637（池）	79644（名）		
同・3・31	C12	103（深）	106（旭）	107（苗）	109（深）		4
	9600	9602（旭）	69691（室）	69695（室）			3
	9050	9050（苗）	9051（苗）	9052（岩）	9053（苗）	9054（岩）	26
		9055（室）	9056（室）	9057（岩）	9058（岩）	9059（岩）	
		9060（室）	9061（滝）	9062（滝）	9063（室）	9064（岩）	
		9065（室）	9066（滝）	9067（苗）	9068（室）	9069（苗）	
		9070（室）	9071（滝）	9072（滝）	9073（滝）	9074（滝）	
		9075（滝）					
同・5・31	C12	122（滝）	130（幌）	131（幌）	132（遠）	133（遠）	5
	9600	9611（深）	9656（室）	19681（苫）	19682（旭）	39644（追）	9
		39650（追）	59639（築）	69666（室）	69688（追）		
	キハ 42000	42021（函）	42022（函）				2
同・9・29	9600	19646（室）	39643（旭）	39675（旭）	59640（野）	69646（遠）	5
同・11・21	C12	138（深）					1
1939・3・31	C12	147（滝）	157（函）	158（函）			3
同・4・27	9600	49667（池）	49668（万）	59637（万）			3
1941・11	C56	43（苗）	46（朱）				2
同・12	C56	19（苗）	20（帯）	21（帯）	26（岩）	28（木）	10
		44（苗）	45（万）	47（朱）	48（帯）	50（標）	
1942・1	C56	1（静）	2（静）	3（静）	4（静）	5（静）	17
		7（朱）	9（岩）	17（苗）	18（苗）	22（帯）	
		27（静）	29（苗）	30（苗）	42（苗）	49（標）	
		51（標）	81（静）				
同・2	C56	68（木）	69（木）	86（静）	87（静）	88（静）	5
	計						114

注　（深）は深川、（旭）は旭川、（室）は室蘭、（遠）は遠軽、（得）は新得、（万）は長万部、（池）は池田、（追）は追分、（苗）は苗穂、（幌）は幌延、（函）は函館、（野）は野付牛（現北見）、（朱）は朱鞠内、（木）は木古内、（標）は標茶、（静）は静内、（岩）は岩見沢、（滝）は滝川、（苫）は苫小牧、（築）は小樽築港、（帯）は帯広の各所属機関区を表す。

C62重連撮影記録

　C62形7両が小樽築港機関区に配属された1956年は、私が小学校1年生で汽車に興味を持ち始めたころで、急行「まりも」などを引いて函館に顔を出すC62は憧れの機関車となっていた。当時、鉄道ピクトリアル誌には特急「つばめ」「はと」「かもめ」など日本を代表する特急を牽引するC62の勇ましい姿が毎号のように掲載されていた。

　そのC62が長万部―小樽間を重連で走っていることを知り、なんとか見たいという思いを募らせた。初めての機会は1964年7月、中学2年の時で、長万部駅構内で上り「まりも」を撮った後、約3時間半後の下り「まりも」の発車を待ち構えた。

　長万部は「まりも」の到着が近づくと、入れ換えも動きを止め、静寂の中にも緊張した雰囲気に包まれる。待機していた補機が本務機に連結されると、C62は2両一体の巨大な生き物に化身する。2本の煙が高く上り、夕日に染まる空を焦がした。

　定刻、太い汽笛が2つ鳴り響き、C62重連は大地を揺るがしながら左カーブを切り、小樽目指して一目散に駆け出した。家のそばを走る蒸気機関車には慣れていたが、C62重連は見たことも聞いたこともない迫力で発進したことを覚えている。

　以来、長万部―小樽間の全区間の撮影を目指して沿線を歩き詰め、1971年9月15日の最終特別三重連まで撮り続けた。当時のノートを拾ったら、「まりも」「ていね」「ニセコ」の急行3代を通じて、上下合わせて115回の記録が残っていた。しかし、狙い通りの作品に仕上がったのはほんのわずかに過ぎない。

　C62重連運転が姿を消してから半世紀の時間が過ぎた。21歳だった私は72歳になった。それでもなお、「C62重連」の姿と音は忘却することなく、脳裏に刻み込まれている。撮影記録には判明している限りで機番を入れた。

■ C62 重連撮影記録（1964 ～ 1971 年）　空欄は機番不明

撮影順	年	月	日	列車番号	撮影地	補機	本務機
1	1964	7	30	18	長万部	44 + 32	
2				17	長万部―二股	44 + 27	
3	1965	5	1	17	昆布―狩太（車内から）	+	
4		8	2	18	黒松内―蕨岱	30 + 32	
5				17	狩太―比羅夫	30 + 27	
6			17	18	熱郛―黒松内	30 + 2	
7		10	31	106	目名―上目名	2 + 27	
9		12	29	106	目名―上目名	27 + 2	
10	1966	3	6	106	目名―上目名	30 + 27	
11				105	長万部	30 + 3	
12			28	106	小樽―塩谷	30 + 2	
13			29	106	余市―仁木	27 + 30	
14				105	熱郛―上目名	27 + 2	
15		7	10	106	目名―上目名	27 + 2	
16				105	長万部	27 + 30	
17		10	2	105	倶知安―小沢	3 + 32	
18			9	106	然別―銀山	2 + 32	
19		11	13	106	目名―上目名	+	
20				105	二股―蕨岱	+	
21	1967	1	22	106	目名―上目名	2 + 27	
22				105	長万部	2 + 3	
23		4	2	106	然別―銀山	44 + 30	
24				105	二股―蕨岱	44 +	
25		7	30	106	蘭越―目名	2 +	
26				105	狩太―比羅夫	2 +	
27			31	106	小沢―倶知安	2 +	
28				105	小沢―銀山	2 +	
29		8	1	106	狩太―昆布	D51 465 +	
30				105	上目名―目名	D51 465 +	
31			2	106	上目名―熱郛	30 +	
32				105	熱郛―上目名	30 +	
33		12	27	106	目名―上目名	32 + 30	
34				105	長万部	32 + 44	

※列車番号の17、18は急行「まりも」、105、106は同「ていね」、103は下り同「ニセコ3号」、104は上り同「ニセコ1号」

35	1968	4	2	106	二股―長万部	3 +
36				105	長万部	3 +
37		6	29	105	上目名付近（車内から）	+ 30
38		7	1	106	上目名付近（車内から）	+
39				105	長万部	3 + 44
40		10	10	104	目名―上目名	30 + 44
41				103	長万部	30 +
42		12	15	104	小沢―倶知安	3 + 44
43				103	長万部	3 +
44	1969	3	25	104	銀山付近（車内から）	+
45		4	16	104	銀山付近（車内から）	32 + 2
46		5	4	104	小樽―塩谷	2 +
47			25	104	目名―上目名	44 + 32
48				103	二股―蕨岱	44 +
49		6	21	104	二股―長万部	3 + 32
50				103	熱郛―上目名	3 + 44
51			29	104	蕨岱―二股	3 + 32
52				103	熱郛―上目名	3 + 2
53		7	11	104	二股―長万部	3 +
54				103	長万部―二股	3 + 2
55			15	104	倶知安―比羅夫	2 + 3
56				103	小沢―銀山	2 +
57			18	104	小樽―塩谷（車内から）	+
58			24	104	蕨岱構内	3 +
59		8	11	104	然別―銀山	D51 149 +
60				103	熱郛―上目名	D51 149 +
61		11	16	104	目名―上目名	3 +
62				103	長万部―二股	3 +
63		12	7	104	目名―上目名	+
64			30	104	然別―銀山	3 +
65			31	104	塩谷―蘭島	+
66	1970	2	9	104	上目名―熱郛	2 +
67				103	長万部	2 + 3
68		6	17	104	目名―上目名	2 +
69				103	長万部	2 + 44
70		7	10	104	目名―上目名	32 +
71				103	小沢―銀山	32 +
72		8	6	104	目名―上目名	+
73				103	二股―蕨岱	+
74			14	104	小樽―塩谷	+
75			15	104	仁木―然別	2 +
76			22	103	二股―蕨岱	3 + 2
77		10	9	104	小樽構内	3 + 2
78				103	長万部	3 + 44
79			12	104	長万部	2 + 3
80				103	長万部	2 + 44
81		12	3	104	上目名―熱郛	3 + 2
82				103	長万部	3 +
83			30	104	蘭島―余市	2 + 16
84			31	104	銀山―小沢	2 +
85	1971	1	1	104	蘭島―余市	2 +
86			3	104	余市―仁木	2 +
87			4	104	銀山など（車内から）	+
88		2	9	104	長万部	2 +
89				103	長万部	2 +
90		3	27	104	小樽―塩谷	2 +
91				104	塩谷―蘭島	2 +
92		4	2	104	小樽―塩谷	2 + 16
93			25	104	目名―上目名	2 + 16
94				103	熱郛―上目名	2 + 3
95		5	5	104	小沢など（車内から）	2 + 16
96				103	長万部	2 +
97			16	104	二股―長万部	15 + 3

98	1971	5	16	103	長万部	15 + 16
99			23	104	二股—長万部（車で併走）	2 + 3
100			29	103	小沢—銀山	+ 2
101			30	104	目名—上目名	2 + 16
102				103	蘭越—昆布	2 + 3
103		6	13	103	長万部	2 +
104			29	103	塩谷—小樽	2 +
105			30	103	塩谷—小樽	2 +
106		7	4	103	塩谷—小樽	2 +
107			5	104	俱知安—比羅夫	2 + 16
108			6	104	目名—上目名	2 +
109		8	15	103	長万部	2 +
110		8	22	104	蘭島—余市	2 + 15 + 16
111				103	俱知安—小沢	15 + 3
112		9	5	104	二股—長万部	+
113				103	長万部	2 +
114			15	104	蕨岱—二股（上り最終）	2 + 3 + 15
115				103	黒松内—熱郛（下り最終）	2 + 3 + 16

急行「ニセコ3号」を引いて小樽を目指すC62 3+C62 44=熱郛—上目名間、1969年6月21日

撮影・所蔵蒸気機関車番号一覧表

1960年代初期に鉄道写真を始めて以降、撮影した機関車番号を可能な限り記録してきた。今回、形式別に集計してみたら、合計21形式652両が記録されていた。全国各地で活躍したD51の写真は279両を数え、同形式製造両数（1,115両）の25％になる。次はやはり両数が多い9600の90両だった。

これには北海道内だけでなく、本州、九州で活躍していた機関車も含まれている。少年時代、函館で過ごしていたので、青函連絡船で行ける東北本線、五能線、花輪線、津軽線は身近だった。大学生だった1970年春は呉線と九州一円、夏は播但線、伯備線、山陰本線、中央西線、小海線、足尾線、米坂線、羽越本線、奥羽本線などの撮影名所を歩き回った。

この中で、道内には配置がなかったC59、C60、C61のほか、道内から姿を消していた8620、C50、D50、D60とも各地で巡り合えた。鹿児島本線、日豊本線、吉都線、筑豊本線などでは九州独自の門鉄デフ（切取型除煙版）装備の機関車もたっぷり撮影できた。こうした多くの機関車に触れることができて感激したものだ。

本書制作を機に、これまで出会った機関車たちの番号を残しておきたいと思い立った。ここに記録した機関車の一部は保存されたものも、大半はスクラップになり消えていった。眺めると単なる数字の羅列ではあるが、1両ずつの"人生"を思い起こしていただければ幸いである。

■撮影・所蔵 蒸気機関車番号一覧表（21 形式 652 両）

2120 形	29613	79618	190	119	427	39	117	342	575	804	1116
2291	29656	79620	233	134	**C59 形**	41	118	343	576	810	1119
8620 形	29657	79624	288	138	90	42	120	345	577	816	1120
8630	29661	79642	**C55 形**	142	161	44	124	346	580	828	1126
28620	29668	79653	1	144	162	**D50 形**	134	349	585	831	1127
28629	29681	79658	3	149	**C60 形**	25	138	353	592	833	1136
28661	39634	79666	7	168	1	90	146	357	593	838	1138
28667	39638	**B20 形**	16	177	4	140	147	362	597	851	1149
28698	39640	1	17	178	5	143	148	363	598	855	1151
38629	39655	10	19	181	10	187	149	365	599	857	1153
38676	39656	**C11 形**	25	187	15	205	150	367	600	864	1159
38688	39677	96	26	189	16	231	156	368	603	865	1160
38698	39696	149	27	190	18	279	157	370	604	868	**D52 形**
48630	49600	163	30	192	19	285	159	382	605	869	56
48633	49601	165	32	194	21	294	163	394	608	887	89
48637	49603	171	33	196	26	314	165	397	622	894	136
48674	49617	178	36	197	28	369	166	398	629	896	138
48675	49630	180	38	199	29	**D51 形**	167	408	649	897	140
48676	49632	188	43	201	30	1	171	409	655	900	142
48685	49643	192	50	**C58 形**	32	4	180	410	656	901	201
48689	49645	193	51	1	36	7	182	414	659	910	202
48696	49648	200	57	33	37	8	189	416	662	913	204
58625	49651	205	**C56 形**	62	102	11	190	419	663	915	217
58633	49655	228	92	82	107	13	193	423	665	916	235
68656	49666	243	99	98	**C61 形**	14	200	424	668	921	400
68682	49670	259	112	105	1	15	201	425	673	923	404
78627	49671	270	137	119	2	18	203	428	677	924	414
78646	49673	283	149	126	9	20	204	438	678	929	418
88620	49674	293	150	139	10	24	219	444	685	941	468
88622	49681	295	157	148	11	27	221	454	687	942	**D60 形**
9600 形	49692	311	**C57 形**	173	13	36	222	458	695	943	18
9633	49698	349	1	175	14	46	226	460	699	948	20
9634	59601	360	4	197	16	47	231	465	705	952	26
9644	59602	364	11	213	18	48	234	466	707	1009	31
9654	59612	373	22	255	19	53	237	472	710	1017	33
9658	59615	375	29	277	20	54	240	473	711	1023	57
9667	59633	**C12 形**	34	282	21	55	241	474	713	1037	58
9687	59658	6	38	314	22	59	242	477	717	1038	61
19612	59659	38	40	348	23	62	252	480	729	1042	62
19619	59663	46	44	385	24	64	262	483	734	1046	67
19622	59672	64	51	390	25	70	271	511	737	1052	71
19625	59684	74	57	392	28	76	277	524	738	1056	**D61 形**
19626	59695	187	60	395	31	77	285	539	741	1057	1
19633	69618	208	64	406	32	80	286	540	742	1058	2
19640	69620	216	65	407	33	83	287	543	744	1059	4
19650	69621	222	67	408	**C62 形**	85	293	545	756	1062	5
19651	69624	263	72	410	2	86	295	546	760	1068	
19661	69625	**C50 形**	85	411	3	94	308	548	761	1071	
19659	69642	24	89	412	15	96	311	560	762	1072	
19665	69644	58	91	414	16	97	312	561	763	1072	
19667	69683	66	94	415	17	100	320	562	764	1078	
19670	69690	88	103	416	22	103	327	565	765	1085	
19671	79606	102	104	417	23	104	328	566	769	1098	
19675	79610	118	113	419	27	105	332	569	773	1099	
29601	79611	**C51 形**	116	421	30	112	333	570	787	1103	
29603	79615	169	117	422	32	113	337	572	797	1106	
29605	79616	183	118	425	37	114	340	574	802	1108	

主要旅客列車編成一覧表

北海道立図書館に太平洋戦争中の1942年（昭和17年）の主要旅客列車編成一覧表が残されていた。

同一覧表では、上から順に函館―稚内間（1・2レ）、同―網走間（3・4レ）、同―根室間（7・8レ）、同―釧路間（405・406レ、401・402レ）、小樽―網走間（501・502レ）の編成を読み取ることができる。客車はマロネ、スロネ＝2等寝台車、マロネロ＝2等寝台・2等合造車、マロシ＝1等・食堂合造車など、当時としては多少古くはなっているものの、高級官吏や軍幹部などのための優等車両が組み込まれている。

これらを牽引するのは、函館本線函館―小樽間は長編成がD50形、短編成はC51形で、それぞれの特徴を生かして分担。同本線小樽―旭川間はC51。宗谷本線旭川―稚内間もC51。石北本線旭川―野付牛（現北見）間は9600形、野付牛―網走間はほぼ平坦なので8620形が受け持った。根室本線富良野―釧路間はC55形、釧路―根室間はC58形。富良野―新得間が9600、新得―釧路間がC58などとなっている。急勾配区間には補機が必要で、函館本線ではD50やC51、根室本線狩勝峠、石北本線北見峠・常紋峠は9600が運用された。

急行用機関車の栄光を伝えるC51 5。同機は廃車後長年、青梅鉄道公園に野外展示されていたが、現在は赤いナンバープレートを付け、来場者の目を引きつける存在だ＝2009年1月12日

苗穂機関区で休憩していたD50 143の前で"ツーショット"を撮った。同機は戦後、函館本線や室蘭本線を中心に活躍し、1968年2月、岩見沢機関区で廃車になった＝1964年10月3日

〈気動車〉

20世紀に入り、蒸気機関車の発展が続く中、鉄道省は新たに石油を利用するガソリンカー（内燃動車）の開発を本格化させた。これには、当時急速に台頭してきた自動車に対する対抗意識もあった。そうして1929年、国産初のガソリンカー、キハニ5000形が12両製造され、全国に配置された。車体長は当時の客車のほぼ半分の10メートルで、車輪は貨物と同じ2軸、両側に運転台があった。「キ」は気動車のキ、「ハ」は3等客席、「ニ」は荷物積載を意味している。定員は43人、荷物は1トン積めた。

気動車道内第1号は室蘭

キハニ5000形は北海道では室蘭本線室蘭—東室蘭（8.1キロ）に使用された。その意味で、室蘭地区が北海道の気動車のスタート地と言える。製鉄工場が立ち並ぶ室蘭の街の中をかいがいしく往復し、SLばかりの中で異彩を放ったことだろう。当時としてはフリークエントサービスが可能な最新鋭の車両だった。江差線函館—上磯間で使われた記録も残っている。

しかし、致命的な欠点があった。設計の段階で車体の軽量化がうまく行かず、客・荷物満載時の総重量は、想定を超える19トンに。このためエンジン負荷が限度を超え、故障続きで「ガタリン動車」と陰口をたたかれた。その後、改善が図られ、順調な運転が可能になったというが、ガソリンカー国産第1号は容易ならざるスタートを強いられた。

キハニ5000形は現存していないが、複製のものは今も見ることができる。気動車の修理点検を受け持っているJR北海道苗穂工場の一角に、国鉄時代に当時の設計図をもとに職員の手によって実物大に復元され

た。ぶどう色の車体に赤い帯、大きな角形の前照灯、継ぎ目に見られるリベットなど、いかにも戦前の無骨な感じの外観だ。

続いて1934年には新製ガソリンカー、キハ41000形2両が室蘭に配属された。室蘭—東室蘭間を中心に、豊浦までの延長運転もあった。翌1935年には、燃料は石炭だが気動車の先祖ともいえる蒸気動車キハニ6450形6453が、門司鉄道管理局内から遠軽を経て中湧別に。1937年には42000形が函館に配置され、江差線の短距離輸送に活躍した。

先進的な私鉄も

戦前、道内でガソリン動車を使ったのは国鉄だけではなかった。札幌と苫小牧方面を結んでいた私鉄、2代目北海道鉄道は、1935年、国産のガソリン動車キハ501・502を導入。「びわこ型」と呼ばれる当時流行の流線型で、両端の屋根は空気抵抗を少なくするため、斜めで丸みを帯びていた。ただ、北海道では必須の暖房性能が十分ではなく、急きょガソリン暖房装置が取り付けられるなど、致命的な欠点もあった。
（「びわこ型」とは琵琶湖周辺の私鉄、江若鉄道が導入した流線型のガソリン動車の総称で、当時最新鋭のガソリン車両だった）

このため、北海道鉄道は翌年から1940年にかけて、改良型のキハ550〜555の6両を増備。新設計で窓は2段化され、車体長15.7メートル、座席60人、定員102人の大型で、同鉄道の本線である札幌線（後の千歳線）を颯爽と走った。同鉄道は1943年8月に国鉄によって戦時買収されたため、これらキハ8両も国鉄入りした。その際、キハ501・502はキハ40351・40352

キハニ5000形（復元）＝JR北海道苗穂工場北海道鉄道技術館、2011年9月

に、キハ550〜555はキハ40360〜40365に形式変更されたうえで、引き続き国鉄千歳線を走行。戦況悪化によるガソリン不足で運転回数は激減したが、終戦後の1946年に進駐軍が札幌市南部の真駒内地区に基地を置いたため、定山渓鉄道の札幌—真駒内間で使われた記録が残っている。

機械式41500形で戦後スタート

前述したように、太平洋戦争後期はガソリンが手に入らず、国鉄の気動車も運転休止の状態に。ただ、戦争が終わると、国鉄は将来を見据えて新たな機械式（歯車式）気動車の開発を進めることになった。

そうした経緯を経て北海道に本格的な気動車が登場したのは1949年で、室蘭に機械式のキハ41500形が5両、エンジン無しのキサハ41800形が2両、計7両が配置された。機械式とは自動車のクラッチと機械式変速機を組み合わせた方式。キハニ5000もそうだが、室蘭付近は勾配も少なく、製鉄工場や鉄工所の通勤者が多かったことから、戦前に続いていち早く活躍の舞台となった。

北海道は過疎地のローカル線が多く、その後、気動車の普及が急ピッチで進んだ。1955年3月には室蘭に最新鋭の液体式気動車キハ45000形（後のキハ17形）が11両、静内には室蘭から転属の41500形5両、キサハ41800形2両、さらに函館にキハ41500形が2両配置。翌1956年4月には旭川方面、札幌方面に新たに配置され、道内合計数は85両に。翌年の1957年4月に

は合計151両を数えるに至った。

また、気動車をさらに身軽にした「レールバス」キハ01とキハ03も、1955年ごろから釧路方面や旭川方面の閑散線区に配置された。全長10メートルの車体にディーゼルエンジンを搭載。運転席はハンドルこそないが、ギヤやアクセル、ブレーキなどはバスとほぼ同じで、連結する時は各車に運転士が乗り込んで運転した。

新型車、続々配置

国鉄はSLより速くて快適で、電化しなくても走行できる気動車の評価を高め、低コストで運転操作が容易な液体式の新型車両製造の開発・製造を急いだ。キハ10系（旧キハ45000系）の寒地型として製造されたキハ12形（旧48200形）を池田、北見、函館に配置。同形は車体長20メートルの大型で、大量輸送が可能になるのと同時に、暖房を強化して2重窓にするなど、旧型気動車のイメージを一新した。合わせてキハ16形、17形も室蘭に配置された。

さらに1957年には20系の寒地型キハ21形64両が

キハ12形　五稜郭付近、1964年8月

一気に釧路、北見、苗穂、苫小牧、函館などに配置され、幹線の準急などにも使われるようになった。ただ、キハ21はデッキがなく、ドアと客席が一体化しているため、冬期は防寒上の不満が出た。

そこで国鉄は、同じ20系でキハ21を改良したキハ

キハ17形　静狩—礼文間、1968年4月

キハ01形　函館、1964年

キハ21形　長万部、1965年8月

22形の製造に乗り出した。ドアと客席を仕切って暖房を維持するなどキハ21の欠点を修正。従来型に比べてぐんと近代的なイメージを強調した。道内には1958年、23両が旭川、苗穂、函館など全道の拠点機関区に配置され、キハ12、キハ21などと編成を組み、住民の新しい足となった。これらは朱色の地色にクリーム色で窓回りを塗り分け、それまで黒いSLと茶系の客車に染まっていた北海道の鉄道を一躍カラフルにした。

キハ22形　函館、1965年8月

この間、北海道では1958年夏、札幌・小樽で開催された北海道大博覧会の乗客輸送のため、キハ05などで札幌—室蘭間の長距離運転を試験的に実施。さらに本州各地から新鋭のキハ16、17、18、20形を"助っ人"として借り受け、フル回転で見物客を輸送した。このバラエティに富んだ編成も、夏だから可能になったチャレンジだった。

準急、急行も無煙化

キハ21や22のデビューにより、幹線からローカル線まで、準急・急行が幅広く運転可能になった。1959年には釧路—川湯温泉間に週末準急「第1阿寒」、同「第2阿寒」を設定。札幌—様似間にも日曜限定「エリモ」を運転するなど、気動車を活用した観光輸送が本格化した。同年9月のダイヤ改正では準急を増発。小樽—旭川間「かむい」、札幌—室蘭間「ちとせ」、釧路—根室間「ノサップ」、旭川—網走間「オホーツク」などが運行を開始した。これらキハ20系が出そろった1960年は全道で305両を数えるに至った。

そして1960年7月ダイヤ改正で、ワンランク上のキハ55系を使った道内初の長距離DC急行「すずらん」が札幌—函館間でスタート。これはC57牽引の客車急行をDC化したもので、道内では初めて全車座席指定に踏み切った。ただ、キハ55は本州から借りた車両で、耐寒設備がないため、冬になると本州に戻し、キハ22で代替運転するという、いささか無理な運用を強いられた。

キハ55形　気動車化された急行「すずらん」=函館、1960年10月

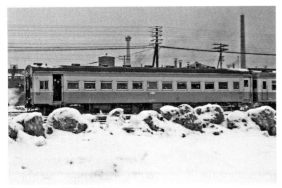

キハ45形　苗穂、1966年

キハ45形　車内は客車のままだった＝函館市中央図書館提供

　他方、SL牽引の客車が余剰となってきたため、これを改造してエンジンを装備し、改造気動車にする工事を実施。オハフ62の車掌室を運転席に変えたキハ45（初代）も登場。見栄えはいささか異形だが、急増する通勤・通学客の混雑緩和に一役買った。

特急「おおぞら」羽ばたく

　1961年10月1日ダイヤ改正は、北海道の気動車史の中で大きな転換点となった。戦前、戦後を通じて、道内には特急と名の付く優等列車は走っていなかったが、函館―札幌―旭川間に室蘭・千歳線経由の特急「おおぞら」が運転開始。前年登場した上野―青森間のキハ80系特急「はつかり」型を踏襲した「おおぞら」は、先頭車に貫通式のキハ82形を採用して途中駅での分離・併結を可能にし、特急の運用範囲を大幅に広げた。

　函館―札幌間の所要時間を見ると、従来のSL急行は長万部―小樽間の山線と呼ばれる急勾配・急曲線区間を走るため、6時間近く要していたが、室蘭・千歳線経由の「おおぞら」は、距離が30キロ以上長いのにもかかわらず、函館―札幌間をわずか4時間30分、函館―旭川間は6時間30分で走破。最新鋭気動車の実力をまざまざと見せつけ、以後の気動車特急発展の飛躍台となった。このダイヤ改正では道外でも青森―大阪間に特急「白鳥」など80系特急が多く新設され、北海道から九州までの特急網が構築された。

（撮影はいずれも1961年夏）
キハ82形　函館駅構内で「試運転」のマークを付け、出番を待つ先頭車

五稜郭工場で点検整備されるキハ82＝函館市中央図書館提供

キハ82形　五稜郭駅から有川岸壁に向かう貨物専用線での試運転

キシ80形　キシ801　食堂車

キロ80形　キロ806　1等車

地方都市直結の急行も

　キハ55の改良も進み、キハ56系（キハ56形＝エンジン2基、同27形＝エンジン1基、キロ26形＝現在のグリーン車）が北海道にも上陸。「おおぞら」より半年早い1961年4月、苗穂に配置されたキハ56系を使った急行「狩勝」が札幌―釧路間に設定された。それまで同区間は最速の準急で8時間43分を要したが、「狩勝」は一気に2時間短縮し、札幌と釧路両都市をぐんと近づけた。

　キハ56系は急速に増備され、「おおぞら」新設に合わせて函館―網走・稚内・釧路の各都市を結ぶ"3階建て"急行「オホーツク」もデビューした。函館からそれぞれ半日かけて道内を走破する急行は、気動車な

キハ56系　キハ56、キハ27、キロ26による12両編成の急行「宗谷」＝五稜郭―桔梗間、1964年10月

キハ56系は団体客の北海道観光列車「エルム」にも使われた＝函館市中央図書館提供

らではの分離・併結の容易さを活用したもので、下り
は滝川で「摩周」を、旭川で「オホーツク」と「宗谷」
が分離し、上りはそれぞれ併結した。ただ、上りで遅
れが発生すると、それを待たなければならず、その結
果、他も引きずられて遅れるという不都合も生じた。

　1964年10月ダイヤ改正では「オホーツク」を特急
に格上げし、「おおぞら」に次ぐ2本目の80系特急
「おおとり」を函館─網走間に設定。急行「宗谷」は独
立して函館本線山線経由とし、「摩周」は廃止になった
ものの、道内の幹線をくまなく新型気動車が走る時代
に入った。

「北斗」「北海」増発

　1965年10月、3本目の特急となる「北斗」が函館─
旭川間に新設された。このころ国鉄の利用者はぐんぐ
ん増え、指定券を取るのが難しい状況に。飛行機は庶
民にはまだ高根の花で、道内都市間はもとより、青函
連絡船をリレーして首都圏と北海道を効率よく結ぶ特
急は人気の的となっていた。

　1967年3月には函館─旭川間に、特急としては初め
て山線経由の「北海」が登場した。「おおぞら」の後続
列車で、所要時間は「おおぞら」よりやや遅いが、ビ
ジネス以外にニセコや小樽の観光に一役買うことに
なった。同時に、札幌と各地を結ぶ急行が目白押しと
なった。

新旧交代、急ピッチ

　都市圏のみならず、ローカル線に新風を吹き込んだ
キハ21は、1959年には道内で76両を数えるに至っ

た。加えて、急行でもそん色ない働きをするキハ22は
1960年に100両を突破。その後もうなぎ上りに増え、
1970年代になると243両にも達した。都市圏の通勤・
通学用の寒地型キハ24形やキハ46形（いずれも片運
転台）も配備された。これらに比べて古株になったと
はいえ、キハ12、キハ16、キハ17の旧型も合わせて
40両近くが健在で、電化完成前後の北海道はSLだけ
でなく、"気動車王国"の様相も呈した。

　他方、閑散線区の主力だった旧型機械式気動車や
レールバスは役目を終えて次々と消えて行った。1966
年7月、稚内や名寄で活躍していたレールバスのキハ
03をはじめ、機械式の04、06、07の計16両が一気に
廃車。1957年当時は最大27両を誇ったキハ05も廃車
が続き、1965年度には旧型車両が一掃された。

重宝された合造気動車

　ところで、客車には客席だけの車両の他、荷物車
（ニ）や郵便車（ユ）があり、また客車を内部で仕切っ
て荷物や郵便物を積載できる合造車もあった。小回り
の利く気動車にもキハユニやキユニ、キユなどが作ら
れ、北海道にも配置された。最も活用されたのはキハ
21の車両に荷物室と郵便室を付けたキハユニ25で、
寒地用として6両製造され、苫小牧や函館などで1958
年から使用された。片運転台のため、必ず先端に連結
されたが、小規模の荷物や郵便物の輸送に力を発揮し
た。また、四国にあったキユニ17形（キハ17形を改
造）が1971年遠軽に転属し、耐寒設備を施したうえで
使用された。

キハユニ25形（先頭）＝登別付近、1964年5月

キハ24形＝深川機関区、1972年4月

SL全廃時には800両に

　このように急速に発展してきた気動車は1968年2
月、国鉄全体で5,000両を突破し、このうち道内配置
は約14パーセントに当たる689両（同年3月）を数え

るに至った。SL 全廃時の 1976 年は特急用キハ 80 系が158 両、急行用キハ 56 系が 248 両、その他が 397 両で合計 803 両となり、電化が遅れた北海道のフロントランナーになった。

　しかし、時の流れとともに特急用キハ 80 系も老朽化が進み、それに代わるキハ 183 系が 1981 年にデビュー。JR 北海道に引き継がれてからは、振り子式281 系、283 系を経て、現在はその後継となる 261 系が主流になっている。この間、既存車両を改造した「リゾート特急」や「お座敷車両」も開発され、国内のみならず、世界各国からの観光客を保養地に運び込む役割を果たした。

　ローカル線ではキハ 22 に代わり、強力エンジンを備えたキハ 40 形が 1977 年から導入された。長年、主力として活躍してきたが、2020 年 3 月から電気式気動車H100 形が導入され、各地で置き換えが進んでいる。

　戦後、室蘭のわずか 7 両でスタートし、目覚ましい進歩を遂げた北海道の気動車。極寒地での使用に耐えるため、常に最新の耐寒設備が採用され、技術革新は休むことなく進んだ。ここで主として紹介した 80 系、56 系、20 系は姿を消して久しく、今は博物館などに残る保存車両で花形時代の記憶をたどるしかない。しかし、SL 王国が長く続いた北海道の鉄道において、画期的な高速化の実現、利便性の向上、地方線の充実を成し遂げたこれら気動車は、電化区間が少ない北海道の中で、SL に劣らぬ大きな役割を果たした。

気動車年度別現在車両数　1933 ～ 1948 年度

形式／年度	1933	34	35	36	37	38	39	40	41	42	43	44	45	46	47	48
キハニ 6450		1	1	1	1	1	1	1	1	1	1	1	1	1	1	
キハ 41000	2	2	4	5	4	4	4	4	4	6	6	6	4	4	5	5
キハ 42000					2	2	2	2	3	3	3	3	3	3	3	3
キハ 40360											6	6	6	6	5	5
計	2	3	5	6	7	7	7	7	8	10	16	16	14	14	14	13

北海道のローカル線で活躍したキハ01形。検査中で運転士が不在の時は、人力で押すこともあった＝五稜郭工場付近、1963年3月

気動車年度別現在車両数　1949 ～ 1979 年度

種別	形式／年度	1949	50	51	52	53	54	55	56	57	58	59	60	61	62	63	64	65	66	67	68	69	70	71	72	73	74	75	76	77	78	79
レールバス	キハ 01							11	8	8	8	3	3	3	3	3	2															
	キハ 02							8	1	1	1	1	1	1	1	1	4															
	キハ 03							20	20	18	18	18	18	18	18	18	14															
機械(歯車)式	キハ 04								7	7	5	4	4	4	7	7																
	キハ 05							15	20	27	23	19	17	17	17	15	13	12	8													
	キハ 06	5	6	6	6	6	7	5	5	5		2	2	2	2	2	2	1														
	キハ 07	2							10	10	10	10	10	5	5	5	5	5														
付随車	キサハ 04		2	2	2	2	2	2	2	2	2	2	2	2	2	2	2															
	キサハ 45													3	3	3	3															
特急用	キロ 80												3	4	4	9	11	13	13	15	16	16	18	19	20	21	21	21	21	21	21	21
	キシ 80												2	3	3	6	8	9	9	9	12	12	14	16	16	17	17	17	17	17	17	17
	キハ 80												4	8	10	22	33	36	36	43	54	58	58	65	68	71	71	71	71	71	71	71
	キハ 82												6	8	8	17	25	28	28	30	35	37	40	44	46	49	49	49	49	49	49	49
	キロ 182																															1
	キハ 182																															6
	キハ 183																															4
	キハ 184																															1
	キサシ 80																				1											
急行用	キロ 26											8	15	18	21	21	25	25	25	28	28	28	28	28	28	28	28	28	28	28	28	28
	キロ 28																								2	2	2	2	2	2	2	2
	キロ 29																								3	3	3	3	3	3	3	3
	キハ 27											12	24	56	63	63	74	80	88	102	102	102	102	102	99	99	98	98	98	98	98	98
	キハ 26																		1	1	1		1	1	1	3	3	3	3	4	2	3
	キハ 55																										5	5	5	5	5	5
	キハ 56											5	30	47	63	63	71	84	101	112	111	111	111	111	111	111	111	109	109	108	108	108
一般用	キハ 07																	5	5	5	5											
	キハ 08																		3	3	3	2	2									
	キハ 09																		5	5	5	4	2									
	キハ 11					16	27	26																								
	キハ 12								22	22	23	22	22	22	22	22	22	22	22	22	22	22	22	22	22	22	21	21	16	16		
	キハ 16							8	8	5	5	5	5	5	5	5	5	5	5	5	5	5	5	5	5	5	5	2	2			
	キハ 17				11	11	18	18	10	10	10	10	10	10	10	10	10	9	9	9	8	9	9	9	9	9	26	9	7	7	1	
	キハ 21									64	74	76	74	74	74	74	74	74	74	74	74	72	76	76	76	76	76	76	76	76	76	59
	キハ 22									43	84	103	122	125	151	160	228	243	243	243	243	243	243	243	243	243	224	243	243	244	244	244
	キハ 24																				9	10	10	10	10	10	10	10	10	10	10	10
	キハ 40												1	3	3	3	3	3											17	16	16	65
	キハ 45												2	5	5	5	5	5														
	キハ 46																		6	6	6	6	6	6	6	6	6	5	6	6	6	6
	キハク 200												5	5	5	5	1															
郵便荷物用	キハユニ 21																					2	2	2	2	2	2	3	2	2	2	2
	キハユニ 25									6	6	6	5	6	6	6	6	6	6	6	6	6	6	6	6	6	6	6	6	6	6	6
	キユニ 17																								1	1	1	2	1	1	1	
	キユニ 18																								1	1	1	1	1	1	1	
	キユ 28																	1														
	キユ 26																													2	4	5
	計	7	8	8	8	19	20	83	148	202	230	263	305	387	452	504	542	646	655	688	729	738	748	753	767	782	790	787	803	795	794	814

北海道気動車運転線区　1959年12月

配置個所(数字は両数)　気動車運転線区　準急運転線区

〈ディーゼル機関車〉

蒸気機関車の改良、発展が続く 1892 年、世界で初の内燃機関車がドイツで完成した。燃料のガソリンは石炭より熱効率が高く、車体は小型なので小回りが利く。同機は 8 馬力、2 つの車輪をチェーンで回す構造だが、化学会社の工場で使用され、時速 6.3 キロを記録した。日本は鉄道が開業してまだ 10 数年で、外国から盛んに SL を輸入していたころだ。

1912 年になって、やはりドイツのプロイセン・ヘッセン鉄道に 1,000 馬力のディーゼル機関車（DL）がお目見えした。電化は不要のうえ、ローカル線で使いやすいディーゼル機関車は注目を浴び、1935 年には同国マッファイ社が液体変速機を付けた 1,400 馬力の本格的な DL を製造、広く実用化にこぎつけた。その後、第二次世界大戦で開発はとん挫するが、戦後、DL は電気機関車（EL）とともに、SL に代わる切り札として続々登場することになる。

北海道の DL 第 1 号

・DB10 形

日本では 1929 〜 1930 年にかけてドイツから DC10 形・DC11 形を各 1 両、輸入したのが始まりだ。DC10 形は機械式、DC11 形は電気式で、方式は違ったが、出力はどちらも 600 馬力で、神戸港の入れ換えに使われた。国際貿易港を持つ神戸は、日本における DL 発祥の地となった。

これを受けて鉄道省（当時）は国産機の設計・製造に乗り出し、1931 〜 1932 年にかけて DB10 形 8 両が完成。鷹取、浜松各工場などの他、5 が入れ換え用として札幌に配置され、同機が北海道の DL 第 1 号となった。1935 年には道東の厚岸に移り、同時に鷹取から転属して

DB10形。番号は読み取れないが、2 と思われる＝北海道鉄道百年史（中）から複写

きた 2 とともに、厚岸駅を中心に入れ換えに当たった。両機は 1940 年にそろって函館に移動。今度は津軽海峡に面した本州への玄関口で小さいながらに活躍した。戦争中は休車となったが、戦後の 1948 年に残っていた 2 が廃車となり、北海道の DL のパイオニアは姿を消した。

DD 型のパイオニア

・DD11 形

戦後の再出発は新造の DD11 形から始まった。外観は運転室が中央にある凸型で、動力伝達方式は操作が簡単な液体式が初めて採用された。1954 年 9 月、3 が室蘭に配置。室蘭港があり、船積みの貨物が多い本輪西駅の入れ換えに当てられた。しかし、性能は蒸気機関車 C12 形の半分程度しかなかった。

3 は 1960 年ごろ苗穂に移動。私が苗穂機関区を訪ねた 1964 年 10 月はまだ現役で、扇形庫から顔を出して休んでいた。走行中を見られなかったのは残念だが、小樽築港の B20 形と似て、並みいる SL の中ではマスコット的存在に見えた。DD11 の本道配置は 1 両だけで追加配置が無く、1959 年に DD13 形が配置されるまで 5 年間、本道の DL の孤塁を守った。

DD11 の前になるが、終戦間もなく米陸軍が持ち込んだ DL8 両を国鉄が借り受け、横浜、神戸、呉などで使用したことがあった。鉄道先進国だけあって性能が良く、国鉄はうち 5 両を DD12 形とし、技術習得のモデルとした。同形は中央運転台だが、凸型よりは箱型に近く、肩を怒らせたような米国タイプだった。

DD11 3＝苗穂、1964年10月

・DD13 形

こうした流れの中、国鉄は DL の将来性への期待を高め、1958 年に新たに DD13 形を完成させた。外観は DD11 と同じ凸型で、機関士の視界は一段と良くなっ

た。また冬期間のエンジン始動を円滑にするため、機関予熱器を装備。重量56トン、最大長13.6メートル、最大速度は時速53キロで、DD11をはるかに上回る性能を実現した。これにより、国産機によって都市圏の入れ換えとローカル列車牽引がSLからDLに交代する波が大きくなった。

北海道では1959年10月〜11月に室蘭に2両配置された。1965年ごろから両数が増え、函館では9600形に代わり、青函連絡船の貨物を出し入れする航送入れ換えの主役になった。追いやられた9600は廃止になったり、各地に転属して行った。1970年には函館、鷲別、苫小牧、苗穂、釧路に計19両在籍し、入れ換えの効率化に貢献した。

DD13 207=函館、1965年6月

客貨のエース登場

・DD51形

国鉄は幹線での無煙化を推進するため、従来入れ換えと小運転が主だったDLのイメージを一新する大型機の設計に着手した。その中で、北海道に来ることは

なかったが、地方幹線用のDD50形、DF50形などが続々登場。そして1962年には、従来の技術を集大成したDD51形がデビューするに至った。

DD51は前後に2基のエンジンを備え、動力伝達方式は液体式。出力は2000PSでDD13の3倍近い出力を実現した。外観は凸型で、車体の長さは18メートルに及び、これまでのDLでは最長。運転台は広く、その前後に運転席が設けられた。

特筆すべき点は中央に2軸の中間台車を置いたことで、これによって軸重を軽くするとともに、急曲線での回転性能の向上を実現。SLでいえばC61の高速とD51の牽引力を兼ね備え、地方幹線でも客貨両用として存分に使えるように仕上げた。

北海道には1966年3月、釧路に500番代の501、502が配置され、早速、釧路―富良野間で急行「まりも」を牽引し、難所の新狩勝峠で実力を発揮。根室本線はいち早く無煙化が進められた区間で、DD51は続々増えて1969年には40両の多くが在籍。釧路はDD51の一大基地となり、D60やD51を一掃した。500番代は「半重連式」といい、重連運転の際、前位の本務機が単独ブレーキをかけると、本務機のみブレーキが作動し、後位の補機にはかからない方式を差す。

さらに、五稜郭、鷲別には600番代が投入され、D51形やD52形に代わって主に貨物を牽引するようになった。600番代は重連の際、本務機が単独ブレーキをかけたら補機にも作動する「重連式」グループの一部。本線での慣らし運転ではSLの前部に連結され、DL＋SLの変則重連が多く見られた。燃料タンクの容量は3,000リットルで、幹線での長距離運転も容易になり、中には釧路―函館間の通し運転もあった。

DD51 652=長万部、1971年5月

1971年9月16日からC62形重連に代わってDD51形重連で急行「ニセコ」も牽引。このように期待通りの成績を収めたことから量産が続き、1972年には全道で100両を突破した。さらに、「重連式」の1000番代も五稜郭や小樽築港、鷲別など拠点機関区に続々配置され、両数はSLと逆転。北海道のディーゼル機関車として文字通り主役の座を占めた。SL最終年の1976年には235両に達し、1987年の国鉄民営化の際は大多数がJR北海道、JR貨物北海道支社に継承された。

入れ換え・小運転の切り札

・DE10形

SL代替の原動力となったDD13形は、優れた性能を有した半面、軸重が14トンと重く、地方の等級が低い路線に入ることができなかった。そうした路線では相変わらずC12形やC56形など古手のSLが使われており、無煙化のネックとなっていた。このためDD13形やDD51形の長所を取り入れながら、軸重を13トン以下に抑える中型機の製造が急務となった。

そうして誕生したのがDE10形だった。SLの9600形とC58形の能力を兼ね合わせることを目的とし、随所に新機軸が盛り込まれた。その結果、外観的にもこれまでと異なるスタイルになった。一見すると凸型だが、運転席が中央から横にずれており、機器類を収容するボンネットの長さが異なる「セミセンターキャブ」のスタイル。長い方を1端側、短い方を2端側と呼び、1端側に3軸台車（1軸ごとに左右動が可能）、2端側に2軸台車を置いた。動輪が5軸あるのはDD13と比べて1軸多いが、粘着性を高めて空転を防ぐと同時に、台車を工夫して急曲線を回転しやすくした。積み込む機器の重量も極力軽くされた。

北海道には1968年5月、先陣を切って501と502が五稜郭に配属され、五稜郭操車場で使用された。同操車場は北海道と本州の貨物の接続地で、重量級の入れ

換え作業が求められる。1970年には9両に増え、長年主役を務めていた9600形を駆逐した。また、江差線などの貨物列車も受け持った。釧路配置のDE10は釧網本線の難所、川湯—緑間でC58の最大牽引370トンを560トンに引き上げた。その他、旭川、名寄、遠軽、小樽築港、岩見沢第二、鷲別など各地に配備され、SL全廃時の1976年には144両の勢力となった。

雪と戦うDLたち

DLの活躍の場が広がるとともに、北海道など雪国で除雪にDLを積極活用する計画が進められた。それまで、SLが無動力の除雪車を押したり、豪雪地帯では「キマロキ」といってSL（機関車、キ）＋マックレー車（雪寄せ車、マ）＋ロータリー車（回転翼付き車、ロ）＋SLを連結した大掛かりな除雪作業も。しかし、そのたびに人出が必要で、効率が悪かった。

これを改善するため、夏場は通常の運転、冬場は前後に除雪車を付属し、年間の運用効率を高めるDLが相次いで製造された。DD14、DD15、DD53、DE15、DD16などの各形式で、口火を切ったのはDD14形だった。

・DD14形

DD14形はDD13形を母体としながらも外観はかなり異なり、背の高い箱型タイプ。片運転台で、運転台側に除雪用ロータリーヘッド（羽根車）を取り付ける。500PS2基の機関を①駆動に2機関とも使う②駆動に1機関・除雪に1機関と分散使用する③除雪に2機関とも使う、の3つに使い分けることができる。③の場合は、駆動用に補機としてDD13を連結し、DD14の運転席で総括制御できるようにした。1960年、トップナンバーの1が早速、苗穂に配置された。

同機の試運転は豪雪地帯を走る深名線で行われ、時速40キロで走行時、投雪距離が30メートル前後に達するなど、予想通りの好成績を収めた。このため次の

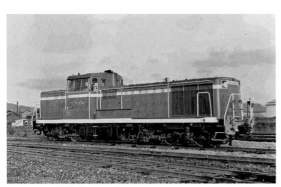

DE10 501＝五稜郭、1969年

DD14 1＝札幌、1964年7月

2は名寄に配置され、その後、旭川、深川、稚内、岩見沢第二などにも配置。1976年には全道で19両を数え、強力な除雪機関車として頼りにされた。ただ、片運転台のため反対側の見通しが悪く、次第に後輩のDE15に置き換えられていった。

・DD15形

DD15形は基本的に性能も外観もDD13形をベースとし、運転席には降雪時の見通しを確保するため、旋回窓が取り付けられた。車体両端に複線用のラッセル式雪かき装置を取り付けたため、方向転換の手間が省け、構内を往復する除雪作業ではSLに比べてはるかに効率性を高めた。1964年に苗穂に7が配置された。さらに苗穂に追加されたほか旭川、釧路、名寄にも配置が広がり、1966年からは13両が豪雪地で活躍した。

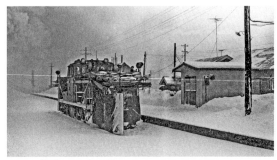
DD15＝熱郛、1970年12月

・DD53形

DD53形は先のDD14形を改良したもので、新潟など主に日本海沿いの路線でのベタ雪を想定して設計された。外観は箱型で、エンジンはDD51を基本とし、冬は除雪、夏は本線での運用を可能にした。

除雪時の特色は、全長10メートルの2軸従台車を持つ着脱式のロータリーヘッドを運転席前面に連結し、雪をかき寄せて回転翼で遠くにはね飛ばす。ロータ

リーヘッドには運転席を設け、見通しを確保するため、ここから機関車本体の運転ができるようにした。

全部で3両製造され、北海道には1965年12月、1が苗穂にいったん配置。すぐさま旭川に転属し、豪雪地帯で除雪の最前線に立った。たまたま、五稜郭操車場で苗穂に回送中のところを見つけ撮影したが、SLをしのぐ巨体に物々しいロータリーヘッドを付けた姿に圧倒された。また、旭川配属時代は塩狩駅で実際に除雪作業中を撮影。大量の雪を遠くに投げ飛ばす光景は迫力があり、1両で「キマロキ」の仕事をやってのける実力に驚かされた。

同時に、難所の塩狩峠ではロータリーヘッドを外してDD51形とともに、C55が引く客車やD51の貨物列車の補機も務めた。しかし元々、新潟方面のベタ雪対策として設計されたこともあり、1976年に奥羽本線の新庄に転属。ここで除雪に当たったが、すでに沿線には住宅が立ち並び、はね飛ばした雪が構造物を破損させる事故が発生するなど、高性能が裏目に出て間もなく引退の運命となった。

・DE15形

冬の花形となったDD15形は幹線では歓迎されたが、除雪装置を装備したときの軸重が15.5トンになり、等級が低い地方の簡易線などには入線できないのが欠点だった。そうした路線ではDLの恩恵が当たらず、依然としてC12形などSLに頼らざるを得ない状況だった。このため、牽引力を維持しつつ、除雪装置装着時でも軸重を13トンに軽くして簡易線にも入線できる中型DLが計画された。

そこで製造されたのが、DE10形をモデルにしたDE15形だった。1967年12月、名古屋でトップナンバーの1が完成。要となる除雪作業用のラッセル翼部は2軸台車に乗せ、運転席を設け、両端に連結可能とした。運転席では本体の走行だけでなく、ラッセル翼

DD53 1＝五稜郭操車場、1965年12月

DE15 1501＝岩見沢第二機関区、1974年

DE15 2515＝宗谷本線間寒別付近、2017年1月

の開閉や、フランジャー（ラッセル翼の中央下部にあり、レールとレールの間に積もった雪を削る）、アイスカッター（ラッセル翼の後方にあり、車輪接触部分の雪を削る）の上げ下げなどを操作できる。また、ラッセル部は方向転換が自在にでき、機関車を前後に付け替えるだけで往復の作業が出来た。

DE15 1は試運転後、豪雪地である名寄に配属され、1968年2～3月にかけて深名線北母子里、朱鞠内付近で除雪試験が行われた。名寄を4時50分に発車し、途中、雪をはねながら現地に到着。人手で線路上に積み上げた30～50センチの雪を時速20～40キロで除雪した。試験では十分な結果が得られ、北海道のみならず本州の積雪地帯でも使用されることになった。

北海道にはこの1の他、1000番代、1500番代も含めて旭川、小樽築港、岩見沢第二、五稜郭に計8両投入され、その後も増備が続いた。2022年現在、旭川に10両以上が配置されており、夏場は復活SL列車の補機、冬はラッセル車両としてなお活躍する姿を見せている。

・DD16形

DD16形もDE15形と同様、DD13形やDE10形が重くて入線できない簡易線向けに、1971年から国鉄長野工場を皮切りに製造された。動輪軸数を5軸から4軸に減らし、DE10を小型にした「セミセンターキャブ」スタイルとなった。重連運転用の機器は付けなかった。この結果、軸重は12トンに抑えられた。

DD16は1972年から長万部、鷲別、小樽築港、釧路に配置され、1974年には全道で16両に増えた。ただ、働き場所と想定した簡易線は、貨物列車削減や累積赤字で路線そのものが廃止または第三セクターへの移管が相次いだ。貨物列車の削減から操車場も廃止され、使用範囲は狭まった。かといって軸重を軽くしたため重量列車牽引に転用もできない。そうした弱点が重なり、国鉄民営化の前に廃車されるのが目立った。

三笠鉄道村で保存されているDD16 15。小樽築港機関区時代、操車掛の見通しをよくするため、2端側に高いデッキが設けられた＝2021年9月

ディーゼル機関車年度別現在車両数

形式／年度	1954	55	56	57	58	59	60	61	62	63	64	65	66	67	68	69	70	71	72	73	74	75	76	77	78	79
DD11	1	1	1	1	1	1	1	1	1	1	1	1	1	1	1	1	2	2	2	2	2	2	2	2		
DD13						2	2	2	4	6	9	15	19	19	19	19	21	29	32	33	33	33	33	38	34	23
DD14							1	1	2	2	2	4	7	7	8	8	9	11	12	13	13	17	19	21	21	21
DD15										1	6	11	13	13	13	13	13	13	13	13	13	13	13	13	13	13
DD16																			1	2	16	16	16	16	15	15
DD51												5	20	31	49	68	73	79	107	151	187	235	235	235	234	225
DD53												1	1	1	1	1	1	1	1	1						
DE10															20	21	23	23	29	67	122	145	144	144	139	139
DE15														1	1	2	3	4	5	8	8	14	15	22	27	30
計	1	1	1	1	1	3	4	4	7	10	18	37	61	73	112	133	145	162	202	290	395	475	477	491	483	466

DD51牽引の貨物が特急「北斗」とすれ違う。どちらも主役の風格だ＝稀府—黄金間、1971年6月21日

〈電気機関車・電車〉

1968年8月28日は北海道の鉄道にとって画期的な日となった。道民待望の電化工事が完成し、函館本線小樽—滝川間（117.3キロ）で開業。車体を赤く染めあげたED75形、ED76形電気機関車、711系電車がさっそうとデビューし、新時代の到来を告げた。翌1969年10月1日には滝川—旭川間（53.3キロ）の電化延伸工事が完成、札幌圏を中心に無煙化とスピードアップが一気に進んだ。

さかのぼれば北海道の電化計画は、1968年開業のほぼ半世紀前、1919年の政府閣議で「鉄道の石炭を節約する件」が決定された際、北海道では室蘭—夕張間と落合—新得間が電化候補となったのが最初だった。前者は石炭輸送の効率化、後者は狩勝峠の急勾配の無煙化が目的だったとみられる。その後、太平洋戦争が始まり、いったんとん挫したが、戦後1950年に経済発展のため「脱石炭」を目指すエネルギーの効率化が政府の資源委員会から勧告され、それを受けて国鉄は全国で電化推進の動きを本格化させた。これには1975年までに蒸気機関車を全廃する計画も盛り込まれ、道内では札幌圏を中心に函館本線、室蘭本線のそれぞれ一部と、千歳線全線で工事に入ることになった。

ただ、北海道のような寒地、豪雪地帯での電化は日本では前例のない挑戦だった。その克服のため、交流2万ボルト方式の電気機関車、電車の製造を始めるとともに、1966年11月には函館本線銭函—手稲間（7.6キロ）に試験線が完成。サイリスタ制御方式を採用した交流機関車ED75 501牽引による入線・集電試験が

同月15日から始まった。サイリスタ方式とは交流を効率的に制御する方式で、国鉄としては初の試みとなった。

翌1967年2月には交流電車711系4両が配置され、各種試験が始まった。試験列車はS901（クモハ711 - 901 + クハ711 - 901）とS902（クモハ711 - 902 + クハ711 - 902）の仕様が異なる各2両編成で、同年10月には試験区間が手稲—朝里間に延長され、入念なテスト運転が繰り返し行われた。

・ED75形・ED76形

電機の試験機ED75 501（軸配置B - B）は特別高圧機器を室内に収容したほか、ブレーキ装置にはヒーターが設けられるなど、徹底した防寒対策が施された。しかし、サイリスタ制御の影響で周辺に高周波による通信、信号への障害が発生。結局、同形の北海道向け500番代は1両しか製造されなかった。

量産機としては、これらの欠点を改良したED76形500番代（B - 2 - B）が22両（501〜522）製造され、ED75 501も含めて全機23両が岩見沢第二機関区に配置された。ED75 501は貨物専用とされたが、ED76は客貨両用として急行「ニセコ」の札幌—小樽間などにも使用された。

しかし、電化区間が短く、機関車の付け替えが頻繁になるため、電気機関車の長所を活用することは出来なかった。このため客車は電車に取って代わられ、また貨物も非電化・電化区間を通して走行できるディー

電化を前に試験のため導入されたED75 501＝手稲付近、1966年11月

函館本線電化の主役となったED76 500番代＝白石付近、1972年3月

ゼル機DD51形が優位となり、ED76などは1994年までに青函トンネル用に改造された514を除いて全機廃車の運命をたどった。

青函トンネル開業後は、ED79形（改造車）が当初の快速「海峡」をはじめ、特急「北斗星」や急行「はまなす」などを牽引。しかし、2016年3月の北海道新幹線開業により、JR北海道から電気機関車は消滅。2022年現在、JR貨物のEH800形のみが北海道新幹線との共用区間で使用されている。

・711系

北海道の国鉄電車のパイオニアとなった711系は、氷点下35度まで対応できる耐寒設備が施され、車体カラーから「赤電」「赤電車」と親しまれた。試験編成と違い、量産車は3両ユニットで、高速を生かして気動車から急行「かむい」を受け継ぎ、さらに1971年7月のダイヤ改正では札幌―旭川間ノンストップ急行「さちかぜ」（1往復）にも運用された。「さちかぜ」は同区間を往復とも1時間38分で結び、特急「北海」より所要時間が短いため「全国一速い急行列車」として注

6両編成で快走する711系＝白石付近、1972年3月

目された。

信頼性が高い711系は1970年3月までにクモハ711＝2両、モハ711＝19両、クハ711＝38両の計59両に増備。その後、函館本線だけでなく、室蘭本線、千歳線などでも住民の足として親しまれた。しかし、次第に老朽化が進み、後継の721系、731系、さらに735系、733系などに押され2015年3月13日、惜しまれつつ最終運転が行われた。

・485系・781系

国鉄は、711系の成功を受け、札幌―旭川間に電車特急を新設することになった。従来、特急は「おおぞら」「北斗」など気動車が主力で、その他は急行にとどまっていたため、同区間を高速、快適に、しかも高頻度で運転する特急列車を設定する必要性が高まっていた。

このため、北陸・東北の幹線で実績がある電車485系の北海道向け1500番代が新造され、SL末期の1974年4月に札幌運転所に配置された。6両（うちモーター付け4両）ユニットで特急「こだま」形の流れをくむボンネット型先頭車は北海道初登場。翌1975年7月、札幌―旭川間のL特急「いしかり」としてデビューし、特急電車らしく静かで、乗り心地の向上が図られた。

しかし、最初の冬を迎えると、北海道独特の粉雪の機器への流入による絶縁不良や、客用ドアの凍結などのトラブルが続出。このため、運休が続発し、運転士が乗務を拒否するなどの異常事態に発展。一時は711系を代替列車として走らせるなど、「いしかり」運行は危機的状況に陥った。

このため国鉄は485系に見切りをつけ、711系の冬装備を生かした781系を新造。先頭車はやはりボンネット型で、満を持して1979年3月から運用開始。これにより、札幌―旭川間の特急電車の運転が安定軌道に乗ることになった。その後、北海道の特急電車は785系、789系などと進化を遂げ、青函トンネル開通後には本州と北海道を高速で連絡。さらに札幌―旭川間の特急「カムイ」「ライラック」などとして、現在も道央圏での主役の座を占めている。

参考文献（敬称略）

『北海道鉄道百年史　上・中・下』（日本国有鉄道北海道総局）

『国鉄蒸気機関車小史』（臼井茂信著、鉄道図書刊行会）

『交通博物館所蔵　明治の機関車コレクション』（機芸出版社）

『日本の蒸気機関車』（臼井茂信・西尾克三郎共著、鉄道図書刊行会）

『国鉄蒸気機関車史』（高木宏之著、ネコ・パブリッシング）

『幌内鉄道史　義経と弁慶号』（近藤喜代太郎著、成山堂書店）

『C62 3・軌跡』（北海道鉄道文化協議会）

『機関車ガイドブック』（臼井茂信他共著、誠文堂新光社）

『気動車ガイドブック』（慶応義塾大学鉄道研究会、同）

『'67 国鉄新車ガイドブック』（浅原信彦・村松功共著、同）

『国鉄動力車配置表』『国鉄車両配置表』（鉄道図書刊行会）

『北海道の鉄道』（田中和夫著、北海道新聞社）

『北海道鉄道百年』（北洞孝雄著、同）

『昭和 30 ～ 40 年代　北海道の鉄路』（星良助著、同）

『決定版　日本の蒸気機関車』（宮澤孝一著、講談社）

『道南鉄道 100 年史　遥（はるか）』（JR 北海道函館支社）

『蒸気機関車 D51 大事典』（荒川好夫・成瀬京司共著、戎光祥出版）

『懐想の蒸気機関車』（久保田博著、交友社）

『機関車データベース』（ウェブサイト）など多数を参考にさせていただいた。厚く御礼申し上げます。

雪降りしきる峠　函館本線長万部－倶知安間はC62の急行を除けばD51の天下だった。客車も貨物もD51が引く。暑い夏も寒い冬も、懸命に坂を上り下りしていた＝函館本線目名－上目名間、1970年12月

著者略歴
原田伸一（はらだ・しんいち）

SL写真撮影当時のスナップ。「つばめマーク」を付けたC62 2の前で=長万部機関区、1970年2月

　1950年、函館市で生まれる。1960年代初めから鉄道写真に興味を持ち、蒸気機関車D51、D52、C62、C57などが全盛時代の函館・室蘭両本線を中心に撮影。中でも長万部−小樽間を走るC62重連の迫力に魅了され、全区間に足を運ぶなど、終幕が近づく道内SLの記録に取り組んだ。

　1973年、室蘭工業大学を卒業し、北海道新聞社（本社・札幌）に入社。写真部、社会部、外報部等で記者、経営企画室次長などを経て、2006年、函館支社長。2015年、常務取締役を退任した。この間、『写真で見る北海道の鉄道　上・下』『さよなら江差線』『函館の路面電車100年』（以上北海道新聞社）、『週刊SL鉄道模型Nゲージジオラマ製作マガジン』（講談社）、『D52物語』（D52物語制作委員会）などに写真を提供。

　2016年から著作活動に入り、『函館・道南鉄道ものがたり　SLから新幹線まで』『海峡の鉄路　青函連絡船　110年の軌跡と記憶』（以上北海道新聞社）、他にJR北海道の車内誌『The JR Hokkaido』に『線路が紡ぐ物語　鉄道記念物・準鉄道記念物の18史』、同『北海道　鉄旅セレクション』（以上JR北海道）を連載した。

　最近では2022年4月〜5月、旧幌内鉄道の駅があった三笠市・三笠鉄道村にて「SL写真個展」を開催。鉄道趣味は鉄道写真撮影のほか、各地ローカル線の一人旅、鉄道模型（HO、N、Zゲージ）の収集・ジオラマ製作も行っている。

　北海道観光への鉄道の活用を考える「北海道鉄道観光資源研究会」（札幌市）顧問。行政苦情の解決を推進する総務省北海道管区行政評価局「行政苦情救済推進会議」の座長を務める。札幌市厚別区在住。

編集協力
五十嵐裕揮（北海道新聞社）

図版作成
吉田晴香（北海道新聞社）

デザイン
佐々木正男（佐々木デザイン事務所）

北海道　国鉄蒸気機関車の記録

2022年10月1日初版第1刷発行
著者　　原田伸一
発行者　近藤　浩
発行所　北海道新聞社
　　　　〒060-8711　札幌市中央区大通西3丁目6
　　　　出版センター　編集　011・210・5742
　　　　　　　　　　　　営業　011・210・5744

印刷　株式会社アイワード
ISBN　978-4-86721-074-1